Über dieses Buch: Literatur, notierte Oscar Wilde, »nimmt das Leben vorweg«. Und in Robert Musils Roman ›Der Mann ohne Eigenschaften‹ räsoniert der Held Ulrich über die Möglichkeit, »so zu leben, wie man liest«. Literaturkritiker schreiben über Gelesenes – und damit zugleich über Erfahrungen, die man nirgendwo besser als am Schreibtisch machen kann. Das hier vorliegende Buch versammelt Aufsätze und Rezensionen aus den vergangenen zwölf Jahren. Es ist, in der Auseinandersetzung mit Dichtern und in ihren Werken, auch ein Versuch über das Erlernen des Lebens aus der Literatur. Und es ist, gegen die Unkenrufe über den traurigen Zustand unserer Gegenwartsliteratur, ein Plädoyer für die existentiellen Abenteuer, die sie nach wie vor ermöglicht. Die Autoren spielen dabei die Rolle von Wörterhelden, die jene Länder erobern, beschreiben und vermessen, in denen vor ihnen noch keiner war. Daß diese Reiche aus Papier sind, spricht nicht gegen ihre Haltbarkeit. Ob sie von Dauer sein können, welche Wonnen oder Widrigkeiten der Aufenthalt in ihnen birgt: Dies zu erkunden ist Aufgabe der Kritik. Unversehens entsteht aus den ursprünglich für den Tag geschriebenen, dann hier versammelten Aufsätzen und Rezensionen ein Fremdenführer zumal durch die zeitgenössische Literatur.

Der Autor: Jochen Hieber, 1951 im schwäbischen Aalen geboren, studierte in Göttingen Germanistik, Geschichte und Philosophie. Danach war er sechs Jahre lang Autor beim ›Deutschlandfunk‹, der ›Süddeutschen Zeitung‹ und der ›Zeit‹. Seit 1983 ist er Feuilletonredakteur und Literaturkritiker der ›Frankfurter Allgemeinen Zeitung‹. Er lebt in Stornfels, einem Dorf im Vogelsberg, in dem er ehrenamtlich als Ortsvorsteher tätig ist.

Jochen Hieber

Wörterhelden, Landvermesser

Aufsätze und Kritiken

Fischer Taschenbuch Verlag

Originalausgabe
Veröffentlicht im Fischer Taschenbuch Verlag GmbH,
Frankfurt am Main, November 1994

Gesamtherstellung: Clausen & Bosse, Leck
Printed in Germany
ISBN 3-596-12514-6

Gedruckt auf chlor- und säurefreiem Papier

Inhalt

Poeten im Porträt

Sudelbücher für die Ewigkeit

Der Experimentalschriftsteller Georg Christoph Lichtenberg

Kränklich war Lichtenberg sein Leben lang. Klagen über die Malaisen seines »elenden Körpers«, die Hinfälligkeit seiner Nerven und die Verstörungen seines Gemüts sind der Generalbaß seiner Existenz. Er hat Angst zu erblinden, leidet an Schlaflosigkeit und entsetzlichen Kopfschmerzen, er spürt Stiche »gleich unterm Herz«. Rheumatische Schmerzen gehören zu seinem Alltag, Asthma fesselt ihn über Monate ans Bett. Seinen Leib nennt er einen »Madensack«. Ein Hypochonder? Als junger Mann hat er sich lustig gemacht über die hypochondrischen Möchtegern-Genies, die in Wahrheit bloß schwach und viel zu empfindlich seien. »Ich habe die Hypochondrie studiert«, wird er im letzten Jahrzehnt seines Lebens notieren, und »mich so recht darauf gelegt«. Er hoffte nachgerade, sich seine Krankheiten nur einzubilden. Allein, die Wirklichkeit übertraf die Befürchtungen fast immer: die sehr realen Leiden waren Schicksalsfolgen einer von Geburt an geschwächten Natur.

Man kann sich das heute nicht mehr vorstellen: Als sage und schreibe siebzehntes Kind einer Pastorenfamilie kommt Georg Christoph Lichtenberg am 1. Juli 1742 in Ober-Ramstadt bei Darmstadt zur Welt. Er bleibt klein von Wuchs, seine Gestalt ist eher häßlich als einnehmend – und er hat, Konsequenz einer rachitischen Rückgratverkrümmung, von früh an einen Buckel. Im Gegensatz zu zwölf seiner Geschwister überlebt er die Strapazen und Fährnisse einer Kindheit im achtzehnten Jahrhundert. Das Jahrhundert überlebt er nicht: Er stirbt, sechsundfünfzig Jahre alt, im Februar 1799.

Schon im Jahr danach, pünktlich zu Beginn einer neuen Epoche, wird er neu geboren: Ohne Verzug und mit einer Sensation eröffnen sein Bruder Ludwig Christian und sein Schüler Friedrich Kries die Edition der ›Vermischten Schriften‹. Zwar bieten sie nur einen ersten, flüchtigen Blick in jenes so gewaltige wie geheime Arsenal der Einfälle, Einsichten und Erkenntnisse, das der große Mann, der sich gerne als »kleinen Professor« titulierte, im Lauf von dreieinhalb Jahrzehnten eingerichtet und ausgebaut hatte: über achttausend kurze, bisweilen nur ein Wort, höchst selten mehr als eine Seite umfassende

Einträge in seine Notizhefte, seine ›Sudelbücher‹. Aber was da sichtbar wurde, reichte aus, um einen Autor ans Licht zu bringen, der seinen Zeitgenossen ganz unbekannt geblieben war.

Seitdem gibt es den einen Lichtenberg zweimal – als erfindungsreichen Gelehrten und rührigen Herold der Aufklärung, der seine eigene Bedeutung keineswegs überschätzte, und als singulären Schriftsteller von weltliterarischem Rang, der in kühnen Augenblicken durchaus damit rechnete, bereits das »Entre-Billett zur Ewigkeit« in der Tasche zu haben: »Wenn ich dieses Buch«, schreibt er beileibe nicht nur ironisch in und über sein Sudelbuch, »nicht geschrieben hätte, so würde heute über 1000 Jahre abends zwischen 6 und 7 z. E. in mancher Stadt in Deutschland von ganz andern Dingen gesprochen worden sein, als würklich gesprochen werden wird.«

Lichtenberg in seiner Zeit: das ist der Professor für Experimentalphysik, der seine Zuhörer nicht mit Lehrbuchwissen langweilt, sondern mit spektakulären Versuchen in Erstaunen versetzt. Und das ist der ebenso witzige wie streitbare Publizist, der fünf Jahre lang mit dem Naturforscher Georg Forster das ›Göttingische Magazin der Wissenschaften und Litteratur‹ ediert, gar zweiundzwanzig Jahre lang allein den ›Göttinger Taschen Calender‹ herausgibt und zum allergrößten Teil auch selber schreibt.

Alltag der Aufklärung, Arbeit im Bewußtsein des Fortschritts an Erkenntnis und Freiheit: Als im Juni 1783 der erste Heißluftballon der Gebrüder Montgolfier in Frankreichs Himmel steigt, hat Lichtenberg Anlaß, vorläufig Bilanz zu ziehen über die Leistungen des achtzehnten Jahrhunderts, das der junge Schiller eben erst als das »tintenklecksende Saeculum« verhöhnt hatte. Nicht enden hingegen will die Aufzählung des Außergewöhnlichen, die der frohgemute Chronist zu bieten hat: James Cooks Weltumsegelungen etwa, Halley und die Kometen, die Auflösung des finsteren Jesuiten-Ordens, das Schmelzen des Stahls. Leibniz und Newton, der Mathematiker Euler und der Archäologe Winckelmann, Friedrich der Große und die Zarin Katharina sind die Jahrhundertfiguren – bei so viel Glanz bleibt für die Unabhängigkeitserklärung der Vereinigten Staaten nur ein Platz in der Rubrik »Kleinigkeiten«.

Der Publizist Lichtenberg, mal fürsorglicher Erzieher seines Publikums, mal satirischer Polemiker, mal unterhaltsamer Interpret und immer universal gebildeter Vermittler neuesten Wissens, ist der Propagandist seiner Epoche. Wie es sich für einen guten Aufklärer gehört, zieht er sofort mit Feder und Tinte ins Feld, wenn er Dunkelmänner am Werke sieht. Ein Scharlatan namens Philadelphus Philadelphia lockt den Göttinger Bürgern das Geld aus den Beuteln: Lichtenberg verfaßt ein Flugblatt gegen diesen Klein-Cagliostro und vertreibt ihn aus der Stadt. Ein ehrbarer Superintendent namens Ziehen sagt, gestützt auf alchemistische Schriften, eine Weltkatastrophe voraus: Lichtenberg erklärt, in seinem ganzen Leben »noch nicht so viel Nonsens beisammen gesehen« zu haben – »nichts weniger als Wahnsinn«.

Seinen heftigsten Kampf aber führt und gewinnt er gegen den Zürcher Pfarrer und Schriftsteller Johann Kaspar Lavater. Der hatte großes Aufsehen erregt mit den vier Bänden seiner ›Physiognomischen Fragmente zur Beförderung der Menschenkenntnis und Menschenliebe‹. Aus dem Gesicht glaubte Lavater auf den Charakter schließen zu können, aus der Mimik auf die Seele. Seine Formel war einfach und deshalb beim Publikum populär: Der schönste Mensch ist auch der beste, je häßlicher jemand aussieht, desto zweifelhafter seine Moral. Wohl zu verstehen, daß sich Lichtenberg, der Krüppel, bis ins Mark getroffen fühlte. Er hatte Grund. Seine Porträtsilhouette nämlich deutete ein Mitarbeiter Lavaters ganz nach Art des Mentors: »ein Freß-Sauf-Huren- und Ehebrecher-Kinn und -Mund«.

»Wider die Physiognomen« brannte nun der Journalist, der die Journale haßte und das »Zeitungs-All« verspottete, ein furioses Feuerwerk der Vernunft ab: Nicht zuletzt seinetwegen gerieten Lavaters Ansichten in Mißkredit, gingen die Befürworter, zu denen selbst Goethe und Herder zählten, auf Distanz. Der vernichtende Schlag jedoch gelang Lichtenberg mit dem kleinen ›Fragment von Schwänzen‹, der witzigsten Schrift, die zu seinen Lebzeiten erschien. An den beigefügten Scherenschnitten von Hunde-, Sau-, und Perückenschwänzen spielte der Satiriker die Methode Lavaters noch einmal durch, schloß von der Form der Schwänze auf den Charakter ihrer Träger, kurzum: Er zeigte mit leichter Hand die Lächerlichkeit des Verfahrens und gab sie dem Gelächter preis.

Aber er brillierte auch als amüsanter Feuilletonist. Wenn er seine Zeitgenossen über musikalische Wunderkinder informierte, wenn er mit mathematischen Beweisen die Unglücklichen tröstete, die am 29. Februar geboren waren, wenn er für die Einrichtung eines öffentlichen Seebades in Deutschland plädierte oder den Lesern in den ›Briefen aus England‹ das geliebte London in all seiner widersprüchlichen Lebendigkeit vor Augen führte, dabei gleichsam nebenbei die wohl erste Großstadtschilderung der deutschen Literatur verfaßte: er verstand es allemal, genaue Beobachtung mit Sinn fürs Skurrile und mit stilistischer Prägnanz zu verbinden.

Zudem ließ sein Ruf als Naturwissenschaftler nichts zu wünschen übrig. Seine astronomischen Ortsbestimmungen etwa wurden ihrer Exaktheit wegen gerühmt. Er befaßte sich mit Problemen der Wahrscheinlichkeitsrechnung und installierte auf seinem Göttinger Gartenhaus den ersten funktionierenden Blitzableiter in unseren Breiten. Er experimentierte mit Elektrizität, fand die nach ihm benannten »Lichtenbergschen Staubfiguren« – und war, vor den Montgolfiers, dem Fliegen auf der Spur.

Gleichwohl wäre der Teil von Lichtenbergs Lebensleistung, der zu seiner Zeit öffentlich wurde, heute nicht mehr als ein kleines Kapitel der Kulturgeschichte. »Ich denke immer«, schreibt er im Februar 1778 an seinen Freund Schernhagen, »ich tappe an etwas sehr Großem nahe herum.« Wohl wahr; aber die ganz große Entdeckung blieb dem Physiker ebenso versagt wie dem Schriftsteller das wirklich bedeutende Werk. Er versuchte sich an einer Satire auf den Literaturbetrieb mit vorzüglicher Beachtung der zutiefst verachteten Stürmer und Dränger. Mehrere Romane hat er entworfen, eine Autobiographie und manch wissenschaftliches Kompendium geplant. Nichts davon wird fertig. Nur ein eigenes Buch erscheint, in mehreren Lieferungen von 1794 bis ins Jahr seines Todes, auch dies lediglich eine erweiterte Fassung vorausgegangener Artikel im ›Taschen Calender‹: die ›Ausführliche Erklärung der Hogarthschen Kupferstiche‹. Im Medium der Bildbeschreibung eine Art Sozialreportage über England, beachtlich durchaus, allerdings auch von ermüdenden Längen nicht frei. Für die Ewigkeit jedenfalls hätte es nicht gereicht. Bis sie Lichtenberg ganz sicher war, sollte ein weiteres Jahrhundert vergehen.

Zwischen 1901 und 1906 edierte der Philologe Albert Leitzmann erstmals drei Bände mit Briefen, vor allem jedoch die Sudelbücher in stark erweiterter Form: auf dem Speicher des Hauses von Lichtenbergs Enkeln hatte er die verloren geglaubten Handschriften entdeckt. Ein Kontinent tat sich auf: In diesen Briefen voller Menschenkenntnis und Welthaltigkeit, in diesen aphoristisch zugespitzten, wortspielerisch witzigen und methaphernseligen Notizen war alles zu finden, was aus dem Aufklärungsautor einen Schriftsteller für alle Zeiten machen sollte.

Verblüffend zunächst, wie wenig sich Lichtenberg wiederholt. Gewiß, er hat, neben den naturwissenschaftlichen Erörterungen, Lieblingsthemen, auf die er stets zurückkommt: das literarische Leben seiner Zeit und den Zustand der Kritik, die philosophische Reflexion über Sprache und Denken, das ganze Panorama menschlicher Verhaltensweisen – die nie erlahmende Leidenschaft zur Selbstbeobachtung eingeschlossen. Aber die Fähigkeit, jedweden Gegenstand immer aufs neue so zu betrachten, als erkenne er ihn zum allerersten Mal, ist wohl der eigentliche Grund für den Reichtum seiner Wörterwelt.

»Das Besondere statt des allgemeinen..., Gänsediebstahl statt Dieberei, dieses ist das Element des Ausdrucks«: An die selbstauferlegte Regel hat er sich gehalten – und damit einen wundersamen Effekt erzielt. Denn just der besondere Ausdruck hat seinen Notizen allgemeine Gültigkeit, seinen blitzartigen Wahrheiten dauernde Leuchtkraft verliehen. »Man gibt über lyrischen Gedichten oft die Versart an... Wenn man die Gedanken darin mit Eins und den Nonsens mit Null anzeigte, so würde es zuweilen aussehn: 000/000/000.« Wahrscheinlich zielt das auf Klopstock, den er *partout* nicht leiden konnte – aber taugt sein Vorschlag etwa nicht für die Prüfung heutiger Poeme? Er wird nicht müde, auf die zeitgenössischen Kritiker zu schimpfen, Rezensionen sieht er als »eine Art von Kinderkrankheiten an, die die neugebornen Bücher mehr oder weniger befällt«. Aber noch schlimmer als Kritiker sind schlechte Autoren. Deshalb: »Es ist immer besser, einem schlechten Schriftsteller gleich den Gnadenstoß zu geben, als ihn so lebendig von unten herauf zu rezensieren.« Was hat sich daran geändert?

Seiner Zeit weit voraus war der Psychologe Lichtenberg. Eine der ersten Eintragungen ins Sudelbuch lautet: »Aus den Träumen der Menschen, wenn sie dieselben genau anzeigten, ließe sich vielleicht vieles auf ihren Charakter schließen.« 135 Jahre wird da die »Traumdeutung« noch auf sich warten lassen – mehr als achtzig sind es bis zu Freuds Geburt, als Lichtenberg die Frage stellt: »Newton hat die Farben zu scheiden gewußt, wie wird der Psycholog heißen, der uns sagen wird, woraus die Ursachen unserer Handlungen zusammengesetzt sind?« Wieder war er selbst am Rand einer großen Entdeckung. Denn daß »Wollust« dabei eine große Rolle spiele, litt für ihn keinen Zweifel. Und er wußte, wo der Sitz der Hemmungen und Verklemmungen zu suchen war: »Manches an unserem Körper würde uns nicht so säuisch und unzüchtig vorkommen, wenn uns nicht der Adel im Kopf steckte.«

Auf ihn selbst gemünzt, hieß das: »So hänge ich in der Welt zwischen Philosophie und Aufwärterinnen-List, zwischen den geistigen Aussichten und den sinnlichsten Empfindungen in der Mitte.« Es sind zeit seines erwachsenen Lebens die Aufwärterinnen und Dienstmädchen, an die er sich hält. Sie waren erreichbar für ihn, allen körperlichen Makeln zum Trotz. Den ergreifendsten Brief wird er schreiben, als die siebzehnjährige Dorothea Stechard stirbt. Fünf Jahre zuvor hatte er sie in seinen Haushalt genommen: »sie war ohne priesterliche Einsegnung... meine Frau«.

Zwei Fahrten nach England, einige in den Norden Deutschlands. In den letzten zwei Jahrzehnten seines Lebens hat er Göttingen nicht mehr verlassen. Er heiratet Dorotheas Nachfolgerin, wohnt bei seinem Verleger und zieht sich, wann immer möglich, in sein Gartenhaus zurück. In den Sudelbüchern sammelt er seine »Pfennigs-Wahrheiten«. Sie ergeben ein Kapital, von dessen Zinsen sich bis heute so manche Lesereise ins Menschenmögliche finanzieren läßt. Nicht wenige unserer Philosophen hätten aus einem Bruchteil von Lichtenbergs Ideen ein ganzes System errichtet, nicht wenige Schriftsteller aus den Krümeln seiner Einfälle Roman um Roman gezogen. »Aufschieben«, notiert er zornig, »war mein größter Fehler von jeher!« Aber es scheint, daß er sich am Ende auch mit sich selbst versöhnte. Sechs Tage vor seinem Tod schreibt er an den Bruder: »Alles was also der eigentlich weise Mensch tun kann, ist, alles zu einem guten Zweck zu leiten und dennoch die Menschen zu nehmen, *wie sie sind.*«

Gottesdienste auf Papier

Der unerreichte Dichter Friedrich Hölderlin

Schiller war der Leitstern, Schiller das Verhängnis in Hölderlins Leben. »Zu Schillers Ehre«, notiert bereits der sechzehn Jahre alte Eleve der Klosterschule Maulbronn, wolle er, »so hart es gehen wird«, auf dem »Clavier lernen«: unbedingt beherrschen will er die vom Komponisten Zumsteeg vertonten Gesänge aus den ›Räubern‹. 1788, während der ersten größeren Reise über die engere Heimat hinaus, kommt Hölderlin durchs pfälzische Oggersheim. Sofort begibt er sich ins »nemliche Wirtshaus«, in dem sich »der große Schiller« nach der Flucht aus Stuttgart sieben Wochen lang aufgehalten hatte: »Der Ort wurde mir so heilig«, schreibt er postwendend an die Mutter.

Noch im selben Jahr und kurz nach seinem Eintritt ins Tübinger Stift nehmen ihn die Kommilitonen Neuffer und Magenau in ihren Freundes- und Dichterbund auf. Man trifft sich regelmäßig, deklamiert eigene Poesie und natürlich auch Werke der großen Vorbilder. »Dampfend«, so hat es Magenau später geschildert, stand dabei »die Bowle auf dem Tische«. Bevor man jedoch, zum Höhepunkt der Feier, Schillers Hymne ›An die Freude‹ anstimmt, besteht Hölderlin auf der rituellen Reinigung »von allen unsern Sünden«. Die jungen Männer waschen sich an einer Quelle. Danach traten »helle klare Thränen« in Hölderlins Augen, »voll Glut hob er den Becher zum Fenster hinaus gen Himmel« und »brüllte« Zeilen von Schillers Lied »ins Freie, daß das ganze Nekkar Thal widerschol«.

›Mein Vorsaz‹ heißt ein programmatisches Gedicht, das er in diesen Tagen schreibt. Vierzehn Verse lang wird die Klage vorbereitet: *Ich erreich' ihn nie den / Weltumeilenden Flug der Großen.* Die Schlußstrophe aber setzt solchem Lamento den »glühenden kühnen Traum« entgegen, es ihnen gleichzutun. *Ich glaube meinem Gott,* schließt der parallel entstehende Gesang über ›Die Unsterblichkeit der Seele‹, *und schau' in / Himmelsentzückungen meine Größe.* Knapp zwanzig Jahre lang, bis zu jenem 11. September 1806, an dem man den heftig sich Wehrenden mit Gewalt in einen Wagen zerrt und ins Authenriethsche Klinikum nach Tübingen transportiert, wird Hölderlin an der Unbedingtheit seines dichterischen Wollens, am oft verzweifelt in Frage gestellten, jedoch nie ernsthaft verworfenen Grundsatz seiner poetischen Mission festhalten. Seine Briefe und Reflexionen belegen, daß er sich von Anfang an über die Fährnisse seines Lebensprogramms keine Illusionen machte. Er wußte, worauf er sich einließ – und war trotzig genug, schon als Tübinger Stiftler seinen Zeitgenossen die Konsequenz nahezulegen, die ein mögliches Scheitern haben sollte: *Vergeßt mich, Kinder!*

Wer waren die Großen, an denen er sich maß? ›Mein Vorsaz‹ nennt zwei der wichtigsten. Klopstock zum einen, den Dichter des ›Messias‹, dessen hoher Ton für Hölderlin bestimmend wurde, von dem er sich vor allem unterweisen ließ in der Form der reimlosen Ode. In Hölderlins Odendichtung sollte das von Klopstock als erstem wirksam ins Deutsche übernommene, das erhabene Genre der Antike den zweiten Gipfel erreichen. »Vater Klopstock« nennt er ihn in einem späteren Brief. Daraus spricht Hochachtung, mehr nicht. War der Hamburger Meister von den Poeten des Göttinger Hain, vom jungen Goethe und den anderen Stürmern und Drängern noch als größter Dichter der Nation verehrt worden, so galt er Hölderlin in erster Linie als Vorbild im Handwerklichen. Und das Handwerk beherrschte er bald besser. Die merkwürdigen Abstürze feierlich anhebender Metaphern ins Niedliche und gelegentlich gar Banale, ein Charakteristikum Klopstockscher Poesie, hat er stets vermieden.

Zu Klopstocks Handwerk gesellt sich sogleich ›Pindars Flug‹. Schwer zu überschätzen ist der Einfluß des griechischen Dichters auf Hölderlins reifes Werk. Bereits in seiner Magisterarbeit hatte er Pindar als »Summum der Dichtkunst« gerühmt. Ihm wird er den Aufbau, den Atem und die Atmosphäre seiner Elegien und Hymnen verdanken, ihm schuldet er den eigentlichen Kern seines Œuvres: das Motiv des »Wanderers«, das Bild von der alle Not wendenden »Wanderung« hinauf zu den Höhen der Vollkommenheit.

Aber Pindar war weit, war mehr als zweieinhalb Jahrtausende von Hölderlins Zeiten entfernt. Wenn er sich zur vornehmsten Aufgabe machte, diese Distanz auszulöschen, wenn er sich mühte, das antike Griechenland ganz dicht an seine unmittelbare Gegenwart, ans kleinstaatlich zerstückelte »Vaterland« heranzurücken, so war Pindar dabei ein hilfreicher, keineswegs jedoch der wichtigste Wegweiser.

Himmlisch und unsterblich war das Feuer / Das in Pindars stolzen Hymnen floß: So dichtete, während Hölderlin seinen »Vorsaz« faßte, der um elf Jahre ältere Schiller. Er wußte, warum er für sein philosophisches Poem ›Die Götter Griechenlands‹ die Vergangenheitsform wählte. Das selige Zeitalter, in dem die Götter noch menschlicher waren und die Menschen göttlicher, schien ihm ein für allemal verloren. Ein Abgesang auf die »seelenlos« gewordene Welt sind seine Verse, ein endgültiger Abschied von südlicher Wärme und südlichem Glück, ein trauriges Bekenntnis zu des »Nordens winterlichem Wehn« und zum knechtischen »Gesetz der Schwere« in einer entgötterten Natur.

Für Jahre verstummte der Lyriker Schiller danach. Als er sich 1795 wieder zu Wort meldete, hatte er bürgerlichen Trost parat. *Beschäftigung, die nie ermattet, / Die langsam schafft, doch nie zerstört,* empfahl er den Lesern im Gedicht ›Die Ideale‹, um ihnen in der kurz darauf verfaßten Nutzanwendung ›Die Ideale und das Leben‹ auch einen Ausweg aus so viel Entsagung vorzuschlagen: *Fliehet aus dem engen, dumpfen Leben / In des Ideales Reich!*

Solche Flucht hat sich Hölderlin vor jener zweiten Hälfte seines Lebens, die er umnachtet im Tübinger Turmgemach des Schreinermeisters Zimmer verbrachte, nie gestattet. Seine Beschwörung griechischer Mythen, die Suche im Zwischenreich von Vergangenheit und Gegenwart blieben streng bezogen auf die radikale Besserung der Zustände. »Ich glaube«, schreibt er im Januar 1797 dem vom Terror der Französischen Revolution tief enttäuschten Freund Johann Gottfried Ebel, »an eine künftige Revolution der Gesinnungen und Vorstellungsarten, die alles bisherige schaamroth machen wird.« Der berühmte Satz prägte auch seine Poesie. Daß er deshalb die Dichtkunst als eine Art Religion begriff, daß er, gegen das »kalte, geist- und herztödtende Geschwäz« der Theologen und Pfarrer, in den Dichtern »Heilige Gefäße« sah, ja daß ihm alle Wörter »heilig« werden konnten, der »Blik« so gut wie der »Gesang«, die »Berge« so gut wie »Ufer« und »Meer«, die »Herzensthränen« so gut wie »Mondlicht« und »Schatten«: dies teilt seine Leser bis heute in zwei kaum zu versöhnende Lager: in die Gemeinde der Gläubigen, die seine lyrischen Gebote und Prophezeiungen meist ebenso fromm wie folgenlos nachbeten – und in die Schar der literarischen Atheisten, denen bei Bewunderung einzelner glänzender Verse und Strophen das Ganze seines Werks fremd bleibt.

Erklären läßt sich seine Gläubigkeit. Da ist zunächst der unaufhörliche, in den höflichsten und zuvorkommendsten Briefen an die Mutter gnadenlos ausgetragene Kampf gegen die Zumutung, endlich doch eine Pfarrstelle anzunehmen, gar durch eine Einheirat das Soll an Wohlgefälligkeit zu erfüllen. Diesen Kampf mit der Mutter führt Hölderlin in Kopf und Seele noch einmal – und zwar gegen sich selbst. Denn natürlich regiert ihn das schlechte pietistische Gewissen, vor seinen bürgerlichen Pflichten zu versagen. Er reagiert darauf mit der Sakralisierung seiner Poesie: Statt auf einer Dorfkanzel feiert er Gottesdienste in der stillen Stube und auf dem Papier.

Er dürfe ihm wohl gestehen, schreibt Hölderlin 1798 an Schiller, »daß ich zuweilen in geheimem Kampf mit Ihrem Genius bin, um meine Freiheit gegen ihn zu retten«. »Zuweilen« heißt: immer. Man kann ermessen, wie enorm und wie begründet »die Furcht« gewesen sein muß, von Schiller »durch und durch beherrscht zu werden«. Was lag näher, sich des Übermächtigen zu entledigen, als dessen Verzicht auf das Heimholen der Götter in ein Versprechen zu verwandeln – und dieses Versprechen dann zum eigenen Programm zu erheben? Die Götter Griechenlands lebendig zu erhalten, eine utopisch verklärte Antike der eigenen Gegenwart als Spiegel vorzuhalten, damit sie erkenne, wie skandalös ihre Erbärmlichkeit sei: diese so politische wie existentielle Poetik prägt den Gang von Hölderlins Gesang spätestens ab 1801.

Sichtbar wird das Mißlingen des hohen Anspruchs im sogenannten Homburger Folioheft, das Hölderlin wohl im Jahre 1802 anlegt und das bis 1806 reicht. Von den zahlreichen Entwürfen großer Gesänge wird kein einziger mehr zu Ende geführt, nichts mehr wird gestrichen, eine Textschicht wächst einfach über die andere hin. Man hat darin das erstaunlich Moderne von Hölderlins dichterischer Verfahrensweise erkennen wollen: den Übergang seines Schreibens in den reinen Prozeß, der sich selbst genügt, dem Fertigstellen und Vollenden überhaupt belanglos werden. Derartige Interpretationen verkennen das Drama, das sich tatsächlich abspielte. Hölderlin hat sehr wohl bemerkt, daß sein gewaltiger Versuch hybride Züge trug, und er hat seine Hybris mit einem scheinbar sehr gewöhnlichen, in Wirklichkeit scharfsinnigen und selbstkritischen Bild veranschaulicht. In dem, was er treibe, schreibt er 1799 an den Bruder, sei er oft so ungeschickt und ungereimt, »weil ich, wie die Gänse mit platten Füßen im modernen Wasser stehe, und unmächtig zum griechischen Himmel emporflügle«. Seine hehre Auffassung vom Beruf des Dichters aber ließ eine Revision des poetischen Programms nicht zu. Also häufte er Wort auf Wort – und wurde darüber sprachlos.

Ob ihn im Mai 1805 die Nachricht von Schillers Tod überhaupt noch erreicht hat, wissen wir nicht. Seit geraumer Zeit schon ist sein »Wahnsinn« in Homburg vor der Höhe, wo er seit 1804 lebt, zum Stadtgespräch geworden. Eine der späten Handlungen, die er noch ganz klaren Verstandes ausführte, ist das Übersenden von Freiexemplaren seiner Sophokles-Übersetzungen. Goethe, Hegel und Schelling erhalten die beiden Bände; Schiller, der ursprünglich auch bedacht werden sollte, jedoch nicht. Das war, im stillen Rebellieren, auch eine Art Kapitulation, ein Himmelssturz ins Wasser.

Anders als im Falle Klopstock, dem er nie begegnete, vermischten sich in Hölderlins Verhältnis zu Schiller zwei Sphären, ohne zu einer Übereinstimmung zu finden. Einerseits ist Schiller der verehrte Dichter, dessen bewußter Epigone er am Anfang seines Weges war: zumal die Jugendhymnen der Stiftszeit, die der »Freiheit« gelten, der »Freundschaft«, der »Schönheit« oder der »Liebe«, stehen ganz in Schillers Schatten. Auf der anderen Seite steht der fürsorglich fördernde Mentor, der höchst real in Hölderlins Leben tritt, ihm 1793 die erste Stelle als Hauslehrer bei seiner ehemaligen Geliebten Charlotte von Kalb verschafft, ihn seinen »liebsten Schwaben« nennt und in der ›Thalia‹ wie den ›Horen‹ Hölderlins Arbeiten druckt.

»Ich lege Ihnen Rechenschaft ab«, »Die tiefe Achtung gegen Sie... mit der ich mich oft stärkte oder demütigte«: so lauten die unterwürfigen Formeln in den Briefen aus der Ferne. Plötzlich aber ist Hölderlin dem Idol ganz nah. Er zieht, »one die Einschränkungen eines fixierten bürgerlichen Verhältnisses«, im Herbst 1794 nach Jena. Schon sein erster Besuch bei Schiller geht nicht ohne Peinlichkeiten ab. Vom Meister völlig gefangen, überhört er den Namen des anderen Hausgasts und geht auch auf dessen Konversation kaum ein. Der andere Hausgast ist Goethe.

Gleichwohl gehört das halbe Jenaer Jahr zu Hölderlins guten Zeiten. Er besucht fasziniert die Vorlesungen Fichtes, arbeitet an den Vorstufen des Romans ›Hyperion oder der Eremit in Griechenland‹, trifft Novalis. Charlotte von Stein zeigt sich an ihm interessiert: »es ist etwas Wertherisches drin«, notiert sie beifällig nach der Lektüre des Hyperion-Fragments in der ›Thalia‹. Aber dann folgt einer jener abrupten Abbrüche, die für Hölderlins Biographie bezeichnend sind. Ohne ersichtlichen Grund verläßt er Jena im Frühsommer 1795. Gewiß, für sein rasches Weggehen aus dem Haus der Charlotte von Kalb im Jahr zuvor gibt es immerhin einen Anlaß: Sein Zögling hat ihn überfordert. Daß er 1798 seine Frankfurter Stelle hinter sich lassen muß, hat sehr persönliche Motive. Aber weshalb er 1801 so rasch vom schweizerischen Hauptwil Reißaus nimmt, warum er nach mühsamer Reise Bordeaux alsbald wieder verläßt: müßig, darüber zu spekulieren. Im Falle Jena spricht allerdings einiges dafür, daß die überstürzte Abreise mit seinen Minderwertigkeitsgefühlen gegenüber Schiller zusammenhing: »Ich… sah Sie immer nur, um zu fühlen, daß ich Ihnen nichts seyn konnte«, schreibt er, Schillers ganz gegensätzlichen Signalen zum Trotz, nach der Rückkehr in seine Heimatstadt Nürtingen. Dem Freund Neuffer muß er alsbald gestehen: »Wär' ich doch geblieben, wo ich war. Es war mein dummster Streich.«

An einen neuen Ort kommen, die neue Lage euphorisch schildern, nach meist kurzer Zeit erste Krisen vermelden und schließlich weiterziehen, um alles von neuem anzufangen: das ist ein Grundmuster seines Lebens. Auf merkwürdige Weise stimmt es überein mit dem Spannungsbogen vieler seiner Gedichte, die mit mächtigem Aufschwung einsetzen, im Fortgang herben Verlust beklagen und enden in tiefer Melancholie. ›Hälfte des Lebens‹, das große Poem in vierzehn schmalen Zeilen, ist dafür beispielhaft. Den »gelben Birnen« und den »holden Schwänen« der ersten Zeilen kontrastiert am Beginn der zweiten Strophe ein ratlos sorgenvolles »Weh mir«, das fast klaustrophobisch ins herbe und unversöhnliche Bild der im Winde klirrenden Wetterfahnen mündet.

Ungemein hellsichtig diagnostiziert Hölderlin bis zum Winter 1805 den eigenen Charakter. Die Tradition pietistischer Selbstbeobachtung mag dabei eine nicht geringe Rolle spielen. Verblüffend ist es dennoch, schon im ersten Brief, den man von ihm kennt, einen Fünfzehnjährigen von der Gespaltenheit seiner Natur reden zu hören, vom Schwanken zwischen der Flucht vor den Menschen und der Lust, ihnen zu gefallen. »Ich bin zum Stoiker ewig verdorben. Das seh ich wol. Ewig Ebb und Fluth«, schreibt er mit zwanzig. Und sieben Jahre später: »Ich bin zerissen von Liebe und Haß.« Um seine Befindlichkeit auszudrücken, bedient er sich gern des Oxymorons: »traurige Lustigkeit« etwa bescheinigt er sich, ruft sich in schlimmen Zeiten »das Schrekenswort« zu… »lebendig Todter!« Oxymora, Unvereinbares zusammenbindend, bilden auch einen markanten Stilzug seiner Lyrik.

Bereits im Tübinger Stift weiß Hölderlin sehr genau, welche Existenz ihm gemäß wäre. »Und da ist mein höchster Wunsch – in Ruhe und Eingezogenheit einmal zu leben – und Bücher schreiben zu können, one dabei zu hungern.« Dieser Wunsch wird nie erfüllt. Im Gegensatz zu Schiller hatte Hölderlin keinen Christian Gottfried Körner, der, sein Genie erkennend, ihn wenigstens zeitweise der finanziellen Kümmernisse enthoben hätte. Zwar besaß er im Jenaer Studienfreund und späteren Homburger Regierungsrat Isaak von Sinclair einen aufopfernden Gefährten. Aber auch Sinclair konnte ihm nur eine Stelle als Bibliothekar bieten, die er dann von seinem eigenen Gehalt bezahlte. Hölderlins Plan, sich durch die Gründung einer literarischen Zeitschrift unabhängig zu machen und »endlich einen geltenden Posten in der gesellschaftlichen Welt« zu erringen, scheiterte kläglich. So trieb er sich in der Welt der Hofmeister und Hauslehrer herum, mußte sich 1801 gar entschließen, »mein Vaterland noch jezt zu verlassen«. Denn dort, fügt er verbittert hinzu, können sie »mich nicht brauchen«.

Aber komt… / Aus Gedanken vieleicht… die That? Der tatenarme Dichter begeistert sich für Kriegshelden. Er rühmt die »15 u. 16jährigen Buben«, die in der französischen Armee bei Mainz kämpfen. Zurück aus Bordeaux, schreibt er an Casimir Ulrich Böhlendorff: »In den Gegenden, die an die Vendée gränzen, hat mich das wilde kriegerische interessirt, das rein männliche,… das im Todesgefühle sich wie in einer Virtuosität fühlt, und seinen Durst, zu wissen, erfüllt.« Man hat oft versucht, die Ode ›Der Tod fürs Vaterland‹ durch allerlei Deutungskünste pazifistisch zu entschärfen oder zumindest als revolutionären Aufruf zu rechtfertigen. *Lebe droben, o Vaterland, / Und zähle nicht die Todten! dir ist, / Liebes! nicht Einer zu viel gefallen:* das konnte, zumal nach dem propagandistischen Gebrauch durch die Nazis, so gar nicht ins Bild des einsamen Sehers passen, das man ihm nach dem Zweiten Weltkrieg zudachte. Den »Gestank der Begeisterung«, den Wolf Biermann jüngst an diesem Gedicht sehr übel vermerkte, muß jedoch hinnehmen, wer Hölderlin verstehen will. Ihn lockten Heldentum und Krieg, gerade weil sie seiner eigenen Existenz vollkommen entgegengesetzt waren.

Aus ähnlichen Gründen rühmte er jedoch auch »die goldne Mittelmäßigkeit«, die kleinbürgerliche Sphäre fern des großen Reichtums, fern der Edelleute und Aristokraten. *Beglükt, wer, ruhig liebend ein frommes Weib, / Am eignen Heerd in rühmlicher Heimath lebt,* dichtete er in der Ode ›Mein Eigentum‹ – was ihn keineswegs hinderte, seiner Mutter mitzuteilen, »daß ich seit Jar und Tagen fest im Sinne habe, nie zu freien«. Der Dichter Hölderlin, nach grenzenloser Begeisterung strebend, widmete einige seiner schönsten Strophen dem begrenzten Leben. Die Elegie ›Der Gang aufs Land‹, die Ode ›Abendphantasie‹, das Loblied auf ›Heidelberg‹ und die Geburtstagsverse ›An Landauer‹ stehen für den Teil seines Œuvres, der sich bei höchster Kunstfertigkeit mit dem Allernächsten beschied.

Reife erlangte seine Poesie zwischen 1796 und 1798, den beiden Jahren, die er im Haus des Frankfurter Bankiers Gontard verbrachte. Durchaus eine Explosion lyrischer Produktivität: achtzehn kurze Oden entstehen in dieser Zeit. Darunter die herrlichen Verse über ›Sokrates und Alcibiades‹ – *Wer das Tiefste gedacht, liebt das Lebendigste* – sowie die überaus pathetische, gleichwohl ungemein berührende Dichterbitte ›An die Parzen‹ – *Nur Einen Sommer gönnet, ihr Gewaltigen! / Und einen Herbst zu reifem Gesange mir.* Es entstehen die Hymne ›An den Aether‹ und die erste Fassung von ›Der Wanderer‹ mit dem so schroffen wie singulären, von Goethe übrigens mißbilligten Eingangsbild: *Einsam stand ich und sah in die Afrikanischen dürren / Ebnen hinaus.* Vor allem jedoch setzt Hölderlin mehrfach an, seine ›Diotima‹ zu besingen. »Nun ich habe dich gefunden!« Die Emphase hat biographische Gründe. Susette Gontard, die Gattin des Bankiers, wird Hölderlins Geliebte – und im antiken Gewand sogleich auch zum Gegenstand des Gedichts. Traditionell im Titel, für Hölderlin allerdings ungewöhnlich direkt in der Aussage ist das ebenfalls auf Susette bezogene Poem ›Die Muße‹, das *die süßen Spiele des Lebens* feiert und mit der Zeile endet: *Glüklich wohn' ich in dir.*

Hölderlin fand bei und mit Susette Erfüllung. All den poetischen Überhöhungen zum Trotz dürfte er auch nicht den Fehler begangen haben, der seine Beziehungen zu den Frauen vor Susette meist rasch beschädigt und beendet hatte. »Hier lassen mich die Mädchen und Weiber eiskalt«, schrieb er noch aus Jena an Neuffer. Zugleich erinnerte er sich an »seelige Tage« mit Elise Lebret, der Tochter des Tübinger Universitätskanzlers, »da ich, ohne sie zu kennen, mein Ideal in sie übertrug und über meine Unwürdigkeit trauerte«.

Susette Gontard hat er wirklich gekannt und nicht bloß narzißtisch ein eingebildetes Leid genossen. Das reale Unglück ereilte Hölderlin und Susette früh genug. Über das illegitime Paar wurde in der gehobenen Frankfurter Gesellschaft getuschelt. Der Hofmeister hatte zu gehen. Er zog ein erstes Mal nach Homburg. Bis auf einen sind seine Briefe an sie verloren, ihre Billetts an ihn gehören zu den schönsten, die je ein Mann erhielt. Mit dem Gedanken an den gemeinsamen Freitod hat sie mehr als nur gespielt, mit dem Gedanken, ihren Ehemann zu verlassen, indes nie.

»Ihre Laufbahn ist begonnen, so schön und sicher begonnen, daß sie keiner Ermunterung bedarf.« Wie Hohn wirkt der Satz, mit dem sich die Prinzessin Auguste von Homburg Ende November 1799 beim Dichter für eine poetische Geburtstagsgabe bedankt. Knapp sieben Jahre später wird die Landgräfin Caroline von Hessen-Homburg ihrer Tochter vermelden, *Le pauvre Holterling*, der arme Hölderlin, sei abgeholt und in seine Heimat zurückgeschickt worden. Paradox genug: Mit der Einlieferung in die Tübinger Klinik, mit dem Einzug in den Tübinger Turm direkt über dem Neckar beginnt die öffentliche Laufbahn des Friedrich Hölderlin erst wirklich.

»Ein wahnsinniger Dichter«, schreibt der Romantiker Fouqué an den Romantiker Uhland, »erscheint mir ganz besonders furchtbar, und rührend, und geheiligt.« Zahlreich strömen die Besucher ins Asyl des Verrückten, eifrig vermitteln sie ihre Eindrücke an ein erwartungsfrohes Publikum. Was ihm zu Zeiten seines wachen Geistes versagt blieb, wird nun möglich: eine Sammlung der Gedichte erscheint. Ab und an wird der friedliche, unermüdlich in Zimmer und Flur umherwandernde Kranke allerdings zornig. Auf die Mitteilung etwa, Uhland und Schwab hätten seine Arbeiten sehr gut redigiert, reagiert er mit tiefem Unmut und äußert, er brauche diese Hilfe nicht, er selbst könne redigieren, was er gedichtet.

Gelegentlich dichtet er auch neu, notiert Anspruchsloses, das wie zufällig zur bitteren Bilanz werden kann: *April und Mai und Julius sind ferne, / Ich bin nichts mehr, ich lebe nicht mehr gerne.* Zeit vergeht. Längst war die Mutter tot. Bis zuletzt hatte er ihr mechanisch formulierte Briefchen geschickt, die Dankbarkeit und Wohlbefinden bekunden sollten, aber wie das höhnische Echo auf eine lebenslang verfehlte Beziehung wirkten.

Hölderlin, der einst die Mythen beschwor, um sie lebendig und aktuell zu machen, war für die Zeitgenossen inzwischen selbst zum Mythos geworden. Als er am 7. Juni 1843 nach sechsunddreißig Jahren im Turm und im Alter von dreiundsiebzig stirbt, vermerkt Gustav Schwab gerührt: »Es ist mit ihm ein Dichter hinübergegangen, von denen, derer die Welt nicht würdig.«

Bis in die jüngste Vergangenheit hinein hat sein Wahnsinn die Phantasie der Interpreten beschäftigt. Der französische Germanist

Pierre Bertaux, der pünktlich zur Studentenbewegung von 1968 den Hinweis auf den angeblichen Jakobiner Hölderlin lieferte, trat ein Jahrzehnt danach mit der modischen These auf den Plan, der Dichter sei 1806 noch gar nicht verrückt gewesen, erst der Psychiater Authenrieth habe ihn psychisch verstümmelt.

Ins Innere des Poeten richtete sich auch der Blick des Regisseurs Klaus Michael Grüber, der 1975 Hölderlins Fragment gebliebenes Drama ›Der Tod des Empedokles‹ auf die Bühne brachte. Nur noch matte Reminiszenz war die Trikolore in seiner Inszenierung. Das Bühnenbild verwandelte den Ort des Geschehens, die »Gegend am Ätna« in das »Eismeer« des Caspar David Friedrich, auf einer Nebenbühne verharrten Menschen im Warteraum irgendeines schäbigen Provinzbahnhofs: das Ganze eher ein Stück von Samuel Beckett, das von Hölderlins enttäuschten Hoffnungen handelte.

Gespenstisch und bisweilen grandios setzte Grüber zwei Jahre später im Berliner Olympiastadion Textpassagen aus dem ›Hyperion‹-Roman in Szene. Die berühmte Scheltrede auf die Deutschen fehlte nicht: »Barbaren von alters her«, hallte es durch Hitlers Stadionrund, »durch Fleiß und Wissenschaft und selbst durch Religion noch barbarischer geworden...« Hyperion beim Hürdenlauf durch die deutsche Geschichte; nicht der Dichter fiel in Umnachtung, die Deutschen vielmehr befiel der Wahn.

Wie fragwürdig manche Aktualisierung auch gewesen sein mag, Hölderlins Leben und Werk fanden Resonanz weit über die akademischen Zirkel hinaus. Dorthin ist der Dichter inzwischen zurückgekehrt. »Vor dem Allbekannten«, hat Adorno einmal formuliert, »reiben Hölderlins Verse sich gleichsam die Augen, als wäre es ein erstes Mal.« Nicht schlecht wäre, wenn wir vor diesen Versen unsere Augen rieben. Es lohnte, darüber nachzudenken, ob Hölderlins hoher, dringlicher Ton nicht neu zu entdecken sei. Es lohnte, sich an sein Verständnis der »göttlichen Natur« zu erinnern. Seine »fernhintreffenden Sprüche« aber erreichen uns auch ohne jeden Umweg übers gegenwärtige Interesse. Poesie und Philosophie: in den glückhaften Sentenzen seiner Gedichte hat er sie versöhnt.

Vor solcher Versöhnung hatte ihn Schiller dringend gewarnt: »Fliehen Sie wo möglich die philosophischen Stoffe, ...in fruchtlosem Ringen mit denselben verzehrt sich oft die beßte Kraft, bleiben Sie der Sinnenwelt näher.« Er hat den Rat nicht befolgt. Als Schiller einige Arbeiten ablehnt, schreibt Hölderlin scheinbar frohgemut und fest entschlossen: »Übrigens ist es ziemlich unbedeutend, ob ein Gedicht mehr oder weniger ... in Schillers Almanache steht. Wir werden doch, was wir werden sollen.« Nein, mißachtet hat der große Schiller seinen ambivalenten Bewunderer nicht. Die Arbeiten, die er kannte, beförderte er nach Möglichkeit. Hölderlins mögliche Größe aber erkannte er in ihnen nicht. Dies war das Unglück und vielleicht das geheime Zentrum von Hölderlins Tragödie. Wenn er zu Lebzeiten nicht wurde, was er werden wollte, so hatte Schiller ohne Absicht daran entscheidenden Anteil. Friedrich Hölderlins letztgültiges Wort über Friedrich Schiller lautet: »Von Ihnen dependier' ich unüberwindlich.«

Daß er mit manchen Gedichten sein Vorbild weit übertroffen hat, unterliegt keinem Zweifel. Mehr noch, mit Hölderlin verbunden, von Hölderin begründet ist jene absolute Poesie, die es an die Grenze der Sprache treibt, um jenseits davon neuen Ausdruck zu finden. Den Wörtern gelang es, was in der Wirklichkeit Schiffbruch erleiden mußte: das »Brautfest« von Menschen und Göttern. Auf diese Weise ist der zentrale Konflikt seines Lebens, der innere Streit mit Schiller, für uns fruchtbar geworden.

Zu den allerletzten Entwürfen vor 1806 gehört nicht umsonst der dreimal unternommene Versuch, sich ›Griechenland‹ hymnisch zu nähern. Nichts als Stückwerk ist daraus geworden. Aber wie in all den Gedichten, die weitausholend auf die Harmonisierung der geschichtlichen Wirren und das Befrieden des menschlichen Gemüts zielen, bleiben auch hier nach dem Scheitern der hymnischen Form einzelne Formulierungen unversehrt. *Zu Geringem auch kann kommen / Großer Anfang* heißt es, wohl nicht ohne Selbstbezug, in zwei der drei Fassungen.

Danach wird die Handschrift Hölderlins so unklar, daß sich seine verschiedenen Editoren noch nicht einmal auf eine Lesart haben einigen können. Und doch wollen wir keineswegs verzichten auf jene fragwürdigen Zeilen, in denen Hölderlin von einem »Gott« redet, der vor »Erkenntnissen« sein »Angesicht« verbirgt, dem bloß vernunftgemäßen Zugang zur Welt mithin eine Absage erteilt. Dieser Gott nun *decket die Lüfte mit Kunst*. Die Formulierung erreicht ein Äußerstes, einen radikalen Verzicht ebenso wie einen ungeheuren Gewinn. Einen Verzicht darauf, die Dinge des Lebens unter dem Zeichen des Vollkommenen zu sehen. Und der Gewinn? Er besteht im Freisetzen der Kunst, in ihrer Befreiung von jedwedem Dienst und Zweck.

Schon merkwürdig, daß dem Dichter Friedrich Hölderlin vor allem die Hymnen, die Preis- und Festgesänge in der Tradition Pindars, ein ums andere Mal zerbrachen. Es ist, als habe sich die Gattung an einem gerächt, der mit ihrer Wahl seine Maxime verraten hatte: *Viele versuchten umsonst, das Freudigste freudig zu sagen / Hier spricht endlich es mir, hier in der Trauer sich aus.* Das war, im elegischen Distichon, seine Definition der Elegie. Nicht als hymnischer, sondern als elegischer Dichter ist Hölderlin, Rilke zum Trotz, denn auch in deutscher Sprache unerreicht. Dabei an erster Stelle zu nennen sind die Verse von ›Brod und Wein‹, jenes herrlichen Zaubergesangs, in dem sich Reflexion und Sinnenwelt, mythischer Blick und unabgegoltene Hoffnung wundersam vereinen. »Niemals«, schrieb Clemens Brentano über diese Strophen, »ist vielleicht hohe betrachtende Trauer so herrlich ausgesprochen worden.«

Deutscher, Schwabe, Jude

Der gescheiterte Erfolgsautor Berthold Auerbach

Kein zweiter Schriftsteller des neunzehnten Jahrhunderts verkörpert »die Liebesaffäre der Juden mit den Deutschen«, von der Gershom Scholem sprach, auf eine so idealtypische, bis heute bewegende und verstörende Weise wie der 1812 im schwäbischen Dorf Nordstetten geborene und 1882 bei einem Kuraufenthalt in Cannes gestorbene Berthold Auerbach.

Durch sein Leben und seine Werke schien für kurze Zeit der Wunschtraum Wirklichkeit zu werden, der seit Moses Mendelssohn Unzählige beseelt und begeistert hatte: der entschiedene Beitritt der Juden zur deutschen Kultur und, in der Folge, ihr emphatisches Aufgehen im deutschen Volkstum. Auf der Höhe des Ruhms, zwischen 1850 und 1875, war sich Auerbach seiner geschichtlichen Mission und seiner Rolle als Repräsentant einer großen Idee vollkommen bewußt – und er war entschlossen, beidem zum Wohl einer neuen, deutschen Humanität im Geiste Lessings und Schillers auch gerecht zu werden.

So gründlich vergessen aber wurde dieser Schriftsteller im Lauf der letzten fünfzig Jahre und so gründlich zerstört die Sehnsucht, für die er stand, daß es nun schwerfällt, sich noch einen Begriff von der Bedeutung zu machen, die er sich selber gab und die ihm seine Zeitgenossen zubilligten. Man liest die Dokumente und traut seinen Augen kaum.

Ungläubig blickte gelegentlich auch Auerbach selbst auf die Geschehnisse um ihn herum. »Da hast Du einen Hoftag von mir«, schrieb er im September 1856 aus Weimar an Nina, seine zweite Frau: der Großherzog hatte ihn zu sich gebeten und »mit wahrer Herzlichkeit« empfangen, die Prinzessin von Preußen gar gestanden, Auerbachs Schriften seien ihr »Lebensereignisse« geworden, und wahrscheinlich hatte man wieder über den Plan gesprochen, den Dichter auf Dauer und gleichsam in Goethes Nachfolge nach Weimar zu holen. »Ich muß sagen«, bekannte er im Brief, »daß, als ich allein im Park ging, ich oft daran dachte: O Gott! woher bist du gekommen? Von Nordstetten, und wenn du dich in die Jugend zurückdenkst, ist alles wie ein Traum.«

Hier der Landjude aus dem schwäbischen Provinznest, der 1870, bei Ausbruch des Deutsch-Französischen Kriegs, als Gast im Feldlager des Großherzogs von Baden mit treuherziger Selbstironie erklärt: »Wisset Se, i baß ebe net doher, so a kleiner Jud onder dene mächtig große Offizier« – und dort einer der ersten Schriftsteller seiner Epoche, dem die Kritik eine »Weltwirkung« zuschreibt, »wie sie seit Walter Scott kein anderer geübt«, der deshalb, seinem trefflichen Biographen Anton Bettelheim zufolge, sehr wohl um die »Berechtigung« weiß, »als Kenner und Wortführer deutscher Volksart Gehör zu finden, in Heimat und Fremde«.

Das Gespür dafür, in der Heimat als Jude ein Fremder geblieben zu sein, verläßt ihn jedoch auch nach den ersten Erfolgen noch nicht ganz. Über fünfundzwanzig Jahre ist er da schon von Nordstetten weg, hat nach Schul-, Studien- und Wanderjahren in Hechingen, Karlsruhe, Stuttgart, Tübingen, München und Heidelberg vergeblich versucht, in Frankfurt, Bonn, Mainz und wiederum Karlsruhe, in Weimar, Leipzig, Breslau und wiederum Heidelberg seßhaft zu werden, und lebt nun seit immerhin vier Jahren in Dresden. 1853 wagt er erstmals, an Rückkehr, an eine »Übersiedlung nach Schwaben« zu denken, freilich nur, um sich den Gedanken gleich wieder aus dem Kopf zu schlagen: »Ich fühle mich nach Schwaben hingezogen, ohne die Widrigkeiten meines dortigen Seins zu verkennen, die kleinen Nergeleien, die an einem herum zerren u. vor Allem daß ich auf Schritt u. Tritt wieder als Jude und immer nur als Jude angesehen werde.«

Allein, der märchenhafte literarische und soziale Aufstieg, den er zur selben Zeit erlebt, läßt ihn die schwäbischen Mißhelligkeiten rasch vergessen – »die Herberge in der Herzkammer eines jeden Lesers«, die er sich zu erobern verstand, ist ihm fürs erste Heimat genug. Und wo er auch Station macht auf einer seiner vielen Reisen, scharen sich die Leute um ihn. »In Wien«, hören wir etwa, »war Auerbachs Name in den Kreisen der besten Bildung und Gesittung, in Bürgerschaft und Hochadel auf aller Lippen... Wie zuvor in Berlin und Leipzig wurde der prächtige Gesellschafter von einem Haus ins andere gezogen, wo immer er sich zeigte, ein Hätschelkind der Frauen.«

Weit gefehlt allerdings, ihn deshalb einen schriftstellernden Salonlöwen zu schelten. Im Gegenteil, »als eine Erlösung von der öden Salonliteratur, die französischen Vorbildern nacheiferte«, empfand Gustav Freytag die ersten Arbeiten – wie wenige hat Auerbach in der

Folge die Anerkennung, die Hochachtung, ja die Zuneigung gerade auch seiner Kollegen erfahren. Schelling meinte, die Schwaben müßten ihn krönen für sein Werk. Uhland rühmte seine »lebenswahren Darstellungen«, den »Schöpfer der lebenswahren Idyllen« nannte ihn Friedrich Theodor Vischer. Jacob Grimm gehörte ebenso zu seinen Bewunderern wie Gottfried Keller, dessen Erzählung ›Das Fähnlein der sieben Aufrechten‹ Auerbach nicht nur den Titel, sondern auch den ersten Druck verdankte. Sein Talent zur Freundschaft vermochte selbst einen Nikolaus Lenau zu überzeugen, von dem ihn poetisch Welten trennten.

Mit Hebbel diskutierte er mitten in Wiens revolutionären Wirren von 1848 seelenruhig die noch immer ungelöste Frage, wie viele Menschen die Erde denn ernähren könne. Leo Tolstoi stand eines Tages vor Auerbachs Tür, umarmte ihn überschwenglich und pries ihn später als einen »Apostel der Menschlichkeit«. Gerhart Hauptmann nannte seinen ersten Sohn Ivo – Hommage an einen von Auerbachs literarischen Helden. Paul Heyse, Peter Rosegger, Friedrich Spielhagen und Wilhelm Raabe waren ihm zu Lebzeiten freundschaftlich verbunden und zählten noch zu den Unterzeichnern des Aufrufs für ein Auerbach-Denkmal, das zum fünfundzwanzigsten Todestag des Dichters in Bad Cannstatt feierlich enthüllt wurde.

Beängstigend mutet solch einhellige Zustimmung an: Über Jahrzehnte hinweg, von der Romantik über den Realismus bis zu den Naturalisten blieb Auerbach literarischer Maßstab und menschliches Vorbild, eine Lichtgestalt, auf die die wenigen Neider keinen Schatten werfen konnten. Die Auflagen seiner Bücher gingen schnell in die Hunderttausende, seine gesammelten Werke umfaßten bald zwanzig, bald dreißig Bände. Was Wunder, wenn Auerbach auch als Festredner unentbehrlich wurde, zur Schillerfeier des Jahres 1859 gar »den Auftrag erhielt, den Aufruf an die deutsche Nation ganz allein abzufassen«, in öffentlichem Vortrag Lessings gedachte und Fichtes hundertsten Geburtstag würdigte, mal über »Goethe und die Erzählkunst«, mal über den »Weltschmerz« räsonierte.

Kurzum, dieser Autor war nicht nur ein, er war das »Phänomen in der neuesten Literatur« zur Mitte des letzten Jahrhunderts, »die Mitwelt«, resümiert sein Biograph völlig zu Recht, »hat es mit Auerbach so gut gemeint wie er mit ihr«. Zum wohl größten Glück wird die Hochzeitsreise mit Auguste Schreiber, seiner ersten Frau. »So durch Deutschland ziehen, wo die echtesten Menschen rechts und links eine

Gasse bilden«, notiert er in dieser »freudengesättigten« Zeit und fügt hinzu: »Manchmal denken wir wieder dran, daß wir Juden sind und wir wünschen, daß alle Leute solche Tage wie wir, so frei und unbedingt aufgenommen wie wir, verleben könnten, der Dämon des Schmerzes müßte von ihnen weichen.«

Sehr nahe kommen Auerbachs hochgemute Sätze von 1847 schon dem, was man die heilige Dreieinigkeit seiner Existenz nennen darf. Jahre später hat er sein Credo dann in völliger Gewißheit formuliert: »Ich bin ein Deutscher, und was anders könnte ich nicht sein, ich bin ein Schwab', und was anders möchte ich nicht sein, ich bin ein Jude, und das hat die richtige Mischung gegeben.«

Deutscher, Schwabe, Jude: in dieser Reihenfolge. Literarisch eingelöst ist die Wunschidentität in dem Werk, das 1843 in zwei Bänden erschien und Auerbach mit einem Schlag berühmt machte. Und in der Tat, die neun, im Umfang höchst unterschiedlichen, indes allesamt auf den Grundton mündlichen Erzählens gestimmten Prosastücke boten den Lesern etwas völlig Neues. Zwar nicht die Geburt einer bis dato ganz unbekannten Gattung: in Werken von Brentano, Immermann und Gotthelf hatten Auerbachs ›Schwarzwälder Dorfgeschichten‹ unter anderem ihre Vorläufer.

Was sie jedoch unterschied und nicht zuletzt ihren enormen Erfolg bedingte, war die seltsam schwerelose Verbindung von realistischer Kulisse, tatsächlicher Begebenheit und einer durchaus künstlichen, bisweilen bewußt sentimentalen Atmosphäre. In Nordstetten hatte Auerbach die Geschichten angesiedelt – Dialekt aber sprachen seine Figuren kaum, und »den Mist an den Kleidern des Bauern«, so Friedrich Sengle, »übersah er geflissentlich«. Von der Halsstarrigkeit des Grundherrn, der Willkür der städtischen Behörden, von Rachsucht, Geiz und gebrochenen Versprechen wird erzählt, von sozialem Niedergang und der erzwungenen Auswanderung nach Amerika. Aber selbst, wenn Auerbach das Sterben oder einen Selbstmord schildert, bewahren die Geschichten eine fast paradiesische Heiterkeit.

Er habe versucht, meinte er in einer späteren Vorrede, »ein ganzes Dorf gewissermaßen vom ersten bis zum letzten Haus« darzustellen – was vor allem glückte, war eine Reihe unverwechselbarer Hauptfiguren, der Tolpatsch etwa, das Veverle, das Tonele, der Michel und das Konradle, Florian und Creszenz: sie alle wurden zu Lieblingen der zeitgenössischen Leser.

Nordstetten hatte zu jener Zeit etwa elfhundert Einwohner, gut dreihundertfünfzig von ihnen waren Juden. Die aber kamen in den ›Schwarzwälder Dorfgeschichten‹ so gut wie gar nicht vor. Und Auerbachs eigene Geschichte, die des gescheiterten Rabbinatskandidaten und Studenten der jüdischen Theologie, hatte sich im Buch in eine christliche Laienlegende verwandelt: Ivo, deren Held und Auerbachs anderes Ich, will katholischer Pfarrer werden, wird in Kloster und Seminar jedoch vor Heimweh krank und gibt, von Glaubenszweifeln geplagt, das Studium auf. Ihm aber gelingt, dank Auerbachs Vorliebe fürs *Happy-End*, was dem Erzähler selbst immer verwehrt bleiben sollte: nach vielen Irrungen ein friedliches Landleben auf eigener Scholle.

Vorbereitet hatte Auerbach die Dorfgeschichten in einem 1836 erschienenen Aufsatz über ›Das Judenthum und die neueste Literatur‹, der unter anderem gegen Heines Verherrlichung der »selbsttrunkensten Subjektivität« und der »weltentzügelten Individualität« polemisierte. Auerbach hielt dem ein Bekenntnis zu Anstand, Glaube und Nation entgegen: »Ja! Wir achten und lieben deutsche Sitte und deutsches Herz, denn es ist unsere Sitte und unser Herz. Ich lebe der frohen, zuversichtlichen Überzeugung, die Gesinnungen der ganzen jungen Generation der Juden auszusprechen, wenn ich hinzufüge: ...vergesset und lasset uns vergessen der finsteren Scheidewand, die uns trennte, und ersparet uns die schmerzliche Mühe, gegen euch in die Schranken zu treten, weil ihr so oft euren vaterländischen Bestrebungen den Dämon des Judenhasses beigesellt.«

Mit den Dorfgeschichten hatte Auerbach von sich aus und für sich die Scheidewand abgetragen und war in den poetischen Vaterlandsdienst getreten. Die Reaktionen kamen prompt und wie gewünscht. Jacob Grimm etwa beglückte ihn mit der Bemerkung, er hätte nicht geglaubt, »daß ein Jude so tief in deutsches Wesen eindringen könne«. David Friedrich Strauß wunderte sich, »wie es Auerbach als Juden möglich war, so in das Wesen und Leben unsres Landvolks einzudringen«.

Die Rede vom »Eindringen« ist aufschlußreich genug. Auerbach, nicht weniger bezeichnend, spricht im selben Zusammenhang von Offenbarung. In einem Brief an Freiligrath vom November 1843 legt er, den Analytikern seiner Schau ins deutsche Wesen sonst mit Begeisterung zustimmend, sein vielleich wichtigstes literarisches und weltanschauliches Bekenntnis ab: »Ich muß Dir auch noch sagen, daß es mir besondere Freude macht, daß es mir, einem Juden, gelungen ist, etwas vom Innersten des deutschen Volksgeistes zu offenbaren. Du weißt, lieber Freund, was ich vom Judenthum halte, aber jede innere und äußere Gehässigkeit gegen die Juden tut mir in tiefster Seele weh. Es ist mir daher besonders lieb, Dir sag ich es frei, daß die Gehässigkeit die Juden nicht mehr so leicht Fremde heißen kann. Ich glaube, ich bin ein Deutscher, ich glaube es bewiesen zu haben, wer mich einen Fremden nennt, mordet mich zehnfach.«

Jude sein heißt fremd sein: gegen diesen Fluch half, nach Auerbachs tiefer Überzeugung, nur die Bereitschaft der Juden, als Volk im Deutschtum aufzugehen. Ihre Religion mochten sie immerhin behalten – sich selbst etwa christlich taufen zu lassen, daran dachte der Enkel eines Rabbiners nie. Wann immer er Juden oder jüdische Einrichtungen öffentlich mißachtet oder beleidigt wähnte, trat er sofort für sie ein. Pflichtaufgaben waren dies, die, so hoffte er, der stete Fortschritt der Humanität allmählich überflüssig machen würde. Und Herolde des Fortschritts sollten nicht zuletzt die eigenen Werke sein.

Rasch hintereinander erschienen sie, im Stil der ersten Dorfgeschichten entstand Roman um Roman, Novelle um Novelle: vor allem ›Die Frau Professorin‹ (1846), der ›Diethelm von Buchenberg‹ (1852), sein bestes Buch, und das ›Barfüßele‹ (1856) machten Furore. Nahezu ein Bühnenstück vollendete er zudem in jedem Jahr – der fortwährende Mißerfolg als Dramatiker stachelte seinen Ehrgeiz eher noch an. Auerbach war, wie viele Autoren seiner Zeit, ein Vielschreiber aus Passion und, wollte er den erreichten gesellschaftlichen Status sichern, auch aus materieller Notwendigkeit.

1851 publizierte er mit ›Neues Leben‹ seinen ersten Versuch im Genre des vaterländischen Zeit- und Erziehungsromans. Theodor Storm lobte das Buch: »Vertrauen zu unserem Volk«, schrieb er in einem Brief, sei »der Grund, auf dem die Szenen gemalt sind.« Aber im Gegensatz zu den Dorfgeschichten mischten sich bei allen anderen, jedenfalls dem Umfange nach gewaltigen Projekten unter den Chor der Bewunderer deutliche Stimmen der Kritik. Das galt für den 1865 veröffentlichten Roman in acht Büchern und drei Bänden ›Auf der Höhe‹ ebenso wie für das fünfbändige Opus ›Das Landhaus am Rhein‹ (1869) und die dreibändige Familiensaga ›Waldfried‹ von 1874. Mit diesen Büchern begab sich Auerbach auf einen Weg, der ihn literarisch in die unmittelbare Nähe der Marlitt führte.

Und nicht umsonst landeten auch seine volkspädagogischen Bemühungen bei der ›Gartenlaube‹: als wöchentliche Beigabe zum Leib-

und Magenblatt des bürgerlichen Biedersinns gab er Anfang der sechziger Jahre die ›Deutschen Blätter‹ heraus, nachdem er sich zuvor am ›Gevattersmann‹, einem jährlichen Volksbuch zur »reichen Unterhaltung und Belehrung ohne große Redensarten«, und an einem ›Deutschen Familienkalender‹ versucht hatte. Von 1859 an mühte er sich zehn Jahre lang mit ›Berthold Auerbach's Volkskalender‹ ab: schon der Titel zeigt, daß die Verleger der Postille in erster Linie auf die Zugkraft seines Namens setzten. Und auf seine Popularität war längst Verlaß. Mochte auch Fontane die Stücke für ungenießbar halten und der Freund Gustav Freytag nun ein ums andere Mal epische Disziplin anmahnen: Auerbach hatte keine Chance mehr, seinen Ruf zu ruinieren. Denn für alle Fälle gab es ja die Dorfgeschichten, die sich bei Bedarf und ohne große Mühe einfach fortschreiben ließen.

Daß er darüber schließlich zum Epigonen seiner selbst wurde, daß all seine übrigen Anstrengungen bereits in den ersten Jahrzehnten nach seinem Tod nur noch für die Sammler literarischer Kuriositäten oder die Erforscher des mittleren Zeitgeistes ihren Reiz behielten, war der Preis für aktuellen Ruhm. Auch dem Volksbildner Auerbach jedoch, diesem »Vielfraß an Lob«, gab seine große Gemeinde die reichste Nahrung: nachgerade ermuntert fühlte er sich deshalb, weiterhin »erwecklich zu wirken«.

1862 übersiedelte er nach Berlin, verbrachte indes von nun an mehrere Monate des Jahres in mondänen oder wenigstens modischen Kurbädern; zu längeren Besuchen kam er auch in die Umgebung Nordstettens zurück. Erste Anzeichen einer neuen, zu antisemitischen Ausbrüchen bereiten Atmosphäre konnte und wollte Auerbach noch übersehen. War er nicht ein gern geladener Vorleser und Unterhalter am Berliner Hof, den man schließlich gar dekorierte? Aber es war nur der preußische »Adlerorden vierter Klasse«, den er erhielt, und die vielen Versprechungen, ihn durch ein symbolisches Staatsamt mit fester Besoldung finanziell unabhängig zu machen, versickerten alle im märkischen Sand.

Die größte Enttäuschung seines Lebens aber stand ihm noch bevor. Wie begeistert hatte er den Feldzug gegen Frankreich und die Rückeroberung des Elsaß gefeiert, wieviel hatte er sich von der Reichsgründung erhofft. Und in der Tat brachte die Reichsverfassung von 1871 den Juden erstmals in der deutschen Geschichte die volle rechtliche Gleichheit. Indirekt jedoch beförderte sie mit dem Nationalismus auch einen neuen, nun gar mit wissenschaftlichen Weihen ausgestatteten Antisemitismus. Mitte der siebziger Jahre also vermochte selbst Auerbach nicht mehr zu verkennen, daß ihn seine geschätzten Freunde und Kollegen, zu denen auch Heinrich von Treitschke und Richard Wagner zählten, keineswegs als auserwählten Repräsentanten, sondern bestenfalls als Ausnahmejuden gelten ließen.

»Ein offenbar sehr begabter, wirklich talent- und geistvoller Schriftsteller jüdischer Abkunft, welcher in das eigentümlichste deutsche Volksleben wie eingewachsen erscheint«, schrieb Richard Wagner 1869, nun schon eine stehende Wendung paraphrasierend. Aber was besagte das noch, wenn damit ausdrücklich nur ein singuläres Vermögen gekennzeichnet war? Die öffentliche Auseinandersetzung mit Theodor Billroth raubte Auerbach jedenfalls die letzten Illusionen. Persönlich zugeeignet hatte ihm der berühmte Mediziner seine Schrift ›Über das Lehren und Lernen an den medizinischen Fakultäten‹. Und dann las Auerbach darin Sätze wie: »Trotz aller Reflexion und aller persönlichen Sympathie ist mir aber auch klar, daß ich innerlich die Kluft zwischen rein deutschem und rein jüdischem Blute so tief empfinde, wie von einem Teutonen die Kluft zwischen ihm und einem Phönizier empfunden sein mag.« Am Ende des Jahres 1875 antwortete Auerbach zornig mit einem offenen Brief in der Berliner ›Gegenwart‹: »Daß den Juden das Martyrium fehlt, ist gewiß eine sehr ›individuelle‹ Bemerkung von Ihnen... glauben Sie, es ist kein Martyrium, noch heute einem Manne Ihres Rufes erklären zu müssen, wir sind nicht zufällig deutschredende Juden, zufällig in Deutschland erzogene Juden, wir empfinden vollkommen als Deutsche... Haben Sie die Folgen ermessen, die der von Ihnen als natürliche Tatsache ausgestellte Rassenhaß haben kann? Es kann auch geistige Höllenmaschinen geben.«

Der öffentlichen Polemik, dem politischen Kampf stellte sich Auerbach danach kein weiteres Mal. Treitschkes »infame Judenhetze« nimmt er fast schon resigniert zur Kenntnis, zieht allerdings eine persönliche Konsequenz und bricht den Umgang mit dem »Herold der Reichsgründung« ab. In einem Brief von 1879 klingt bei aller Schärfe des Verdikts das elegische Motiv an, das Auerbachs letzte Jahre beherrscht. »Dieser Artikel«, schreibt er über Treitschkes Traktat ›Unsere Aussichten‹, »ist ja ein völkerrechtswidriges Explosivgemisch und zermartert mir das Herz... wenn man so etwas liest, so etwas Blutvergiftendes, so möchte man alles Kunstgetriebe und alle Kesselflickerei deutschen Schriftstellertums zum Teufel wünschen. Darum also arbeiten wir so lang, um eine solche Barbarei von einem gebildeten ernsthafen Deutschen zu erleben.«

Vergeblichkeit ist das keineswegs nur rhetorische Leitmotiv von Auerbachs Lebensabend. »Vergebens gelebt und gearbeitet!« schreibt er im November 1880, nachdem er sich zwei Tage lang gezwungen hatte, die Judendebatte im Abgeordnetenhaus anzuhören: »zum Verzweifeln« scheint ihm »die tiefe Verhetzung, die Aufreizung zur Empörung, der scheele Blick, der auf jeden Juden fällt«. Was man im nachhinein den Berliner Antisemitismusstreit nennen wird, ist für Auerbach von Anfang an eine viel umfassendere Katastrophe: »Ich kenne die Welt genugsam, ich weiß, wie im Casino zu Rastatt und in der Weinstube in Bingen und im Bierkeller in München das alles mit Jubel aufgenommen wird.« Auf die Frage: »Was ist da zu thun?« weiß er jetzt nur noch zu antworten: »Ich sehe in die trübste Zukunft hinein.«

Notgedrungen also richtet Auerbach in den letzten fünf Jahren den Blick zurück in die ungetrübteste Vergangenheit. Hatte er nicht als ganz junger, ganz unbekannter Autor stolz postuliert: »Ich will doch einmal zeigen, wie ein jüdischer Roman geschrieben sein muß«, hatte er nicht, lange vor den Dorfgeschichten, zwei historische Romane über jüdische Größe und jüdische Existenz verfaßt? 1837 bereits war sein ›Spinoza‹ erschienen, 1840 folgte unter dem Titel ›Dichter und Kaufmann‹ sein poetisches »Lebensgemälde« des unglücklichen Ephraim Kuh. Und ein Jahr danach wurden ›Spinoza's sämtliche Werke‹ in fünf Bänden publiziert – sämtlich hatte sie der junge Auerbach aus dem Lateinischen übersetzt.

Die große Idee seines Lebens, er wußte es seit dem Streit mit Billroth genau, war gescheitert, seine Mission verfehlt. Wie Moses hatte er zwar das Gelobte Land gesehen, zugleich aber erlebt, wie es, eine Fata Morgana bloß, wieder verschwand. Also versuchte er, an seine allerersten Anfänge anzuknüpfen, versuchte wiederzufinden, was er ein für allemal überwunden wähnte: seine Identität als Jude. Noch 1875 hatte ihn die ›Allgemeine Zeitung des Judenthums‹ heftig kritisiert: Juden seien in seinen Büchern kaum vorhanden, tauchten sie einmal auf, seien sie lediglich »ein geringfügiges Ornament«.

Jetzt plant Auerbach nicht nur eine Reihe von Aufsätzen über jüdische Autoren, über Heine etwa, den er bislang stets als Antipoden empfunden hatte. Auch jüdische Dorfgeschichten will er schreiben und, vor allem, die Erinnerungen an seine jüdische Kindheit in einem schwäbischen Dorf. Kein einziger Plan gedieh noch übers Stadium spärlicher Entwürfe hinaus.

Auerbach, letztlich also nur ein, vielleicht gar der Repräsentant jener »Gefühlsverwirrung«, die nach Scholems Ansicht das »Deutschjudentum« zwischen 1820 und 1920 kennzeichnete? »Aufs Große gesehen, einseitig und unerwidert« blieb Auerbachs Liebesaffäre mit den Deutschen gewiß, und auch sie weckt »im besten Fall etwas wie Rührung«. Indes war dieser Dichter keineswegs nur ein Phantast. Zwar verwechselte er die eigene, höchst angesehene Stellung im literarischen und gesellschaftlichen Leben mit den Möglichkeiten jüdischer Integration schlechthin: »Wenn alle Juden so wären wie Sie«, bekam er, wie viele vor und nach ihm, oft zu hören. Seinen Glauben an die Veredelung des Menschengeschlechts focht das über Jahrzehnte nicht an. Mag sein, daß dies nicht zuletzt in seiner Herkunft begründet war: das Dorf kannte kein Ghetto, dessen Mauern erst niedergerissen werden mußten. Allen Schwierigkeiten zum Trotz war das gemeinsame Leben von Deutschen und Juden für ihn selbstverständlich von Kindheit an.

Und Auerbach heute? Den Autor dickleibiger Gesellschaftsromane wiederzuentdecken wäre wohl zuviel der Mühen. Dringlich aber ist, neben einer Auswahl der Dorfgeschichten und Teilen seiner kritischen Schriften vor allem seine Briefe aufs neue zugänglich zu machen. Vorab die Korrespondenz mit dem entfernten Verwandten Jakob Auerbach ist ein einzigartiges Dokument: ein halbes Jahrhundert der Hoffnung spiegelt sich darin. Weil sie gescheitert ist, weil Auerbach sie selbst noch scheitern sah, müssen wir sie kennen.

Hüter des Humanen

Der unbestechliche Solipsist Elias Canetti

Daß alles schon einmal gedacht, gesagt und geschrieben wurde, ist den Autoren ein ewiges Kreuz. Wenigen nur wird die Last der Überlieferung zur Chance des eigenen Werks. Elias Canetti gehört zu ihnen. Thematische Vielfalt und intellektuelle Prägnanz kennzeichnen sein Œuvre, das zudem von vollkommener Unabhängigkeit zeugt, ja von ästhetischer Autarkie – dies nicht zuletzt verleiht seinen Arbeiten hohen moralischen Rang.

Dabei hat sich Canetti stets mit Enthusiasmus zu seinen Vorbildern bekannt. Aristophanes und Büchner, Gogol und Stendhal rühmte er ein ums andere Mal. Auch seine kurze Ansprache bei der Entgegennahme des Literatur-Nobelpreises im Jahr 1981 geriet sogleich zur Hommage – an Kafka und Karl Kraus, an Musil und Hermann Broch. Nahezu grenzenlos ist seine »Verehrungslust«, nachgerade abgöttisch seine Bewunderung für die unzähligen Bücher, die er liebt. Von Kindheit an ein »reißender Wolf des Lesens«, hat Canetti schon früh neben den »Einzelstimmen« der Dichter und Philosophen auch die anonymen Werke der Weltliteratur, die Epen und Mythen der Völker, für sich entdeckt. Seine kulturgeschichtlichen Kenntnisse sind so umfassend wie profund – es bedurfte also in der Tat eines Zaubermittels, um die Fülle der Vorlieben und Interessen dieses gelehrten Poeten einmünden zu lassen in die Unverwechselbarkeit des eigenen Stils, um jene Konzentration zu erreichen auf die wenigen, variierend immer aufs neue wiederholten Hauptgedanken und Leitmotive, durch die sich die Arbeiten bedeutender Autoren allemal auszeichnen.

Canettis Zaubermittel heißt »Verwandlung« – »Hüter der Verwandlung« zu sein, lautet seine Forderung an die Dichter schlechthin. Vorab jedoch ist es ein sehr persönliches Gebot, das sich hinter dem poetologischen Programm verbirgt. Alles wahrnehmen, alles aufnehmen, alles sich anverwandeln: wie Walter Benjamin gehört Canetti zum Typus des emphatischen Sammlers. Nichts entgeht seiner Neugier, weder der feste Buchstabe des schriftlich Überlieferten noch die allerflüchtigsten Regungen seiner Zeitgenossen. Ihren »Atemräumen«, ihrem »Augenspiel« und ihren »akustischen Masken«, ihren beiläufigen Gesten und ihren wunderlichsten Gebräuchen hat er durch Aufmerksamkeit gehuldigt – und stets gewissenhaft darauf geachtet, daß die Botanisiertrommel seiner Beobachtungen nicht durch ein Übermaß an Erklärung beschädigt werde.

Psychoanalyse ist ihm ein Greuel deshalb, hier blieb er, was seine Invektiven keineswegs überzeugender macht, bis heute ein treuer Schüler des Erzpolemikers Karl Kraus. Auch Geschichtstheorien sind ihm zuwider, Geschichte überhaupt interessiert ihn nur unter dem Aspekt des Sündenfalls: einzig ihr Streben nach Macht hat die Menschen zur Geschichte verführt. »Menschen erlernen« – das bedeutet, bei aller Bereitschaft zum bitterbösen Porträt, zur Karikatur und Groteske, demzufolge auch das Beharren auf einer gleichsam vorgeschichtlichen Unschuld, die längst verlorenging und die es deshalb zu bewahren gilt. Canetti, so wird man sagen dürfen, ist aus wohlbedachten Gründen der Vernunft zum Propheten des Mythos Mensch geworden. Immer noch zu staunen wie ein Kind, das alles zum ersten Mal erfährt, dem Erfahrenen dabei sein Geheimnis lassen, es nicht immer und nie ganz begreifen zu können und zu wollen – in diesem Sinn versteht er den »Beruf des Dichters« als Hüter des Humanen.

Seine Fähigkeit zur »Verwandlung« hat er poetisch vor allem in zwei schmalen Bänden unter Beweis gestellt, die ihm als Nebenwerke gelten, die nicht wenige seiner Leser gleichwohl besonders zu schätzen wissen. Gemeint sind damit zunächst jene fünfzig ebenso tolldreisten wie weltweisen Kürzestgeschichten, die Canetti 1974 unter dem Titel ›Der Ohrenzeuge‹ veröffentlichte und in denen er von der »Königskünderin« über den »Tränenwärmer«, den »Schönheitsmolch« und die »Tischtuchtolle« bis hin zum »Leidverweser« und zum »Nimmermuß« eine surreale, mithin präzise Typologie menschlicher Verhaltensweisen entwickelte. Gemeint ist damit in erster Linie aber die 1968 erschienene Erzählung ›Die Stimmen von Marrakesch‹, in der seine Reise an die »Grenze des Lebendigen« ihren Niederschlag fand. Von bestechender Klarheit sind diese Prosaminiaturen, versammelt wird das Panorama der Geräusche und Gerüche, der Gefahren und des Glücks in einer Stadt, die in Canettis Schilderung immer anschaulich bleibt und glaubwürdig deshalb als Parabelort der Existenz.

Auch mit der Veröffentlichung dieses Buches hatte der Autor lange gezögert. Es solle von ihm nur erscheinen, sagte er einmal, was »Anspruch auf Bestand« besitze. Daß er sich dies leisten konnte, auch im schlicht materiellen Sinn, und daß er bis auf wenige Übersetzungen am Ende der zwanziger Jahre offenkundig auch nie auf Brotarbeiten angewiesen war, ist sicher mitbestimmend für seine Unabhängigkeit. Sie ermöglichte ihm, mit beeindruckendem Beharrungsvermögen und bis vor etwa dreißig Jahren auch nahezu ohne öffentliche Wirkung an seinen schriftstellerischen Zielen kompromißlos festzuhalten.

Es gibt ein einziges Werk, das seinem zumindest äußerlich gleicht – dasjenige des ebenfalls 1905 geborenen, im Februar 1984 gestorbenen Manès Sperber. Wie bei Sperber steht am Beginn ein großer, singulär gebliebener Versuch mit der Gattung des Romans – Canettis ›Die Blendung‹ wurde 1935 erstmals publiziert –, wie bei Sperber bildet ein lebensbegleitendes wissenschaftliches Projekt das zweite Zentrum der Arbeit – ›Masse und Macht‹ erschien nach jahrzehntelangen Studien im Jahr 1960. Vergleichbar ist auch die Vorliebe für die Form des literarischen Essays, eine letzte Parallele zu Sperbers Werk ist Canettis bislang in drei Bänden vorliegende Autobiographie: auf weit über tausend Seiten erzählen ›Die gerettete Zunge‹ (1977), ›Die Fackel im Ohr‹ (1981) und ›Das Augenspiel‹ (1985) die ersten gut drei Jahrzehnte seines Lebens. Ansonsten aber hat Canetti mit den Moden und Motiven, den Themen und Tendenzen der deutschsprachigen Gegenwartsliteratur kaum etwas gemein.

Gehört er ihr überhaupt an? Einen »britischen Schriftsteller in der Schweiz« nennt ihn zum Beispiel der Pressedienst eines renommierten biographischen Instituts. Dies freilich ist so ehrenhaft wie falsch – Canetti, der in Zürich und London lebt, ist ein deutscher Schriftsteller *par excellence*.

In Rustschuk als erster Sohn jüdischer Eltern aufgewachsen, wird bulgarisch seine erste Sprache. Das Spanisch des fünfzehnten Jahrhunderts kommt hinzu: damals waren die Vorfahren der Familie aus ihrer Heimat vertrieben worden; über alle Generationen hinweg hatten sie mit ihrer Religion auch ihre Sprache bewahrt. Deutsch aber ist, im ganz buchstäblichen Sinn, Canettis Muttersprache. In der französischen Schweiz wird es dem Achtjährigen mit Hilfe eines englischen Wörterbuchs beigebracht: den »Terror«, den die Mutter dabei ausübte, schreibt Canetti zu Beginn seiner Lebensgeschichte, »hielt sie für pädagogisch«.

Einem Terror ganz anderer Art ist das endgültige Bekenntnis zur deutschen Sprache geschuldet. 1944 lebt Canetti, von den Nazis aus Wien vertrieben, bereits seit sechs Jahren in London. Deutschlands militärische Niederlage zeichnet sich ab, man ahnt allmählich das Ausmaß der Verbrechen an den Juden. Canetti aber schreibt ganz bewußt den an sich unglaublichen, nach wie vor ergreifenden Satz: »Die Sprache meines Geistes wird die deutsche bleiben, und zwar weil ich Jude bin.« Und er fügt, wie häufig bei rückhaltlosen Notizen sich selbst in die dritte Person setzend, im Jahr 1945 hinzu: »Durch die furchtbaren Ereignisse in Deutschland hat das Leben eine neue Verantwortung bekommen...: er ist jetzt den Deutschen ihre Sprache *schuldig*; er hat sie sauber gehalten, aber er muß jetzt damit auch herausrücken, mit Liebe und Dank, mit Zins und Zinseszins.«

»Makelloses Deutsch«: so hat Jean Améry Canettis Prosa gerühmt. Ein stilkritisches Urteil, das alle Fragen der poetischen Geographie beantwortet – und nebensächlich werden läßt.

»Wäre ich wirklich ein Dichter, ich müßte den Krieg verhindern können.« Diesen 1939 geschriebenen Satz eines unbekannten Autors zitiert Canetti 1976 in seiner Münchner Rede über den ›Beruf des Dichters‹ als Exempel für den vielleicht größenwahnsinnigen, in jedem Fall irrationalen Anspruch des Poeten auf die Wirkung seines Werks. Dennoch hat ihn die Sentenz nie wieder losgelassen: Wer mit Worten umgehe, sagt er, müsse von ihrer Wirkung mehr erwarten als andere. Sein eigenes, 1943 formuliertes Credo ist denn auch nicht weniger unbescheiden und unerhört: »Das ganz konkrete und ernsthafte, das eingestandene Ziel meines Lebens«, heißt es da, »ist die Erlangung der Unsterblichkeit für die Menschen.« Größenwahn und Irrationalität auch hier?

Kaum ein Schriftsteller jedenfalls hat häufiger, wohl keiner hat heftiger mit dem Tod gehadert als Canetti. »Bis in seine letzten Schlupfwinkel aufstöbern« will er ihn, mit Haß ihn verfolgen, »um seine Anziehung und seinen falschen Glanz zu zerstören«. Canetti läßt nie einen Zweifel, worauf es sein an die Windmühlenkämpfe eines Don Quijote erinnerndes Anrennen abgesehen hat – auf die Abschaffung des Todes, auf seine Verbannung aus der Welt und dem Leben der Menschen: als den »einzigen Kampf, der es wert wäre, gekämpft zu werden«, hat er sein Unternehmen bezeichnet. Und es blieb keineswegs beim Konjunktiv. Canetti *hat* gekämpft. Selbst in eher resignativen und melancholischen Phasen verwarf er den Gedanken an das Sterben als Erlösung – »ein Pazifist im Krieg gegen den Tod« wollte und will er nicht werden.

Canetti, so scheint es, benötigte dieses messianische Ziel, um jene dann in der Tat auch nie versiegende Energie zu gewinnen, der sich das Eigentliche und Einzigartige seines Werks verdankt. Es konnte, naturgemäß, nicht in der Abschaffung, wohl aber in der nahezu enzyklopädischen Beschreibung dessen bestehen, was das Wissen um den Tod und die Angst vor ihm in der Geschichte bewirkt, in den Geschichten und Mythen gezeitigt hatten.

Entstanden sind darüber zwei der Anlage nach verschiedene, in einem notwendigen Sinne jedoch aufeinander bezogene Arbeiten: die Studie über ›Masse und Macht‹, Zeugnis einer immensen Gelehrsamkeit, und die aphoristischen, immer wieder die Grenze zur Kurzgeschichte, zur skurrilen Anekdote, zur lehrhaften Fabel, zum knappen Traktat, zum Essay, zum Notiz- und Merkbuch überschreitenden ›Aufzeichnungen‹ aus drei Jahrzehnten, die 1973 in einer repräsentativen Auswahl in dem Band ›Die Provinz des Menschen‹ erschienen sind und wohl Canettis reichstes Werk bilden: ein Kompendium des schlechthin Denkwürdigen, ein Dokument seines schriftstellerischen Selbstverständnisses.

»Aus der Bemühung Einzelner, den Tod von sich abzuwenden, ist die ungeheuerliche Struktur der Macht entstanden«, lautet ein Schlüsselsatz der ›Aufzeichnungen‹, die diese zugleich auch inhaltlich an die große Studie binden. Denn im Zentrum beider Bücher und zudem an der Nahtstelle von Masse und Macht steht »der Überlebende«. Auf die Geschichte bezogen heißt das: Ein Machthaber definiert sich nachgerade dadurch, daß er andere, daß er die Masse seiner Untertanen für sich sterben lassen kann, wie immer er sonst das Ziel seiner Politik auch benennen mag. Da ist der Kerngedanke des Theoretikers Canetti. Eine gewiß anfechtbare, aber auch eine bestechende, von der Wirklichkeit vielfach erschreckend bestätigte These.

Den Gedanken an den eigenen Tod hat Canetti nur weniger Zeilen für wert erachtet. Dennoch liegen die biographischen Wurzeln seiner thematischen Obsession auf der Hand. Gerade sieben Jahre alt ist er, gerade ein Jahr lebt er mit der Familie im englischen Manchester, als der eben einunddreißigjährige, über alles geliebte Vater plötzlich stirbt. Keine Erklärungen sind möglich – die verschiedenen Deutungsversuche, die Canetti viele Jahrzehnte später versammelte, ändern nichts daran, daß mit diesem Tod das völlig Unbegreifbare, das Feindliche schlechthin in sein Leben kam.

Geprägt von äußerster, bisweilen schmerzlicher Intensität ist fortan das Verhältnis zwischen Mutter und Sohn. Schonungslos hat es Canetti in seinen autobiographischen Büchern beschrieben – wahrhaft ein Drama um Opfer, Dankbarkeit und Verzicht, das mit dem Tod der Mutter im Jahr 1937 nur äußerlich endet. Aber dieser fast archaische Kampf füllt das Zusammenleben der beiden Kontrahenten nicht aus. Nur zur einen Hälfte eine mitleidlose »Courage«, zur anderen aber der weise Zöllner aus Brechts ›Legende von der Entstehung des Buches Taoteking‹, hat die Mutter dem Sohn wohl abverlangt, was er schließlich geworden ist.

Am ›Leben des Henry Brulard‹, Stendhals 1890 erstmals erschienenem autobiographischen Roman, rühmt Canetti »die Aufspaltung in Liebe und Haß, in Vor- und Gegenbilder«. Seine Autobiographie mißt sich daran. Nur die Mutter ist Vor- und Gegenbild zugleich, bei allen anderen Menschen, die sein Leben prägten, scheidet Canetti meist sehr genau. Im Stil der Porträts eines George Grosz werden die geldbesessenen und geizigen Gestalten aus der eigenen Familie gezeichnet, herb und hart die Personen beschrieben, die der Autobiograph dem Ehrenhain seiner Gegenbilder zurechnet. Bertolt Brecht gehört zu ihnen, Stefan Zweig, Franz Werfel und Alma Mahler: »Verehrungslust« jedenfalls ist für Canetti nicht zu erwerben ohne die Bereitschaft zum krassen Verdikt.

Durch die Entgegensetzungen jedoch gewinnen seine autobiographischen Bücher eine zusätzliche Dimension. Was er auf diese Weise etwa über die bulgarische Welt der spaniolischen Juden, was er über das intellektuelle und künstlerische Klima im Berlin der zwanziger und im Wien der dreißiger Jahre zu berichten weiß, muß Vergleiche nicht scheuen: Canetti ist fraglos einer der wortmächtigsten Zeugen dieser Zeit. Der Preis dafür ist jener apodiktische Ton, mit dem der Autor über seine Erinnerungen verfügt, mit dem er die verlorene Zeit in eine nochmals erlebte Gegenwart überführt. Zu kostbar scheinen sie ihm, um sie dem Zweifel auszusetzen. Denn hinter der Arbeit an der Autobiographie steht der vielleicht wichtigste Versuch einer Verwandlung, steht die Absicht, die Einheit von Leben und Werk als tatsächlich eingelöste zu beschwören.

Die vergleichsweise wenigen, im engen Sinn literarischen Arbeiten Canettis sind, mit Ausnahme des allzu konstruierten und kopflastigen Dramas ›Die Befristeten‹ von 1952, bereits in den dreißiger Jahren entstanden. Vor allem den beiden frühen Stücken ›Hochzeit‹ (1932) und ›Komödie der Eitelkeit‹ (1934) ist der Furor seines schriftstellerischen Sturm und Drangs durchaus anzumerken: wilde Visionen vom Zusammenbruch der Zivilisation sind sie beide, Kleinbürgerfarcen mit Weltuntergang in spätexpressionistischer Manier. Bemerkenswerte, ja brillante Grundeinfälle besitzen die Stücke – die ›Komödie der Eitelkeit‹ etwa beginnt mit dem staatlichen Verbot aller Bilder, Filme und Spiegel –, was ihnen fehlt, ist die Kraft des Autors, sie auch auf szenisch überzeugende Weise umzusetzen und durchzuhalten.

Anders ›Die Blendung‹, der bislang einzige, schon 1931 abgeschlossene Roman, ursprünglich geplant als erster Band einer ›Comédie Humaine an Irren‹. Und in der Tat, es ist ein monströser Gang durch alle Windungen des Wahns bei scheinbar klarem Verstand, die der noch nicht dreißigjährige Canetti dem Helden Peter Kien, dem »ersten Sinologen seiner Zeit«, auferlegt. Mit Recht hat man den Roman eine Parabel vom Scheitern des Intellektuellen an der Welt genannt, eine Parabel, darf man hinzufügen, die wenig von ihrer Aktualität eingebüßt hat.

Kaum möglich allerdings, das Buch heute ohne den Blick auf Canettis weitere Biographie zu lesen. Nicht Kiens Leben hat er geführt, obwohl äußere Parallelen unübersehbar sind – wie Kien wurde Canetti zum Privatgelehrten fern der Institutionen und des Betriebs, wie Kien wurde Canetti zum »Büchermenschen« aus Leidenschaft. Mag sein, daß er sich mit dieser Figur das eigentliche Gegenbild seiner Biographie ganz am Anfang des Weges selbst geschaffen hat, um das ja auch Faszinierende an Kiens unbedingter und einsamer Existenz für sich bewahren und retten zu können.

»Mein ganzes Leben ist nichts als ein verzweifelter Versuch, die Arbeitsteilung aufzuheben und alles selbst zu bedenken«, notiert er in den ›Aufzeichnungen‹. Der Verzweiflung hat er zu widerstehen vermocht. Und wenn es für ihn Momente des Triumphes gab, dann gewiß in jenen Augenblicken, in denen er für die vielen verschiedenen Formen von Masse und Macht, die er bedacht und erkannt zu haben meinte, seine eigenen Begriffe und Benennungen fand, ohne Rücksicht auf die Autoritäten der Wissenschaft. ›Das Gewissen der Worte‹ lautet der Titel seiner gesammelten Essays. Das Gewissen für die Worte hat Canetti mit keinem geteilt.

Zarter Leib des Gedichts

Der priesterliche Poet René Char

Den Süden Frankreichs, die »schöne Garonne« und »die Gärten von Bourdeaux«, preist eines von Hölderlins herrlichsten Gedichten – und die Strophen der wohl im Frühjahr 1803 entstandenen Hymne ›Andenken‹ enden mit seiner gewiß berühmtesten Zeile: »Was bleibet aber, stiften die Dichter.«

Der Süden Frankreichs ist auch die Heimat des Dichters René Char. ›Seuls demeurent‹ nannte er 1945 einen Sammelband seiner Poeme, der bereits im Titel das Andenken an Hölderlin beschwört: ›Es bleiben aber‹ lautet seine deutsche Übersetzung. Hölderlin ist gegenwärtig auch in den zahlreichen, über die Jahrzehnte hinweg stets aufs neue versuchten Annäherungen Chars an die Aufgaben und Pflichten des »Dichterberufs«. Einen »Kreislauf von Mühsal« habe der Dichter umzuwechseln in eine »Fracht Auferstehung«, notiert er im Band ›Es bleibet aber‹.

Weniger poetisch, dafür in folgenreicher Weise programmatisch formuliert Char im selben Buch den Anspruch an seine Arbeit. »Der Dichter«, heißt es da, »trägt in sich zwei Arten von Evidenz: die eine gibt sogleich all ihren Sinn preis in der Vielfalt der Formen, die der äußeren Wirklichkeit hörig sind; sie schürft selten tief, sie ist bloß treffend; die andere ist ins Gedicht eingeflossen, sie kündet Gebot und Auslegung der mächtigen, launischen Götter, die den Dichter bewohnen, verhärtete Evidenz, die nicht welkt noch erlischt. Ihre Hegemonie ist ihr Merkmal.«

Die Rede vom »zarten Leib des Gedichts« und vom Dienst an den Göttern, der leise Spott auf die bloß treffende Poesie – all dies verweist Char in die Tradition derjenigen Dichter, die sich als Seher, als Propheten und, nach dem Entschwinden der Götter, als deren legitime, irdische Nachfolger wähnen. Naturgemäß finden sich deshalb auch bei ihm alle Insignien, die den priesterlichen Poeten kennzeichnen: der hohe Ton, die dunkle Sentenz, die feierliche Gebärde – *Meine Schwestern, seht hier das Wasser der Weihe, / das immer näher ans Herz des Sommers dringt*, liest man als Leitspruch über einer Folge poetologischer Reflexionen.

Wem das Wasser der Weihe reichlich abgestanden erscheint, wer also in der Literatur von Gottes- und Götterdiensten lieber verschont bleiben möchte, der wird in René Chars Werken nicht lange verweilen. Und bereits der kurze Aufenthalt wird für die Einsicht genügen, daß die Erhabenheit selbstverständlich auch von diesem Autor ihren Preis verlangt. Der bloßen »Schönrednerei« hat man ihn deshalb geziehen und ihm vorgeworfen, er fliehe in Wortmagie und entziehe sich den Themen der Moderne.

Den bedeutenden Dichter, meint Char, erkenne man »an der Summe der belanglosen Seiten, die er ungeschrieben läßt«. In den über vierzig Einzel- und Sammelbänden, die er bis zu seinem Tod im Jahre 1988 in Frankreich veröffentlicht hat, hat er sich nicht immer an seinen trefflichen Aphorismus gehalten. Es ist nicht eben schwer, ihm eine Fülle gravitätischer Wendungen nachzuweisen und eine dauernde Neigung zum Kostbarkeitsstil. Trotzdem ist er ohne Zweifel ein bedeutender Dichter auch der Moderne – er ist es just in dem Maße, in dem er sich radikal an seinen eigenen Anspruch hält.

Denn gewiß verdanken wir nicht zuletzt der pontifikalen Linie der Lyrik einige der schönsten Verse und Gedichte der Weltliteratur: gerade ihr Widerstand gegen die äußere Wirklichkeit und das kunstvoll Geläufige, ihre Bereitschaft, den, wie es Char nennt, »Gewaltmarsch ins Unsagbare« mit nichts anderem als »den vagen Vorräten der Sprache« zu riskieren und dabei auch Unbeholfenheiten und Abstürze in Kauf zu nehmen, macht ihre besondere Würde aus. Char hat bei seinen Gewaltmärschen nicht wenige Gipfel der Würde erreicht.

Zu seiner durchaus hölderlinischen Auffassung vom Dichter als »Gefäß«, als Medium einer höheren Erkenntnis, gehört eine gewisse Gleichgültigkeit gegenüber den Stationen seiner privaten Biographie. Folglich verschwieg er sie ganz oder verbarg sie in seinen Texten so geschickt, daß sie unzugänglich scheinen. Bemerkenswert zunächst ein Kontrast: Der Lyriker, besorgt um den »zarten Leib des Gedichts«, war selbst ein fast hünenhaft großer Mann, dessen Züge eher seine bäuerliche Umgebung spiegelten.

1907 unweit von Avignon geboren, blieb Char, Sohn eines Großhändlers, mit Ausnahme der Studienzeit in Marseille und einiger längerer Aufenthalte in Paris, stets in seiner Heimatstadt L'Isle-sur-Sorgue. In Paris schloß er sich am Ende der zwanziger Jahre den Surrealisten an – noch 1947 bekennt er sich in einem Brief an André Breton »zu diesem großen Moment meines Lebens«. Der Band ›Dehors la nuit est gouvernée‹ (›Draußen die Nacht wird regiert‹) von 1938 gilt als seine erste ganz eigenständige Veröffentlichung, wenngleich auch hier Anleihen an den Surrealismus überaus deutlich sind.

Nach dem Zweiten Weltkrieg, so Char, »betrifft mein Leben kaum anderes als mich, einige Wesen, die mir lieb sind, und meine Arbeit«. Vor allem Maler und Bildhauer gehörten zu seinen Freunden, Picasso etwa und Giacometti, die auch seine Bücher illustrieren. Albert Camus nannte Char einen »zeitlosen Poeten«, der »genau für unsere Zeit« spreche, Martin Heidegger besuchte ihn mehrmals in L'Isle-sur-Sorgue. Literaturpreise lehnt er bis auf den »Prix des Critiques«, den er 1966 erhält, durchweg ab. Chars Œuvre entwickelte sich kontinuierlich: unmöglich wohl, einzelne Phasen zu unterscheiden. Und seit Mitte der dreißiger Jahre blieben auch die Formen konstant: zum Gedicht treten Prosapoeme, lyrische Prosa, Aphorismen.

Ein in jeder Beziehung außergewöhnliches Werk sind demnach die ›Aufzeichnungen aus dem Maquis‹, die als ›Feuillets d'Hypnos‹ 1946 erschienen. In 237 Absätzen beschreibt und reflektiert René Char die Ereignisse und Erfahrungen, denen er seit 1942 als Chef einer Widerstandsgruppe in der Provence ausgesetzt war. Spontane Beobachtung und unmittelbares Notat, Kassiber an die Kombattanten und philosophische Betrachtungen, lyrisches Widerspiel und, einzigartig bei Char, autobiographische Passagen ergeben ein ergreifendes literarisches Dokument der Résistance.

»Nur noch die Augen sind fähig, einen Schrei auszustoßen.« So lautet die poetische Formel für ein Entsetzen, dem eine bis zur Selbstverleugnung kühle Tagebucheintragung entspricht: »Ich habe, aus wenigen hundert Metern Entfernung, der Hinrichtung von B. zugesehen. Ein Druck auf den Abzug meiner Maschinenpistole, und er hätte gerettet werden können. Wir waren... der SS mindestens ebenbürtig. Die zudem nichts von unserem Vorhandensein ahnte. Den Augen ringsum, die um das Signal, das Feuer zu eröffnen, flehten, antwortete ich mit einem Kopfschütteln.« Widerstand aber leistet Char auch gegen sich selbst, gegen die eigene Verzweiflung und gegen die Pflicht zur strengen Sachlichkeit. »In unserem Dunkel: nicht *einen* Platz hat die Schönheit darin. Der ganze Platz ist ihr, der Schönheit, zugedacht.«

Wahrscheinlich hat keines der folgenden Bücher die ›Aufzeichnungen aus dem Maquis‹ je wieder erreicht. Ein pessimistischer Optimismus indes blieb auch danach die Grundhaltung des Dichters Char –

und seine Texte finden sich fast spielerisch leicht mit dem Paradoxon ab. Zahlreiche, meist sehr schmale Bände erschienen nun in rascher Folge: ›Das pulversierte Gedicht‹ (1946), die ›Verzauberungen‹ (1951), die ›Liebesbriefe‹ (1953), ›Die Bibliothek steht in Flammen‹ (1956) und schließlich die ›Rückkehr stromauf‹ von 1965 sind die wohl wichtigsten Etappen einer gelassenen, sich ihrer selbst gewissen Poesie. Die Rückkehr zu den Quellen, zur Landschaft der Provence, bildet eine thematische Konstante. Protokolle durchwachter Nächte kommen hinzu, Anrufungen der Natur und ihrer Gewalten.

Welche Helligkeit diese dunklen Gedichte zu erreichen vermögen, zeigen einige Verse der ›Verzauberungen‹. Einer Lerche gelten sie und lauten, in Jean-Pierre Wilhelms Übersetzung: *Äußerste Glut des Himmels und erste Hitze des Tages, / Kleinod ins Frühlicht gefaßt, besingt sie die rastlose Welt, / Glockenspiel, Herr ihres Atems und frei im Flug. // Die bezaubernd uns bannt, wird durch Blendwerk erlegt.*

René Char ist auch ein Dichter der Liebe. »Meine Frau, stark genug, dem Heute zu begegnen«, triumphiert das lyrische Ich. Mit einer »Minuziösen« wandert es glücklich am Rand des Dorfs. Aber auch Char gelingen die schönsten Texte, wenn die Liebe sich nicht erfüllt, wenn »Linderung« des Leids das einzig Haltbare bleibt: *Meine Liebe ist irgendwo in den Straßen der Stadt... Sie war einmal mein, jetzt spricht jeder sie an.*

Die negative Seite des Lebens
Der Dichterphilosoph E. M. Cioran

Als zeitgenössische Form philosophischer Skepsis meint Pluralismus die konkurrierende Gleichwertigkeit unvereinbarer Positionen mit dem Ziel, diesen Zustand zu erhalten. Praktisch eingelöst zöge eine solche Übereinkunft die Konsequenz aus der Unmöglichkeit, Wahrheiten zu kennen und infolgedessen richtig zu handeln. Sie wäre also eine Vereinbarung aus Schwäche. Aber gerade dies zutiefst Philanthropische seiner Konzeption macht den Pluralismus zu einer den Menschen wenig gemäßen Angelegenheit, zu einer Utopie. Unleugbar das Bedürfnis, recht zu haben, Rangfolgen festzulegen – als Denk- und Handlungshilfen in einer wesentlich chaotischen und somit als bedrohlich empfundenen Vielfalt des Bestehenden. Für vermeintliche Sicherheiten dieser Art auch unmenschliche Preise zu entrichten, sind Menschen immerzu bereit.

Nichts Faszinierendes bietend, entsagt der Pluralismus jener Qualität der Verheißung, die Utopien sonst ihre Anziehungskraft verleiht. Noch einer seiner gegenwärtig populärsten Vertreter, der kritische Anti-Rationalist Paul Feyerabend, vermag hinter dem befreiend-optimistischen Gestus des Mach-was-du-willst nur unzureichend einen resignativen Grundzug zu verbergen. Denn auf eine der letzten Gewißheiten (daß nicht alles miteinander und gleichzeitig wahr sein könne) antwortet der Pluralismus radikalisierend mit dem Offenbarungseid der Erkenntnis, es habe alles als gleich gültig sich gezeigt, die Gleichgültigkeit des Erkannten sei die Folge.

»Kein Gedanke ist so alt oder absurd, daß er nicht unser Wissen verbessern könnte«, sagt Feyerabend – und erweist sich als Pluralist aus Lust an der Zukunft.

»Alles ist verfechtbar – von der absurdesten These bis zum ungeheuerlichsten Verbrechen«, schreibt Cioran – und erweist sich als Pluralist aus Ekel an der Geschichte.

Der Unterschied beider ist einer der Haltung, nicht des Gehalts. Aber Haltung zu bewahren, also einer bestimmten nicht zu begründenden Ethik verpflichtet zu bleiben, ist die einzige, ganz unintellektuelle Anstrengung, die dem Geist in solcher Situation noch zugemutet werden kann und muß. Feyerabend bewahrt Haltung durch das, was er schreibt. Cioran dadurch, wie er schreibt. Denken im Angesicht der Gleich-Gültigkeit des Gedachten bedarf bei ihm eines Ausdrucksmittels, das sich entschädigt für die konstante Beleidigung, es trotzdem nicht lassen zu können. Dieses Ausdrucksmittel, es liegt nahe, ist der Aphorismus. Für die winzige Dauer eines einzigen, für die flüchtige einiger weniger Sätze bannt der Aphorismus alles Relative in die blitzartige Wahrheit des Jetzt und Hier. Das einzig Tröstliche solchen Unterfangens beruht in seiner Wiederholbarkeit.

Noch der Essay, die zweite Form des Schriftstellers Cioran, zielt vorab auf die erratische Sentenz, nicht auf die sukzessive Entwicklung des Gedankens in einem Ensemble gleichrangiger Sätze. Den Aphorismus einzusetzen als vorübergehenden Statthalter des Absoluten im Reich vollkommener Relativität aber bedeutet Verzicht auf Vermittlung, bedeutet Unterwerfung unters Paradox. In genau diesem Sinn ist Cioran Aphoristiker *par excellence*.

Wer sich je auf die Suche nach Identität begab, weiß nicht, was ihm erspart blieb, indem er sie nicht fand. »Ich habe nicht aufgehört, mein Los anzuklagen«, schrieb Cioran, »doch wie sonst hätte ich ihm trotzen sollen? Klage zu führen, war meine einzige Chance.« Zu lesen ist sein Werk als klaustrophobischer Monolog – weniger über das gesuchte als über das erlangte und deshalb erstarrte Wissen darum, wer man ist. In einem – nicht von ungefähr ›Paläontologie‹ betitelten – Essay ist die Rede von der dreifachen Fatalität der Existenz: »Mensch zu sein, Lebender zu sein«, zuallererst jedoch »man selber zu sein«.

Wenn ich recht sehe, gab es in Ciorans Biographie zwei Versuche, sich selber zu entrinnen: die sympathisierende Annäherung an die faschistische »Eiserne Garde« im Rumänien der dreißiger Jahre und die erprobte Versenkung in die quietistische Mystik des Fernen Ostens in späterer Zeit. Daß beide Anstrengungen Episode blieben, daß beide Male eine von ihm selber so vielgeschmähte Intellektualität obsiegte über die ersehnte Entgrenzung des Ichs im Verschmelzen mit dem kollektiven Aktionismus einerseits, dem Prinzip Nirwana andererseits – dies macht die spezifische Würde des Aufklärers wider Willen aus.

Dreiundzwanzigjährig veröffentlicht der 1911 im siebenbürgischen Rasinari bei Hermannstadt geborene Priestersohn und Philosophiestudent sein erstes Buch: ›Pe culmile disperării‹ (Auf den Gipfeln der Verzweiflung). Damit ist das Thema angeschlagen und die

Tonart gewählt. Vier weitere Bücher erscheinen bis 1939 in rumänischer Sprache. Als Stipendiat und »unter dem Vorwand, eine Doktorarbeit zu machen«, kommt Cioran 1937 nach Paris, wo er »selbstverständlich« keine Doktorarbeit macht, »nie« ins Kolleg geht und »zehn Jahre fern der Universität als ewiger Student« verbringt. Ein junger Rentier, ein frühreifer Nihilist: Der begabte Nachwuchsakademiker jedenfalls scheitert zunächst im bloß bürgerlichen, also unmaßgeblichen Sinne. Den inneren Kommentar zum äußeren Geschehen liefert die zweite »Version« jenes endgültigen Abbruchs der Lehrjahre ohne Läuterung: »Mitten in ernsthaften Studien entdeckte ich, daß ich eines Tages sterben würde...; davon wurde meine Bescheidenheit erschüttert. Überzeugt, daß mir nun nichts mehr zu lernen bliebe, ließ ich meine Studien im Stich, um der Mitwelt über eine so bemerkenswerte Entdeckung die Augen zu öffnen.«

Des eigenen Todes inne zu werden bedeutet für jeden eine zumindest punktuelle, mehr oder weniger häufig sich wiederholende Störung der Alltagsnormalität, jenen berühmten »Stich und Schnitt und Blitz«, den Dolf Sternberger beim Binden seines Windsor-Knotens verspürte. Mehr nicht, sorgen doch die kompensatorischen Mechanismen »gesunder« Vitalität üblicherweise rasch für Integration in die Vielfalt unserer Befindlichkeiten. Für eine grundlos anders gestimmte, hierin also jeder Art von Seelenuntersuchung weitgehend unzugängliche Minderheit von Menschen indes meint die täglich hunderttausendfach gemachte und deshalb ach »so bemerkenswerte Entdeckung« nichts weniger als die grausam-lakonische Gewißheit, von nun an lebendig mit dem Leben nicht mehr fertig zu werden. Kaum einer hat dies schärfer formuliert als Kafka in einer Tagebuchnotiz: »Derjenige, der mit dem Leben nicht lebendig fertig wird, braucht die eine Hand, um die Verzweiflung über sein Schicksal ein wenig abzuwehren... mit der anderen Hand aber kann er eintragen, was er unter den Trümmern sieht, denn er sieht anderes und mehr als die anderen, er ist doch tot zu Lebzeiten und der eigentlich Überlebende.«

Ohne Kafkas selbstporträtierende Miniatur wird ein Versuch, Cioran zu porträtieren, nicht auskommen. Und auf eine sprachlose, die Atmosphäre seiner Bücher nur desto stärker prägende Weise steht »die Demütigung, sterben zu müssen«, hinter jeder zum Satz gewordenen Wunde. Aber eben: sprachlos. Denn über den eigenen und deshalb auch über den Tod schlechthin läßt sich unmittelbar nur Tautologisches sagen – jedenfalls für einen, der (im stillen und folgenlos) alle Wunschbilder gegen ihn an sich vorbeiziehen hat lassen, der alle Wege der Tröstung ein Stück einhergegangen und wieder umgekehrt ist.

Mit dem toten Gott läßt sich trotzdem noch lebhaft rechten. Cioran nutzt jede Gelegenheit dazu. Der eigene Tod dagegen, dies letzte Nichts, füllt keine Zeile mehr. Weshalb denn auch, ironisch genug, der Denker des Prinzips Nihil dem Seienden fälligen Tribut abstattet, indem das andere, das Mehr-als-die-anderen, das er sieht und das er schreibend zum einzigen Sujet erhebt, zwangsläufig in dessen Vorfeld verbleibt. Das Vorfeld des Todes, beginnend mit der Geburt, ist der Zerfall.

Als ›Lehre vom Zerfall‹ hat Paul Celan, kongenial und weitgehend unbeachtet, zu Beginn der fünfziger Jahre das erste der französisch geschriebenen Bücher Ciorans ins Deutsche übertragen. Nicht zuletzt für den Erwerb dieses »Idioms« hatte der existentielle Exilant ein Dezennium des Verstummens auf sich genommen, um es sodann – haßliebend, wie es dem Paradoxisten geziemt – als ein bloß »geliehenes« zu denunzieren, »allzu nobel, allzu distinguiert«. Über Nacht jedoch trug der ›Précis de Décomposition‹, der Abriß über die Verwesung, dem Verfasser die Ehre ein, als Meisterstilist des Französischen zu gelten. Diese Auszeichnung ist berechtigt: Faszinierend die (noch in den Übertragungen) Sprachfeste feiernde Metaphorik; herrlich die Schroffheiten der Apodikta; meisterhaft die Sprüche über das verzweigte Elend des Seins zum Tode. »Die Originalität läuft auf eine Zermarterung des Adjektivs, auf einen einprägsamen Mißbrauch der Metapher hinaus«, schreibt, metaphorisierend und masochistisch sich selber kommentierend, dieser Thomas Bernhard der französischen Literatur.

Als Stilist jedenfalls vereint Cioran die pointengewisse Leichtigkeit der französischen Moralisten mit der monumentalen Pamphletistik des späten Nietzsche, vereint beides zum originären *cantus firmus* unaufhebbarer Negativität.

Eben der Umstand jedoch, daß das Denken des Dichterphilosophen sich wesentlich als sehr eigener Ausdruck manifestiert, hat manchen Interpreten zum fraglichen Schluß verführt, radikalster Subjektivismus sei das Signum Cioranscher Singularität. Dabei verdankt sich der Gehalt seines Werkes entschieden der Tradition: Der Denker Cioran bringt die philosophische Skepsis auf den neuesten

Stand, indem er den Nihilismus fortschreibt. Strikt antisystematisch sich gebend; das Handeln, die Tat zur »Mutter aller Übel« erklärend; um leidenschafts- und interesselosen Gleichmut (vergeblich) ringend; das Streben nach Wissen als Erbsünde des Menschen denunzierend; die (erbärmlichen) Konstanten menschlichen Lebens emphatisch gegen die (scheinbare) Prozessualität des Weltlaufs verteidigend; die »notwendige Katastrophe« lakonisch vorhersagend, um jedes Gran an Zukunftshoffnung dann auch noch mit den Zentnerlasten vergangener Illusionen zu erschlagen, jede Form von Selbsttäuschung erbarmungslos aufspürend, um sich sogleich einer neuen zu ergeben; den Selbstmord schließlich zur einzigen Freiheit erhebend und zur einzigen Möglichkeit, sich *für* etwas zu entscheiden: dies ganze Arsenal verderblicher Unbedingtheitsverallgemeinerungen ist teilweise uralt. Und bereits das programmatische Stakkato der Werktitulaturen weist Cioran aus als den treuen Hüter jener blühenden Kultur vom *taedium vitae*, vom Lebensüberdruß. Auf die ›Lehre vom Zerfall‹ folgen: ›Syllogismen der Bitterkeit‹, die Sammlungen ›Der Absturz in die Zeit‹, ›Die verfehlte Schöpfung‹ und die Aphorismen und Kürzestgeschichten ›Vom Nachteil geboren zu sein‹.

Äußerst belesen, deshalb fast nie zitierend, amalgamiert ihr Verfasser die stoische Linie antiker Skepsis mit der ekstatisch-ketzerischen Mystik des christlichen Mittelalters – amalgamiert Pyrrho von Elis, den Vater der Skeptizisten, mit dem Meister Eckehart, Marc Aurel, den überragenden Repräsentanten römischer Verfallszeit, mit Mechthild von Magdeburg und Theresa von Avila. Montaigne, die Moralisten und Pascal, Schopenhauer, Kierkegaard, Nietzsche und Spengler, Dostojewski und Baudelaire, Joseph de Maistre und Léon Bloy – um diese Namen dürfte, unvollständig allemal, die Ahnengalerie des Theoretikers und Ästheten, des Grüblers und Provokateurs Cioran zu erweitern sein. Ein explosiver Eklektizismus, kaum einer mangelnden Eigenständigkeit geschuldet, vielmehr der Zerrissenheit, dem versöhnungslosen Dualismus von Ratio und Empfindung, von Ekstase und Ataraxie, von Askese und Begierde, von absolutem Zweifel und der Sehnsucht nach dem zweifelsfrei Absoluten. »Das Heimweh nach der Barbarei ist das letzte Wort einer jeden Zivilisation. Eben deshalb ist es auch das letzte Wort des Skeptizismus«: So bezeichnet Cioran die fatale Konsequenz, die eintritt, wenn der Skeptiker von seiner gespaltenen Identität in die gläubige Scheingewißheit eines wie immer gearteten Ganzen desertiert. Dann freilich »darf man nicht erstaunt sein, wenn er, der Spezialist der Subtilität, aus der Tiefe seiner letzten Einsamkeit als Freund und Mitläufer der Horden aufsteht«. Cioran, der Verächter aller Psychoanalyse, hat diesen Weg vermieden. Grob gesprochen, durch Sublimierung in Misanthropie und durch Abstinenz vom Engagement.

Mit enervierend-heroischer Gradlinigkeit schreibt Emile M. Cioran seit knapp sechzig Jahren so, wie er lebt, und was eine Steigerung bedeutet, er scheint auch so zu leben, wie er schreibt. Nun ist die Übereinstimmung von Leben und Werk im allgemeinen so wenig ein Kriterium für den Rang eines Autors wie das Gegenteil ein Zeichen mangelnder Authentizität. Als Philosoph Vertreter einer aktuell gebliebenen Tradition besteht Singularität im Falle Cioran jedoch in der Genauigkeit, mit der er, als Schriftsteller, die Signatur ganz eigener Erfahrung von ihr abzuheben versteht.

»Ich habe von Anfang an die negative Seite des Lebens gespürt und gefühlt, daß alles leer ist... Das ist vielleicht angeboren, dagegen kann ich nicht ankämpfen. Das französische Wort dafür ist absolut unübertragbar und heißt ›cafard‹. ›J'ai le cafard‹.« Mit Umschreibungen wie gegenstandsloser Mißmut und »grundlose Unlust« versuchen die Übersetzer sich zu behelfen. Das Nachschlagen im Wörterbuch bleibt trotzdem aufschlußreich genug. Als letzte dem Französischen offensichtlich mögliche Nuance nämlich meint *avoir le cafard* – Heimweh haben. Fern der pathetischen Aura existentialistischer Schlüsselwörter scheint *cafard* in dieser Bedeutung auf etwas sehr Begründetes zu verweisen: auf den nie verwundenen Verlust einmaligen Glücks.

»Hätte ich eine traurige Kindheit gehabt«, so Cioran in einem Gespräch, »wäre ich in meinen Gedanken viel optimistischer gewesen. Aber ich habe immer, auch unbewußt, diesen Kontrast, diesen Widerspruch zwischen meiner Kindheit und allem, was nachher kam, gespürt. Das hat mich irgendwie innerlich zerstört.«

Einzelne Momente dieser Zerstörung verzeichnet, mehr oder weniger verdeckt, das Werk, nie aber begibt es sich unmittelbar auf die Suche nach der verlorenen Zeit. Symbolische Rettungsversuche allenfalls: Die auf den ersten Blick gerade bei diesem Autor merkwürdige Faszination für den biblischen Mythos glückbringender Unwissenheit im Garten Eden wird einigermaßen verständlich dadurch. Wie Findlinge, ungefüg und eigentlich deplaciert, wirken auch die wenigen Notate über Augenblicke der Freude; am Ende des polemischen

Essays über ›Das goldene Zeitalter‹ finden sich gar einige versprengte Sätze von berückender Innerlichkeit – es ist, als habe den Verfasser der eigene Titel verführt.

Zwei andere, unverkennbar persönliche Kennzeichen prägen die Bücher. Beherrschend dabei das (keineswegs literarische) Motiv durchwachter Nacht, das dem gesamten Œuvre im ganz organischen Sinne den Charakter einer Physiologie der Schlaflosigkeit verleiht. »Vom Schlaf verstoßen«, »in bestimmten Augenblicken der Nacht«, »nach einer schlaflosen Nacht«, »Anrufung der Schlaflosigkeit«, »Sobald der Schlaf flieht« – wahllos herausgegriffene Partikel aus einem Meer von Belegen. »Nacht heißt schlaflose Nacht«, lautet Ciorans lakonische Definition. Und doch scheint dieser Mann sein grauenvolles, seit über fünfzig Jahren währendes Leiden wie eine Art Auszeichnung zu tragen, als das magische Martyrium eines Auserwählten, für den »nach Mitternacht... der Rausch der verderblichen Wahrheiten« beginnt. Für den die durchwachte Nacht zugleich einen Saum von Unsterblichkeit sichtbar macht. Masochismus und Metaphysik, Wahnsinn und Wahrsinn, dies jedenfalls lehrt Cioran, müssen Gegensätze nicht sein.

»Wenn ich schlafen könnte! Ich würde vielleicht lieben.« Für Becketts Hamm besteht, zumindest sprachlich, noch jene Brücke, die zu demontieren Cioran sich bemüht. In einer der Kürzestgeschichten aus dem Buch ›Vom Nachteil geboren zu sein‹ gibt die knappe Schilderung eines Alptraums den Grund an, der selbstverordnete Impotenz als Katharsis erotischen Begehrens nahelegt: »Ich strich aus meinem Wörterbuch Wort um Wort. Nach dem Massaker blieb ein einziger Überlebender: Einsamkeit.« Fast triumphierend sodann das Bekenntnis, alle Verbrechen begangen zu haben, »bis auf jenes, Vater zu sein«.

Diesem wohl wichtigsten zeitgenössischen Vertreter des radikalen Skeptizismus mögen eine Menge Gründe entgegenzuhalten sein, um die die Vernunft nicht weiß. Es dürfte allerdings nur ein rationales Argument geben, das einigermaßen seinen Unbedingtheiten standzuhalten vermag – ich meine das klassische der gemäßigten Skeptiker, nach welchem es eines ist zu philosophieren, ein anderes aber zu leben. Denn wenn wir schon Zerrissene sind, ohne Romantiker zu sein, weshalb in aller Welt sollten wir dann die uns verbleibenden Tage ausgerechnet damit verbringen, dem Heroismus einer Identität von Leben und Werk zu frönen?

Stille, Trümmerstaub und deutsche Helden

Heinrich Böll, der Repräsentant wider Willen

Der kleine Text aus dem Jahr 1956 trägt den Titel ›Selbstkritik‹. Erzählt wird von einem Schriftsteller, der jeden Morgen einen seiner Söhne damit beauftragt, »ein wenig Trümmerstaub im Schlafzimmer« auszustreuen: Ohne dieses »Stimulans« kann er nicht arbeiten. Erst wenn unser Autor den »Puder der Vernichtung« riecht, sieht und spürt, gerät er in jenen »rauschhaften Zustand«, der den ersten Satz des Tages möglich macht. Ist dieser Satz jedoch auf dem Papier, »gibt es kein Halten mehr: achtzig, neunzig bis zu hundertzwanzig Schreibmaschinenseiten raßle ich hinunter, bis mir am Abend die Finger von den Tasten gleiten«.

Unser Autor heißt Heinrich Böll. Seine ›Selbstkritik‹ ist eine Selbstkarikatur, die der Wirklichkeit so fern nicht ist. Daß er sich in den frühen Nachkriegsjahren Brot und Briketts auf der Bettkante seines Wohnschlafzimmers erschrieb, hat er später oft erzählt. Daß vor allem seine Arbeiten die »Trümmerliteratur« zu einem Epochenbegriff gemacht haben, ist unbestritten. Daß er bis zu vierzig Seiten am Tag schreiben konnte, bisweilen keine Lust zur Überarbeitung hatte, »relativ gewissenlos« auch Unfertiges aus der Hand und zum Druck gab: er hat es umstandslos einbekannt. Kein Zweifel, Böll gehörte zu jenen Autoren, die viel, sehr viel schreiben müssen, um einiges Gute und manches Haltbare zustande zu bringen.

Als er am 16. Juli 1985 im Alter von siebenundsechzig Jahren stirbt, liegen knapp vier Jahrzehnte freien Schriftstellerlebens hinter ihm. Neun Romane, dazu mehr als hundertzwanzig Erzählungen und Kurzgeschichten hat er in dieser Zeit verfaßt, an die dreißig Hörspiele, Theaterstücke und Drehbücher sowie etliche Gedichte veröffentlicht. Zusammen mit den etwa sechshundert Essays, Reden und Rezensionen umfaßt das in Ausgaben zugängliche Œuvre weit mehr als zehntausend Druckseiten. Hinzu kommen die Briefe, die bis auf wenige Ausnahmen unpubliziert sind, hinzu kommen Interviews und Gespräche in großer Zahl. Was der Nachlaß noch birgt? Immerhin konnten uns dessen Verwalter im Herbst 1992 mit dem Roman ›Der Engel schwieg‹ überraschen, der Ende der vierziger Jahre entstanden war, damals keinen Verleger fand – und fast schon den ganzen Böll enthält.

1917, in Bölls Geburtsjahr, wird Konrad Adenauer Oberbürgermeister von Köln. 1949, als man Adenauer zum Kanzler wählt, erscheint Bölls erstes Buch: die Erzählung ›Der Zug war pünktlich‹. 1963 tritt Adenauer zurück – und Böll beendet mit dem Roman ›Ansichten eines Clowns‹ jene Phase seines Werks, die ihn zum Chronisten des unmittelbaren Nachkriegs machte. Mehr noch: Das Jahr 1963 ist die entscheidende Zäsur für den Erzähler Böll. Hatte er bis dahin kontinuierlich Stein auf Stein gesetzt, hatte er seinen Stil diszipliniert, ihm die anfängerhaften Metaphern ausgetrieben und, gelegentlichen Rückfällen ins Behagliche und Biedere zum Trotz, zu epischer Lakonie gefunden, zur sinnlichen Sachlichkeit seines Erzähltons, so werden seine rein literarischen Arbeiten von nun an merkwürdig sprunghaft. Und sie werden – sieht man von Ausnahmen wie ›Gruppenbild mit Dame‹ (1971) und ›Die verlorene Ehre der Katharina Blum‹ (1974) einmal ab – auch schwächer. Zudem sinkt ihr Anteil an Bölls gesamter Produktion, direktere Formen zeitgenössischen Engagements – Reden also, Aufsätze oder Polemiken – schieben sich in den Vordergrund.

Adenauer und Böll: Die verblüffende Parallelität einiger Schlüsseljahre in ihren Biographien dürfte am Ende doch symbolisch sein. Soviel die beiden Kölner auch unternommen haben, um als Kontrastfiguren im Spektrum der alten Bundesrepublik zu erscheinen: aus der Distanz betrachtet, überwiegt das Komplementäre. Böll übrigens hat dies, Jahre nach Adenauers Tod, zumindest angedeutet. Adenauer »mag mehr Verdienste haben«, heißt es in einem Aufsatz von 1975, »als ich zu erkennen imstande bin, und möglicherweise hat er nur einen politisch gravierenden Fehler gehabt und begangen: daß er zu lange regierte und mit greisenhafter Boshaftigkeit seine eigene Größe in lauter senile Kleinlichkeit auflöste«. *Ein* politischer Fehler nur, und bei aller Einschränkung doch das Anerkennen von Größe: Völlig anders hatte sich das zehn Jahre zuvor angehört, als Böll die Memoiren des Ex-Kanzlers rezensierte, von »Menschenverachtung«, »Hinterlist und Niedertracht« sprach, ihn wegen der »Wiederaufrüstung« und seiner »Diffamierung jeglicher Form des Sozialismus« geißelte.

Wie wenige sonst repräsentieren Adenauer und Böll das westliche Deutschland seit 1945 und bis weit über den Bau der Mauer hinaus. Als zwei Seiten derselben Medaille erscheinen sie dabei: Sie verkörpern Positionen deutscher Demokratie, die sich nicht ausschließen, sondern ergänzen. Und was ist mit Globke? Unerträglich fand Böll Adenauers Entscheidung, den einstigen Kommentator der Nürnberger Rassengesetze zu seinem Staatssekretär zu machen: Mitschuldig sei er deshalb geworden »an der moralischen Fäulnis, die alles zu befallen droht, was in diesem Land offiziell unter ›Bewältigung der Vergangenheit‹ läuft«. Aber was der Autor moralisch verwarf, wurde für ihn literarisch überaus fruchtbar: die vielen großen und kleinen Globkes, die ab 1945 auftraten, entfachten seine Schreibenergie. Vielleicht kennt sein Werk keinen wichtigeren Impuls.

In den Frankfurter Poetik-Vorlesungen von 1964 schilderte er, selbst sechs Jahre lang Soldat der Wehrmacht, »die peinlichste Situation, an die ich mich erinnere«. Nicht im Krieg hatte sie sich abgespielt, sondern beim ersten Appell im amerikanischen Kriegsgefangenenlager. Zackig und eifrig seien einige Mitgefangene vorgetreten: »Wenige Stunden, nachdem sie noch Durchhalten und Mord gepredigt hatten, erklärten sie sich bereit, sich als Verbreiter demokratischer Gedanken schulen zu lassen.« Die erste Figur, die das Prinzip Globke in Bölls Werk anschaulich macht, ist der Wehrmachtsoffizier Schnecker. Als Widerling und Mörder an der Front zeigt ihn die Erzählung ›Das Vermächtnis‹ von 1949 – und als Einser-Juristen auf den Karrierepfaden des beginnenden Wirtschaftswunders.

Der Literaturkritiker Schurbigel, der Kulturredakteur Gäseler im Roman ›Haus ohne Hüter‹ (1954) und der Polizeichef Nettlinger in ›Billard um halb zehn‹ (1959) werden Schneckers Vorbild variieren. Ein ganzes Panoptikum agiler Wendehälse findet sich in den ›Ansichten eines Clowns‹, an ihrer Spitze die Mutter des traurigen Helden Schnier. Um »unsere heilige deutsche Erde« hatte sie einst gezittert und die »jüdischen Yankees« verflucht, hatte ihre Tochter zu einem Himmelfahrtskommando und in den Tod geschickt: Nun ist sie »schon seit Jahren Präsidentin des Zentralkomitees zur Versöhnung rassischer Gegensätze; sie fährt zum Anne-Frank-Haus, gelegentlich sogar nach Amerika und hält vor amerikanischen Frauenclubs Reden über die Reue der deutschen Jugend«.

Sie hat Erfolg, nicht zuletzt bei den zurückgekehrten Emigranten. Auf den Cocktailempfängen der Präsidentin läßt Böll die vor den Nazis Geflohenen erscheinen: »Sie waren so gerührt von all der Reue und den laut hinausposaunten Bekenntnissen zur Demokratie, daß es dauernd zu Verbrüderungen und Umarmungen kam.« Es ist die bitterste, trostloseste Szene des Buchs: prägnanter und erschreckender hat Böll die deutsche Heuchelei nie beschrieben. Die vielen poetischen Passagen über den so leicht wandelbaren Geist und die so gefügig sich anpassende Gesinnung gehören zum Besten, was er je schrieb. Und sie sind hochaktuell geblieben: Fünf Jahre nach dem Fall der Mauer liest man vieles von dem, was dieser Autor lange vor oder kurz nach ihrem Bau aufgezeichnet hat, mit wachsendem Interesse – auch anders und neu.

Hauptfiguren waren seine Wendedemokraten freilich nie. Die suchte Böll unter seinesgleichen. Bei den kleinen Leuten also, unter jenen feldgrauen jungen Männern zumal, die nicht Mitglied der Partei geworden waren, noch nicht einmal zur Hitlerjugend gingen. Nun mußten sie in Hitlers Krieg und versuchten dort, einigermaßen anständig zu bleiben und doch irgendwie durchzukommen. Seine wichtigsten Bücher über den Krieg, die lange Erzählung ›Der Zug war pünktlich‹ und der Roman ›Wo warst du, Adam?‹ von 1951, enden jedoch mit dem ebenso banalen wie sinnlosen Sterben der Hauptfiguren. Der Soldat Andreas, der seine Uniform einen »Konfektionsanzug für Todeskandidaten« nennt, fährt im Urlauberzug von Köln aus an die russische Front zurück: Er spürt, daß es zu Ende geht, und wehrt sich nicht. Der Soldat Feinhals in ›Wo warst du, Adam?‹, mittelmäßiger Architekt im zivilen Beruf, schafft es fast bis zum Frieden und bis zur Schwelle des elterlichen Hauses, ehe ihn die eigenen Leute, Fanatiker des letzten Aufgebots, mit einer Granate töten.

Böll, so hat Marcel Reich-Ranicki einmal notiert, zeige in diesen Büchern »nicht, wie Menschen den Krieg machen, sondern was der Krieg aus Menschen macht«. Nein, Analyse und Reflexion sind nicht eben die starke Seite des Böllschen Personals: Es erduldet meist leidend, spielt nur gelegentlich mit dem Gedanken, Amok zu laufen, und beläßt es dann meist bei einer Backpfeife für das Böse. Für seine Verhältnisse ungeheuer wütend wurde Böll indes ein Vierteljahrhundert nach Kriegsende, als ihn ein Kölner Pfarrer öffentlich aufforderte, wegen seines Dienstes in der Wehrmacht ein Bekenntnis zur Mitschuld an Hitlers Verbrechen abzulegen. Heftig verwahrte er sich dagegen, »jeden Teilnehmer« am Krieg »als potentiellen Verbrecher« anzusehen: »Sie werfen mir vor, sehr geehrter Herr Kurscheid, daß ich nicht desertiert bin. Abgesehen davon, daß Sie gar nicht wissen, ob ich oder ob ich nicht..., werfen Sie mir also vor, daß ich nicht Selbstmord begangen habe.« In seinem ›Brief an einen jungen Katholiken‹ hatte er elf Jahre zuvor argumentiert: »Hätte ich an deutsche Kollektivschuld geglaubt, ich wäre desertiert und hätte einen Weg in die Emigration gefunden.«

Auch als der Krieg zu Ende war, blieben Bölls Helden passiv. Aber diese Passivität war rebellisch von vornherein, weil sie Verweigerung meinte: Verweigerung beim gesellschaftlichen Mitmachen, beim Wiederaufbau von Städten und Laufbahnen, als sei nichts geschehen. »Und als wir nach Hause kamen«, sagt der Ich-Erzähler der Kurzgeschichte ›Geschäft ist Geschäft‹ (1950) über seine Kameraden, »sind sie aus dem Krieg ausgestiegen wie aus einer Straßenbahn.« Ob Fred Bogner im Roman ›Und sagte kein einziges Wort‹ (1953), ob Albert Muchow im ›Haus ohne Hüter‹ oder Walter Fendrich in ›Das Brot der frühen Jahre‹ (1955): dieses Aussteigen aus der Geschichte lehnen sie ab. Sie verweigern Leistung allerdings auch aus einem anderen, tieferen Grund: der Krieg hat sie mürbe, vor allem unendlich müde gemacht.

Was Müdigkeit aus Menschen machen kann, wie Müdigkeit sich schildern läßt, hat Böll am eindringlichsten an Hans Schnitzler gezeigt, der frühen Hauptfigur seines für uns jüngsten Romans ›Der Engel schwieg‹. Gewiß, all diese matten Männer sind nicht zuletzt ein Tribut an den existentialistischen *Ennui*, der aus Paris nun ungehindert ins Rheinland verpflanzt werden konnte. Aber weil sie glaubhaft verankert bleiben in ihrer Umgebung und ihrem Milieu, haben die Figuren auch realen Anlaß genug zu Überdruß und Ekel.

Man hat Böll häufig vorgehalten, seine erzählende Prosa teile die Welt säuberlich in Anständige und Ruchlose, Gute und Böse. Im Bild von den »Lämmern« und den »Büffeln«, das den Roman ›Billard um halb zehn‹ leitmotivisch begleitet, hat diese Scheidung in der Tat ein etwas aufdringliches Symbol gefunden. Erst im ›Gruppenbild mit Dame‹ sollte eine äußerst ambivalente Figur treffend gelingen: der Gärtnereibesitzer Walter Pelzer, Mitläufer und Wirtschaftsgewinnler vor und nach 1945, aber zugleich einer, der sich unter keinen Umständen zum Handlanger der Macht, zum politischen Täter eignet. Des Autors Sympathie gehörte Pelzer sicher nicht – und das war dessen Chance. Denn Sympathie hatte Böll mit seinen eindeutig gebrochenen Heroen eher im Übermaß: wohl deshalb ihr Hang zu bisweilen larmoyanter Sentimentalität.

Die Liebe hat diesem ehrbaren Erzähler literarisch nicht eben viel Glück gebracht. Entweder gerieten ihm seine Versuche, körperliche

Zuneigung, Küsse, Umarmungen, gar den Beischlaf darzustellen, zu keusch – oder zu kitschig. Was immer er an Liebesszenen erprobte: ob er Andreas zu einer überaus edlen polnischen Hure schickte oder Feinhals zu einer jüdischen Lehrerin, ob er Fred und Käte Bogner in schäbige Hotelzimmer einquartierte oder Walter Fendrich seine Hedwig anhimmeln ließ, es wirkt oft anachronistisch. Wieder ist es der Roman ›Der Engel schwieg‹, der sonderbar einnehmend anstimmt, was Böll danach nur noch selten einzulösen vermochte: wie Zärtlichkeit und Begehren, schreckliche Einsamkeit und große, lange verdrängte Lust vereinbar werden, wie zwei Menschen gegen die Kälte ihrer Zeit unter eine Decke flüchten und merken, daß ihre Flucht zu Ende ist. Der Clown Hans Schnier und seine große Liebe Marie Derkum teilen ihre erste Nacht, Katharina läßt Paul ›Im Tal der donnernden Hufe‹ (1957) ihre Brüste betrachten: flüchtige Passagen, die im Gedächtnis bleiben.

Sexualität gibt es bei Böll nicht ohne das katholische Universum und also nur mit schlechtem Gewissen. Fünfziger Jahre eben. Aber was die Endsechziger an Befreiung versprachen, führte, wie man weiß, in nicht weniger problematische Sackgassen. Von den Jüngeren wurde Böll bestenfalls milde belächelt, als er 1969 zwar viel Verständnis für die außerparlamentarische Opposition bekundete, ihre Verbindung mit dem, was er »Sexwelle« nannte, jedoch radikal ablehnte, ja für »lebensgefährlich« hielt: »Ich glaube, daß da... eine Art Sexualfaschismus entsteht. Ich nenne das ohne jede Einschränkung so. Die proklamierte Promiskuität ist keine Lösung für die Menschen.« Was damals prüde klang, darf inzwischen als hellsichtige Prognose gelten.

Hoffnungslos passé scheint am ehesten der Humorist und Satiriker Heinrich Böll. Als hintergründige Parabel auf die westdeutsche Restauration wurde etwa die Geschichte ›Nicht nur zur Weihnachtszeit‹ gleich nach ihrem Erscheinen im Jahr 1952 gerühmt. Man kann sie nicht mehr lesen: zu ausgewalzt der an sich witzige Einfall, Tante Millas Gemüt mit einer »Tannenbaumtherapie« zu besänftigen. ›Der Bahnhof von Zimpren‹ (1958), ehemals ein Glanzstück über den Größenwahn des Wirtschaftswunders und den Wahnsinn der Bürokratie: jetzt nur noch ein gemütlicher Text. ›Die schwarzen Schafe‹, eine lockere *Story* um Onkel Otto, den erfolgreichen Schnorrer: 1951 erhielt Böll dafür den Preis der Gruppe 47, heute ist sie gut geeignet für das ›Goldene Blatt‹.

Humor ist in besonderem Maße zeitbedingt, Verfallsdaten werden rasch erreicht. Einige wenige Satiren bestehen dennoch den Test auf ihre Unverwüstlichkeit: ›Es wird etwas geschehen‹ (1956) etwa, stark gefährdet durch Aufnahme in die Lesebücher der Schulen, überlebt um der nekrophilen Pointe willen. Bölls bester Witz aber bleibt ›Doktor Murkes gesammeltes Schweigen‹ (1955): Professor Bur-Malottke, Kulturträger ersten Rangs, will seinen Radiovortrag über Gott umschneiden lassen, weil ihm gelinde Zweifel an dessen Existenz gekommen sind. Der liebevoll sadistische Rundfunkredakteur Murke wird für die Aufgabe abgestellt. Von Anfang an steht der Sieger im Duell der beiden fest: Murke hat die Grammatik und die Tontechnik auf seiner Seite. Eine Mediengroteske, die trotz des Paternosters im Funkhaus kaum Patina angesetzt hat. Ironisch wird dieses Mal das zentrale Thema durchgespielt: die opportunistische Gier, stets auf der Höhe der Zeit zu sein, egal, wie die Zeiten sind.

Ansehen bei der Kritik hat vor allem der Böll der Kurzgeschichten gefunden. ›Wanderer, kommst du nach Spa‹ (1950), die berühmte Sammlung, zwang den Autor zur Sparsamkeit seiner Mittel, die er in längeren Erzählformen oft nicht zu dosieren weiß. Ein großer Publikumserfolg wurde das ›Irische Tagebuch‹, das 1957 als Buch erschien: auch dies eine Kurzgeschichtensammlung, wie viele Arbeiten übrigens in der F. A. Z. vorabgedruckt. Endlich, so frohlockten Kritiker und Leser, war Böll dem Mief des deutschen Nachkriegs entronnen, hatte Nazis Nazis und Mitläufer Mitläufer sein lassen. Irland, gelobtes Land für Anekdoten, Landschaftsschilderungen und kulturgeschichtliches Räsonnement. Das stimmte – zur Hälfte. Man merkt es den Geschichten an, daß sich Böll erzählend entspannte. Aber schon die fortwährenden Vergleiche zwischen irischen und deutschen Zuständen zeigten auch, daß er bloß Atem schöpfte, um zum Eigentlichen zurückzukehren. Es ist müßig, darüber zu spekulieren, ob er gut daran tat. Denn er hatte keine Wahl. Wirklichkeit hieß für ihn: Verquickung in die deutsche Vergangenheit – und seine Aktualität war und blieb die deutsche Gegenwart.

Der ästhetisch anspruchsvollste Roman der frühen Zeit heißt ›Haus ohne Hüter‹. Böll, der seine Ich-Erzähler liebte, traute ihnen dieses Mal nicht. Er wählte eine polyphone Perspektive, wechselte von Kapitel zu Kapitel seine Hauptfiguren, entfaltete so das Seelenpanorama zweier Söhne und zweier Mütter, die Väter und Ehemänner im Krieg verloren hatten. ›Haus ohne Hüter‹ erschien 1954, neun

Jahre vor Alexander Mitscherlichs Buch ›Auf dem Weg zur vaterlosen Gesellschaft‹. Nicht nur thematisch nahm Böll dessen Ansatz vorweg: Er suchte zugleich nach einer formalen Entsprechung für den Vaterverlust und fand sie im Verzicht auf erzählerische Eindeutigkeit.

›Gesinnung gibt es immer gratis‹ lautete der Titel eines kleinen Einspruchs von 1964, in dem sich der Verfasser darüber beschwerte, vorab seiner moralischen Positionen wegen geschätzt zu werden. Er bestand auf »guter Form« und postulierte noch im selben Jahr: »Je engagierter sich ein Autor glaubt, desto besser sollte er schreiben.« Damit jedoch hatte es seine Schwierigkeiten. Bölls Prosa begnügte sich nach der Zäsur von 1963 mit dem beiläufigen Sandkastenspiel ›Entfernung von Truppe‹ (1964) oder gefiel sich in recht putzigen Dorf- und Gerichtsspäßen, als zwei Jahre danach über das ›Ende einer Dienstfahrt‹ verhandelt wurde. Gleichzeitig wurde der Ton seiner publizistischen Stellungnahmen spürbar schärfer. »Daß Ihre Generation«, schreibt er allen Ernstes an den jungen Günter Wallraff, »noch schändlicher verraten worden ist als unsere, schändlicher, weil ohne Not.«

In den ›Notstandsnotizen‹ von 1968 ist von der »fast totalen Gleichschaltung« der Presse die Rede. Die Konsequenz: »Es bleibt nur das eine: zersetzen, zersetzen, zersetzen.« Nun war Verbalradikalität im Jahr der Apo wohl ein Gebot der Stunde, für den längst mit allerlei würdigen Preisen und Ehrungen versehenen Schriftsteller zudem eine Möglichkeit, sich nicht vereinnahmen zu lassen. Was Thomas Mann erstrebte, war ihm zuwider: Repräsentant zu sein.

Nicht vergessen sollte man jedoch, daß Böll von Anbeginn seiner publizistischen Aktivitäten nie einäugig war. Er spottete bei einem Besuch in der DDR über den »offiziösen Optimismus, der einfach widerwärtig... ist«, er nannte die Romane, die im Geist des Sozialistischen Realismus entstanden, den »eintönigen Singsang jener Affen, die so schnell begriffen, ›worauf es ankommt‹«. Eine enthusiastische Kritik über Czeslaw Milosz' ›Verführtes Denken‹ veröffentlichte er bereits 1953. Sein Eintreten für Kopelew, Sacharow und Solschenizyn duldete keinen Kompromiß. Die Reportage, die er aus dem okkupierten Prag des Sommers 1968 nach Deutschland sandte, hat ihresgleichen kaum. Was immer auch folgte: vom Appell an Ulrike Meinhof und die deutschen Politiker über die Reden bei den Demonstrationen der Friedensbewegung bis zur Sitzblockade in Mutlangen – Böll bestand darauf, daß Engagement unteilbar sei.

Es wird auch künftig nicht an Bemühungen mangeln, seine beiden letzten Romane, ›Fürsorgliche Belagerung‹ (1979) und ›Frauen vor Flußlandschaft‹ (1985) literarkritisch zu retten. Die Aussichten sind gering. Scheinbar leichthin erzählt und doch eminent ehrgeizig in Sprache, Stoff und Stil ist die Huldigung an die Hauptfigur Leni Pfeiffer im Roman ›Gruppenbild mit Dame‹ von 1971, Bölls Pendant zu den ›Buddenbrooks‹. Wieviel Fleiß, welche Disziplin, welch hohes Maß an Phantasie. Und doch: Der ganz große Wurf wurde es nicht. Weshalb? Man kann darüber rätseln, man kann Erklärungen versuchen. Aber letztlich bleibt wohl die Gewißheit, daß Heinrich Böll gar vieles war – ein Genie jedoch war er nicht.

Kein Geniestreich, aber vielleicht das handwerklich solideste, in jedem Fall ein höchst effektvolles Buch ist ›Die verlorene Ehre der Katharina Blum‹. Eine Novelle mit allen Tugenden der Kurzgeschichte, ein Stoff, der gegenwärtiger nicht sein konnte, und wahrscheinlich auch eine Prosa, die auf viele Leser wenigstens vorübergehend politischen Einfluß auszuüben vermochte. »Das Aktuelle ist der Schlüssel zum Wirklichen«: An der dramatischen Geschichte der Katharina Blum hat Böll jedenfalls den Kernsatz seiner Poetik meisterhaft illustriert.

Man muß sich damit abfinden: Weder der Erzähler noch der politische Zeitgenosse Heinrich Böll lassen sich auf einfache Formeln bringen. Zu widersprüchlich ist das Werk, zu facettenreich die Einwürfe und Mahnungen. Sicher ist: Dieser Repräsentant wider Willen hat unendlich viel für das Ansehen der alten Bundesrepublik getan. Zwar kennt unsere Gegenwartsliteratur ästhetisch avanciertere Positionen: Wolfgang Koeppens und Uwe Johnsons Romane etwa, Prosa von Max Frisch, Günter Grass oder Thomas Bernhard. Unnachahmlich an Böll sind jedoch die atmosphärischen Valeurs der unmittelbaren Nachkriegszeit: die plötzliche Stille, das kurze Innehalten nach der Katastrophe. Das wird in jedem Falle bleiben. Allerdings: Es ist entschieden zu früh für die Frage nach den Böllschen Ewigkeitsqualitäten. Man sollte, man darf ihn noch nicht zu den Klassikern entlassen.

Biographische Erkundungen

Renaissancegestalt im Rokoko
Über eine Auswahl von Schubarts Briefen

»Er hielt stets viel auf *Bewegung* in freier Luft, um Gottes Natur zu genießen... Nie sprach er besser, nie wahrer und feuriger als auf solchen Spaziergängen: Und wer ihn überhaupt genau kannte, der glaubte ihm die Versicherung: daß er das Beste in seinem Leben *gesagt* und nicht *geschrieben* habe.« Ludwig Schubart, der 1765 geborene, über alles geliebte Sohn des Musikers und Theaterdirektors, des Dichters und Publizisten Christian Friedrich Daniel Schubart, hat uns diese Anekdote seines Vaters überliefert. Und geglaubt haben ihm gewiß die Biographen, die sich mit erzählerischer Lust, nicht selten freilich auch mit moralisierendem Eifer auf den bewegten, an Widersprüchen reichen und durch die zehnjährige Festungshaft auf dem Hohen Asperg darüber hinaus mit einem unübersehbaren Zeichen der fürstlichen Willkür gebrandtmarkten Lebenslauf einließen.

Daran geglaubt zu haben scheinen zudem die Editoren von Schubarts Werk, jene, die sich im neunzehnten Jahrhundert tatsächlich an die geschriebenen Wörter machten und dabei das Recht auf herbe Texteingriffe für selbstverständlich, ja geboten hielten; vermutlich aber auch eine Reihe jüngerer Philologen, die Ausgaben dieses Autors erwogen, nie jedoch zustande gebracht haben. Die Folge ist, daß ›Schubarts Gesammelte Schriften und Schicksale‹ bis heute nur im Nachdruck der keineswegs zuverlässigen Edition von 1839/40 und sein Hauptwerk, die 1774 bis 1777 in Augsburg und Ulm herausgegebene Zeitschrift ›Deutsche Chronik‹ ebenfalls bloß im unkommentierten Faksimile des Originals nachzulesen sind.

Nun ist Christian Friedrich Daniel Schubart, diese ins Rokoko verschlagene Renaissancegestalt, vorab in der entfernten Unmittelbarkeit des achtzehnten Jahrhunderts wieder- und gegebenenfalls neu zu entdecken – zeitenthobene Aktualität können nur wenige seiner Gedichte beanspruchen. Aber wer, außer der bescheidenen Zahl überzeugter Schubartianer, findet sich heute bereit, diesen notorischen Vielschreiber ohne philologische Wegweiser auf nicht selten holprigen, ungesicherten Bahnen aufzusuchen? Daß hier wissenschaftliche Hilfe lohnt, beweist das Interesse, auf das Schubarts ›Ideen zu einer

Ästhetik der Tonkunst‹, 1977 neu herausgegeben, seither wieder gestoßen sind. Es ist also Zeit – nicht gerade für das Monument einer historisch-kritischen, wohl aber für eine dem Leser zugewandte, kritisch kommentierte, in ihrer Auswahl begründete Edition von Schubarts Schriften.

Wie angebracht ein solches Unterfangen wäre, läßt sich auch an nahezu jeder Seite eines Bandes erkennen, dessen Herausgeber Ursula Wertheim und Hans Böhm Schubarts ›Briefe‹ verheißen – um sogleich lakonisch darzulegen, ihre Ausgabe folge, mit einer Ausnahme, der Arbeit des engagierten Theologen David Friedrich Strauß, der bereits 1849 zwei Bücher mit Schubarts Episteln veröffentlicht, 1862 eine ›Nachlese‹ geliefert und sich überdies frank und frei zu inhaltlichen Veränderungen bekannt hatte. Das »Wasser der unerheblichen Weitläufigkeit« sei den Briefen dabei »ausgepreßt« worden, bemerken die neuen Herausgeber und haben damit vielleicht nicht immer ganz unrecht.

Allerdings, vor gut 140 Jahren durfte man sich darauf verlassen, daß Schubart eine bekannte Größe darstellte, daß das widertyrannische »In Fesseln frei« nichts von seiner Symbolkraft eingebüßt hatte und daß sein nicht unbedeutender Einfluß auf andere Dichter, Schiller nur zu nennen, allenthalben im Bewußtsein war. »Ein wahres und ausführliches Bild von Schubart« aus seinen Briefen zu entnehmen, wie Strauß es sich wünschte, war schon deshalb möglich, weil man ein mehr oder weniger genaues, vor allem jedoch legendäres Bild von ihm besaß.

Wir haben es verloren. Statt der Auslassungszeichen etwa in einem Brief an den Schwager Christian Gottfried Böckh aus den Jahren 1766 oder 1767 (das genaue Datum fehlt bereits im Original), die getilgte Äußerungen über Wieland und über eigene poetische Versuche markieren, hätte man deshalb nur zu gerne ein wenig Weitläufigkeitswasser in Kauf genommen – um der schlichten Verstehbarkeit willen. Auch Schubarts Nachricht über Lob und Schelte seiner Schriften durch die ›Erlanger Zeitung‹, die Strauß für wenig mitteilenswert erachtete, ergäbe heute wohl mehr als eine bloße Notiz aus der vergangenen Provinz.

Bedenklicher noch als die Übernahme der Kürzungen aber ist der Verzicht auf jeden Kommentar: die Anmerkungen der beiden Wissenschaftler beschränken sich weitgehend aufs Übersetzen lateinischer und griechischer Zitate, ein Personenregister liefert knappes

Datenmaterial, ein Nachwort informiert in Kurzform über Schubarts Leben. Einen »Kompromiß« nennen dies die Herausgeber – ein guter ist es nicht. Schubart-Kennern nämlich bietet der Band außer einem bislang ungedruckten Brief an den Mannheimer Professor Anton von Klein aus dem Jahr 1790 keine neuen, neuen Schubart-Lesern aber viel zu sparsame Erläuterungen und Verweise.

So etwa fehlen briefliche Mitteilungen Schubarts über das letzte Jahr am Ludwigsburger Hof, über die nachfolgende Ausweisung aus Württemberg (1773) und das Vagantenleben bis zum Beginn der Augsburger Chronik-Zeit im März 1774: bedeutsame Einschnitte in seiner Biographie. Durch das Nachwort ist diese Lücke nicht zu schließen, im Textteil selber gar verhuscht jene Lebensphase übergangslos. Angaben über die Geschichte von Schubarts Briefhandschriften bleiben ausgespart, über den Weg des wiederentdeckten Briefes an Anton von Klein ins Weimarer Goethe- und Schiller-Archiv erfahren wir nichts – finden sich dort am Ende gar weitere unbekannte Zeugnisse Schubarts? Viele, zu viele Fragen bleiben offen. Der Brief-Band, in gewiß redlicher Absicht und mit begrenztem Arbeitsaufwand zusammengestellt, erweist sich mithin als philologischer Bärendienst am auch deshalb armen Schubart.

Der arme Schubart – immer war er zur sprachlichen Selbstkasteiung bereit, zur Klage über sein unerträgliches Los und zur Ankündigung seines kurz bevorstehenden Todes: »Du weißt ja und ich noch mehr, daß er schon vor 20 Jahr so gesprochen hat«, beruhigt seine Frau Helene einmal Ludwig, den Sohn. In den Briefen aus der Vaterstadt Aalen, aus der Geislinger Schulmeister- und der Ludwigsburger Organistenzeit werden solche keineswegs immer nur grundlosen Kummerbekundungen ausgeglichen von kritischen Aperçus zum Weltlauf, von Berichten über die neueste Literatur, von Lobgesängen auf Klopstock und Bach, von ehrgeizigen Plänen eines genialischen Autodidakten und den vitalen Schilderungen eines hinreißend ungezügelten Bramarbaseurs. Das ändert sich während der Zeit in der Haft – graduell allerdings nur. Schubart, der in der Zelle die autobiographische Schrift ›Leben und Gesinnungen‹ diktieren kann und dabei vor keinem Sündenbekenntnis haltmacht, findet zwar in den Briefen an seine Frau noch reichlicheren Anlaß, seine »viel hundert Jammertage« nachzuzeichnen. Allein, lebenserhaltend ist der Zorn. Der Zorn auf den die Freiheit raubenden Herzog Carl Eugen, der Zorn auf die eben noch mit Liebesschwüren überschüttete Frau, der Zorn auf das

»leib- und seelverderbliche« Theater. Zerknirschung und Zorn weichen im Lauf der Jahre der Bereitschaft, mitzuspielen auf der Gesellschaftsbühne der Anpassung, wenn nur der Kerker sich öffnet: wohlfeil, ihn deshalb einen Kriecher zu nennnen und ihm wie der Offizier Lindquist vom Hohen Asperg seine »Schmeicheleien« vorzuhalten.

Die erhaltenen Briefe Schubarts, beginnend 1760 mit einem neckischen Sendschreiben des einundzwanzigjährigen Studiosus an den Schwager Böckh und endend mit einer väterlichen Ermutigung des Sohns Ludwig im Juli 1791, drei Monate vor seinem Tod: sie leben, in der Tat, von ihrer stilistischen Nähe zum gesprochenen Wort – wie übrigens auch so manches Glanzstück der ›Deutschen Chronik‹, die er oft in Windeseile niederschrieb.

Schubart war ein Meister des Impromptus, der Invektive und der Improvisation, in langen Jahren gereifte Werke für die Ewigkeit des literarischen Olymps waren seine Sache nicht. Das hat ihm – und die editorische Dürre ist hierfür nur ein Indiz – bis heute geschadet hierzulande. Aber neben seinen publizistischen Arbeiten, neben Briefen und Selbstzeugnissen, neben bekannt gebliebenen Gedichten wie der von Franz Schubert vertonten ›Forelle‹, der rebellischen ›Fürstengruft‹ und dem traurig-trotzigen ›Kaplied‹ verdienen auch große Teile der übrigen Schriften neue Beachtung – die ›Geistlichen Gedichte‹ und die ›Todesgesänge‹ zumal, auch manch »niedergezürntes« Gelegenheitspoem. In ihnen spiegelt sich nicht zuletzt der Alltag des achtzehnten Jahrhunderts, als dessen poetischer Kommentator der Schwabe Schubart vorzüglich gelten darf.

Wörterheld auf Weltreise

Über Adolf Wölflis Autobiographie ›Von der Wiege bis zum Graab‹

Vielleicht kein genuiner Schriftsteller und Dichter – aber welch ein formidabler Wörterheld: Adolf Wölfli, als Sohn armer Leute 1864 im Emmental geboren, früh verlassen, verwaist, verdingt und verwahrlost, sexueller Delikte wegen ins Gefängnis gesteckt und seit 1895 Insasse der Irrenanstalt Waldau bei Bern. Unzurechnungsfähig, gemeingefährlich und geisteskrank hatte ihn der Untersuchungsrichter genannt. Die Lebensbeschreibung freilich, die er bei seinem Eintritt in die Anstalt verfaßte, verrät von alldem nichts. Während der ersten fünf Waldauer Jahre aber treten deutliche Symptome einer Verstörung zutage, darüber hinaus »eine immer größere Hülflosigkeit der Krankheit gegenüber«: Schizophrenie heißt sie in seinem Fall.

Die Diagnose stammt von dem Psychiater Walter Morgenthaler, der für den existentiellen »Unglücksfall« Wölfli zum therapeutischen Glücksfall wird. Zwar aus eigenem Antrieb, indes unter Morgenthalers Förderung und Obhut beginnt der Patient zu schreiben, zu komponieren und zu zeichnen. 1921 erreicht ihn ein gewisser Ruhm: Morgenthalers Wölfli-Studie ›Ein Geisteskranker als Künstler‹ ist erschienen, erstmals werden seine Zeichnungen öffentlich ausgestellt. Im gleichen Jahr schreibt Rilke an Lou Andreas-Salomé: »Der Fall Wölfli wird dazu helfen, einmal über die Ursprünge des Produktiven neue Aufschlüsse zu gewinnen.«

In den Debatten und Theorien über das Verhältnis von Genie und Wahnsinn ist Wölfli fortan wie Hölderlin und Nietzsche eine feste Bezugsgröße. Aber erst 1972, über vierzig Jahre nach seinem Tod, gelangt er, wiederum mit seinem zeichnerischen Werk, ins Bewußtsein eines breiteren Publikums. Nicht, wie gehabt, im Rahmen einer Ausstellung über die ›Bildnerei der Geisteskranken‹, sondern im Umfeld der ›Individuellen Mythologien‹ präsentierte ihn damals Harald Szeemann auf der Kasseler »documenta 5«: Er eröffnete auf diese Weise einen Weg, Wölflis rätselhafte und faszinierende Ornamenttableaus auch ohne die Hinweisschilder und begrifflichen Hilfestellungen von Psychiatrie und Psychologie betrachten zu können: als die reiche Kunst eines armen Mannes.

Der Wirkung von Wölflis Werk kam dies zugute. Eine Wanderausstellung seiner Zeichnungen, 1976 von der neu gegründeten Adolf-Wölfli-Stiftung konzipiert, wurde ein beachtlicher Erfolg. Und er ließ wohl auch die Pläne reifen, Wölflis schriftlichen Nachlaß, 25 000 dicht beschriebene Blätter im Zeitungsformat, in absehbarer Zeit und in angemessener Weise zu veröffentlichen.

›Geographische und allgebräische Hefte‹ entstanden 1912 und 1916, Hefte mit Liedern, Tänzen und Märschen in den Jahren danach. An den Texten zu seinem letzten Werk, einem ›Trauer-Marsch‹ in dreitausend Gesängen, hat er bis kurz vor seinem Tod am 6. November 1930 gearbeitet. Wölfli freilich kannte Gattungsgrenzen nicht – oder er erkannte sie nicht an: nie war er nur Schreiber, Zeichner oder Komponist. Wie Noten und Wörter Bestandteile seiner Zeichnungen, so waren Bildelemente und Collagen tragende, keineswegs nur schmückende Elemente seiner Schriften. Für jede Edition ein Dilemma, stellt doch die Wiedergabe von Wölflis synthetischem Verfahren die Herausgeber vor diffizile technische und inhaltliche und, des aufwendigen Druckes wegen, den Verlag vor finanzielle Probleme.

Elka Spoerri und Dieter Schwarz, die die Edition der Schriften mit dem ersten Werk, der zwischen 1908 und 1912 entstandenen phantasievollen und phantastischen Autobiographie ›Von der Wiege bis zum Graab‹, eröffnet haben, entschieden sich sinnvollerweise für den pragmatischen Weg. Sie trennen Zeichnung und Text und geben dem Leser lediglich im höchst sorgfältig gearbeiteten Kommentarband durch verkleinert abgedruckte Manuskriptfotografien einen Eindruck von Wölflis Synästhesie: Sie dokumentieren damit zugleich auch ihre ungewöhnlich schwierige Entzifferungsarbeit. Wölflis Prosa, dem Hauptband vorbehalten, erhält durch die geschickte Hand der Editoren jedenfalls eine Geschlossenheit, die sie im Original so nicht besitzt. Kurzum, Elka Spoerri und Dieter Schwarz haben lesbar gemacht, was sich zu lesen überaus lohnt.

Warum? Weil für Wölfli das Schreiben im ganz ursprünglichen Sinn zum Lebensmittel wird, zum Lebensentwurf eines Menschen, den Schicksal und Verhältnisse recht eigentlich nur zum Vegetieren bestimmt hatten. Seine Sprachreisen auf die Ozeane und Berghänge, seine Irrfahrten in die Höhlen und Höllen besitzen deshalb, bei allen albernen Unterbrechungen durch bisweilen unverständliche Mundartstückchen und trotz allem entspannten Verweilen im läßlich reimenden Gedicht, stets einen radikalen Ernst, dem man sich beim

Lesen nicht zu entziehen mag. Dieser Wörterheld in der Zelle von Waldau hat sich, gewappnet mit Bleistift und Papier, mit Mut und Beharrlichkeit ein nahezu grenzenloses, ein wundersam schönes Weltreich erobert.

Es reicht von »Newyork« bis zur »Graaphschaft Zambesi«, von der »Seener Alp« bis nach »Septuagesineä«, vom »Kontinent Südmeridan« bis zum »Oron-See«, von den »Ballearen« bis zum »Kaiserreich Mexiko«, von der »australischen Gletscher-Region« bis »Madrid« und »Pekin«. Und Wölfli legt großen Wert auf prächtige Ausstattung und optischen Reiz. Von »Newyork« aus etwa zieht es ihn zum »Berg Fideliuss«, der mit zahlreichen »Kuhr-Anstalten« und »Grand-Hotels« prunken kann, selbstredend nebst all »dem mannigfaltigen Luxus der Kunst, Wissenschaft, Naturalithät und Zierde, welche oben auf dem Rüken des Fideliuss zu finden sind«. Das »entzükende, reizende und maijestätische Rund« bietet zudem eine unübertreffliche »Fernsicht« auf die «in der üppigsten südl. Vegetattion prangenden, von allerhand Gäärtten, Villen, Gamppanien, Parks, Schlössern, Burgen, Herrschafts-Sitzen, Großbauern-Hööfen, Heimwesen mit schönen Pflantzungen, Äkern und Wiesen, Wäldern, Möösern, Weilern und Ohrtschaften, Dörfern, Markt-Fleken, kleinen und gr. Städtchen, überreich gesegneten, gewaltigen Ebenen«.

In solch heiler und heller Welt läßt sich auch ohne Mühen eine »fröhliche Tanzbelustigung mit singen und jodeln bei gedekter Tafel und ächtem Champagner« in Szene setzen, am besten in Gesellschaft von adligen Damen und Herren, von Kaisern und anderen hohen Würdenträgern, denen Wölfli, der auf seinem ganzen imaginierten Lebensweg nie älter als acht Jahre wird und dennoch alle Erwachsenenfreuden genießt, zunächst im Verband seiner Familie und später als Mitglied einer Kompanie der hervorragendsten Schweizer Naturforscher ein ums andere Mal zu begegnen weiß.

Seine Welteroberung freilich bedarf vor allem einer perfekten Registratur: Man muß wissen, wessen man alles teilhaftig wird. Und so bietet dieses Buch über weite Strecken denn auch ein gigantisches Vermessungs- und Bezifferungslabyrinth, entwirft einen Sonnenstaat der statistischen Superlative. »Nun ja: Die 4½ Stund lange und 48 Meter breite, 240 000 000 Zentner Tragkraft haltende, 118 500 000 Zentner schwehre, in den Jahren 1831 bis 1853 im Kosten-Aufwand von 465 000 000 Fr. erbaute Oron-Groß-Brüke« ist da nur ein kleiner Fisch neben den Gletscher-, Städte-, Denkmal- und Riesenkellerverzeichnisssen der verschiedenen Erdregionen: ein kleiner Fisch übrigens auch gegenüber den peniblen Vermögensaufstellungen, den überwältigenden Zins- und Zinseszinsrechnungen, die Wölfli seinem ganz persönlichen Besitztum angedeihen zu lassen nicht müde wird. Denn nicht, wie angekündigt, von der ›Wiege bis zum Graab‹, sondern nur von der Geburt bis zur Abfassung des Testaments verfolgt er seinen Lebensweg, den prospektiven Erben die »Total-Summe« seiner Haben- und Liegenschaften nicht verschweigend.

Naturgemäß läßt bei solch extensiver Registriermanie des Verfassers die Lust des Lesers dieser insgesamt fast achthundert Seiten umfassenden Selbst- und Weltanzeige bisweilen merklich nach: Auch Wölflis Fähigkeit als Fremdenführer, seine wiederholten Ansprachen an die »lieben Leser«, seine militärischen Befehle zur Weiterreise und seine durchaus ironischen Kommentare zur eigenen Umständlichkeit können daran wenig ändern.

Recht schnell allerdings wird deutlich, was ihn veranlaßt, das Bestehende mit phantastischer Exaktheit so akribisch festzuhalten. Denn neben dem Schönen und Prächtigen kennt Wölflis Welt vor allem eines: die sich fortzeugende Katastrophe und in deren Gefolge den massenhaften Tod. Rauchte eben »der Ozean noch friedlich und vergnügt seine Pfeife«, so droht er gleich darauf mit einem »Ereignis der schreklichsten und gräßlichsten Ahrt«: gewaltige Schiffe mit Tausenden von Passagieren an Bord brechen auseinander, auch das Festland bietet seiner ständigen Brandunfälle, Feuersbrünste, seiner Vulkanausbrüche und Unwetter wegen keinerlei dauerhafte Sicherheit. Charakteristisch für alle Katastrophen, die im Verlauf des Buches wohl an die hunderttausend Opfer fordern, sind die Unvorhersehbarkeit und die Plötzlichkeit, mit der sie eintreten. Charakteristisch ist auch, daß sie den großen Gerneklein Wölfli oft in die »eigene Lebensgefahr« versetzen: »Oh Jammer, Tood und Elend« lautet der dunkle Refrain der Biographie.

Aber was soll das Ganze nun überhaupt? Ist dieses Buch nicht eher Stoff für die Analytiker, die in den zahlreichen sexuellen Anspielungen des Bandes sicher Hinweise für die Schuldkomplexe und Wunschbilder seines Verfassers finden können? Ist es nicht eher Lektüre für die Erforscher der Schizophrenie, die in Wölflis geschriebener Gegenwelt die trostlosen Spuren der realen Biographie entdecken mögen und die Gründe, derenthalben sie nicht mehr zu ertragen war? Für Literaturwissenschaftler schließlich, die in den Sprachmustern, in der höchst individuellen Rechtschreibung und Zeichensetzung, im Zungenreden des Gedichteschreibers und in seinen fortwährenden Beglaubigungsritualen hinreichend Material für gelehrte Interpretationen erhalten?

All dies ist Wölflis autobiographische Erfindung sicher auch. Aber darüber hinaus geben diese wohl nahezu 400000 nun gedruckt vorliegenden Wörter des Helden Adolf Wölfli ganz im Sinne Rilkes manchen Aufschluß über die »Ursprünge des Produktiven« schlechthin. Wölfli selbst hat darüber nachgedacht und eine kleine ästhetische Theorie entwickelt: »Alles, was dem Menschlichen Auge sichtbahr oder unsichtbahr ist«, schreibt er zu Beginn, »kann mittelst fein gebildetem Menschensinn, guthem Willen, Fleiß und vorhandenem, geeigneten Matteriahl in Musik-Lieder-Text verwandelt werden und zwahr vom kleinsten bis zum größten Gegenstand oder, Nichtgegenstand.« Auf Verwandlung kam es ihm an, auf die des eigenen Lebens ebenso wie auf die des vorgefundenen Materials in eine neue und andere, nur von einem einzelnen zu entwerfende Welt. Verblüffend aktuell erscheint diese Überlegung: Sie enthält nicht weniger als ein Plädoyer für die Autonomie des Künstlers und der Kunst.

Wölfli hat mit seinen sichtbaren und unsichtbaren Gegenständen eine veritable *comédie humaine* bevölkert. Daß es die *comédie humaine* eines Irren ist, spricht keineswegs gegen die Schönheiten und die Schrecken, die sie enthält: Engelsstimmen und furchtbares Getier, Friedhofslisten und paradiesischer Sternenhimmel finden darin gleichermaßen Platz. Für sich selber aber hat der Autor, der einzelne Abschnitte seines Werkes in klarer Sicht der Dinge mit »Adolf Wölfli, Patient« zu unterzeichnen pflegte, ein umfängliches Tätigkeitsprogramm entworfen, in dem sich leidvoll ausgeübte und lustvoll erträumte Berufe zur Utopie eines ebenso erfüllten wie unerfüllbaren Lebens vereinen: »Adolf Wölfli, Natuhrvorscher, Dichter, Schreiber, Zeichner, Componist, Landarbeitter, Melker, Handlanger, Gäärtner, Gipser, Zementter, Bahn-Arbeiter, Taglöhner, Scheeren-Schleiffer, Fischer, Schiffer, Jäger, Welsch-Heuer, Tohtten-Gräber und Soldat des Emmenthaler-Bataillons 3. Kompanie, 3. Sektion. Ebjä!«

Selbstzeugnis und Zeitgeschichte
Über Manès Sperbers Memoirenwerk

Mit ausschlaggebend, so äußert Manès Sperber zu Beginn seiner dreibändigen Autobiographie, die Last des Erinnerns auf sich zu nehmen, sei ein »winziges Ereignis« gewesen. Dies Ereignis jedoch, knapp und distanziert erzählt, ist nichts weniger als eine unerhörte Begebenheit: »Dann überquerte ich die Straße, um in ein Café einzutreten; gerade als ich meinen Fuß auf das Trottoir setzen wollte, fiel ich zu Boden... Dieser an sich unerhebliche Zwischenfall beeindruckte mich sehr, denn ich wußte, daß ich nicht gestolpert war, sondern einen Augenblick lang, in der Tat blitzartig das Bewußtsein verloren und es wiedererlangt hatte, noch ehe ich auf den Boden fiel; desgleichen aber geschah mir das erste Mal.«

Ein arteriosklerotisches Signal, realiter folgenlos. Doch es zwingt das gefährdete Bewußtsein, Widerstand zu leisten gegen die Drohung organisch bedingten Gedächtnisverlustes. Wieder also, wenn auch unter veränderten Umständen, findet sich der Autor in einer ihm nur zu bekannten Situation. In großer Einsamkeit – nach dem Bruch mit der kommunistischen Partei, nach der schmählichen Kapitulation Frankreichs, in ständiger Furcht zudem vor den Schergen des Vichy-Regimes – hatte Sperber, 1940, mit den ersten Abschnitten eines Romans begonnen, der aus der Literaturgeschichte dieses Jahrhunderts nicht mehr wegzudenken ist. Eines Romans, dessen dichteste Stellen durchaus das emphatische Signum verdienen, das ein anderer, das Lew Kopelew zum Titel seiner Konfessionen gewählt hat: Aufbewahren für alle Zeit. Und in der Vorrede zu ›Wie eine Träne im Ozean‹ gibt Sperber Auskunft, über den fast zwanghaften Impuls schreiben zu müssen, weil Nicht-Schreiben nunmehr schwerer geworden war. Eben dieser Impuls kehrt wieder an jenem Sommernachmittag in der Provence, an dem das »winzige Ereignis« geschieht. So entspringt die Autobiographie keinesfalls dem Bedürfnis nach geläuterter Rückschau auf ein insgesamt wohl geglücktes Leben. Benjamins Diktum folgend, hat Sperber sich seiner Erinnerung bemächtigt, »wie sie im Augenblick einer Gefahr aufblitzt«. Gibt es einen würdigeren Anlaß für das Selbstzeugnis?

›Die Wasserträger Gottes‹ (1974), ›Die vergebliche Warnung‹ (1975), ›Bis man mir Scherben auf die Augen legt‹ (1977): Zusammengefaßt sind die drei Bände unter dem Titel ›All das Vergangene‹. Angespielt wird dergestalt auf Shakespeares ›Macbeth‹. Mehr noch: Des tragischen Helden nihilistischer Schlußmonolog (V. Akt, V. Szene) dient den Memoiren als Motto: *And all our yesterdays have lighted fools / The way to dusty death*. Die Anrufung dieser Stelle jedoch bleibt merkwürdig. Sie ›paßt‹ weder zu Sperbers Biographie noch zu seinem in der Büchner-Preis-Rede verkündeten Credo, er weise den fünften Akt der Tragödie zurück. Macbeth überdies fährt fort: *Life's but a walking shadow, a poor player / ... it is a tale / Told by an idiot, full of sound and fury, / Signifying nothing*. Bedürfte es eines Belegs, wie Sperber seine ›summa vitae‹ *nicht* verstanden wissen will, es gäbe keinen besseren. Denn im Angesicht eigener Schuld auszuweichen auf die allgemeine Sinnlosigkeit und Absurdität menschlicher Existenz widerspricht im Grundsatz dem positiven Ethos der Verantwortlichkeit, von dem sein Werk Zeugnis ablegt. Und, ob *fool*, ob *idiot*: Die Narrenrolle des Menschen zu akzeptieren, vermag dieser Autor nicht. Er lehnt sie ab, für sich selbst wie für die anderen. Noch vor dem düster melancholischen Resümee am Ende der Aufzeichnungen steht ein trotziges, der Vernunft abverlangtes: »Dennoch war ich entschlossen, kein Don Quichotte zu werden.«

Weshalb dieser entschlossene Widerstand, gegen Windmühlen zu kämpfen? Die Memoiren antworten in zweifacher Weise. Der Psychologe Sperber sieht seine Arbeit in erster Linie als pädagogische, belehrende. An unzähligen Stellen kann der Leser zudem – und mit Gewinn – teilnehmen an dem unabgeschlossenen Prozeß selbsterzieherischer Maßnahmen (und Tricks), die sich Sperber vor jeder seinen Rat vermittelnden Wendung selbst auferlegt. »Daß sich unter allen Lebensbedingungen ein Ordnungsprinzip entwickelt, ein System von äußerlichen, aber auch innerlichen Gewißheiten«: Weit entfernt davon, das Harmonisieren von Konflikten zu propagieren, abgerungen vielmehr der Erschütterung und dem Chaos, vermeldet dieser Satz so etwas wie den Ertrag eigenen Erfahrens.

In der Einzelhaft der Gestapo, im schweizerischen Internierungslager gegen Ende des Zweiten Weltkriegs – nur zwei, für dieses Leben fast schon beliebige Beispiele – wird das kontrollierte Standhalten vor der Verzweiflung zum Überlebensmittel. Empfinden zu können, daß totalitäre Machtausübung endet vor der resistenten Ohnmacht des ihr

Unterworfenen, gehört zu den Glücksfällen seiner Existenz. »Mitten in der ebenso grotesken wie demütigenden Misere« hat Sperber deshalb Mitmenschen und Leidensgenossen begreifbar zu machen versucht, »daß es hier mehr als unter gewöhnlichen Bedingungen darauf ankam, Haltung und Würde zu bewahren«. Es sind solch einfache, manchmal etwas altväterlich anmutende Wahrheiten, die die Autobiographie vermittelt – aber es sind Wahrheiten, auch heutzutage.

Je mehr man sich festliest in den drei Bänden, desto unverständlicher also wird das Motto, dem sie sich unterwerfen. Eine mit dem Absurden kokettierende Prätention, könnte man es nennen, im besten Fall ein Anti-Motto, gegen das fortwährend angeschrieben wird. Die Authentizität des Manès Sperber besteht in der ebenso fragwürdig gewordenen wie tröstlich bleibenden Gewißheit, daß sich persönliche Erfahrung noch in einem unverbrüchlichen Sinn-Zusammenhang mit dem Lauf der Welt befindet, eben deshalb nicht resigniert vor den Pfaden staubigen Todes, auf die uns die Memoiren zu führen scheinen.

Betrachtet vor der Folie der Autobiographie, gewinnt der – 1951 abgeschlossene – Roman ›Wie eine Träne im Ozean‹ eine zusätzliche Dimension. Weniger die schlichte Tatsache, daß dieses Epos autobiographische Züge aufweist, ist damit gemeint. Dies kann, wer Lust hat, genauer nachprüfen. Kleine Ereignisse und Beobachtungen, zahlreiche Szenen, ganze Passagen stimmen überein. Dem Roman dienen sie als Rohstoffe der Fiktion, der Biographie als Elemente gelebter Wirklichkeit. Viel interessanter, weil eine der Möglichkeiten von Literatur veranschaulichend, ist der Umstand, daß zwei Bereiche – das Verhältnis zu Alfred Adler und die Kindheitserinnerungen – im Roman die Form einer verschlüsselten Wunsch-Biographie erhalten haben.

Band II der Memorabilien notiert Beginn und Bedeutung, Ertrag und Ende der Beziehung zu Alfred Adler, dem Begründer der Individualpsychologie. Er verschweigt beredt die (auch) im Privaten liegenden Ursachen für das irreparable Zerwürfnis von Lehrer und Schüler. Mit einem Zerwürfnis wird im Roman die Handlungsebene Stetten–Faber eingeführt. Eingeführt, wohlgemerkt: Die in den Figuren des Historikers und Philosophen Stetten und seines revolutionären Schülers Denis Faber personifizierten Gegensätze zwischen Kontemplation und Tat, zwischen sezierender Vernunft und gläubiger Hoffnung, zwischen Zynismus und Naivität nähern sich im Verlauf des Romangeschehens wechselseitig und unter dem Druck der Verhältnisse an. Versöhnung wird möglich: Im Pariser Exil schreiben Faber und Stetten gemeinsam eine soziologische Analyse des modernen Kriegs.

Nach der Lektüre der ›Wasserträger Gottes‹, dem in seiner atmosphärischen Fremdheit faszinierendsten Teil der Memoiren, sollte es zudem erlaubt sein, die Romanfigur des jungen Rabbi Bynie zu verstehen als Verdichtung eigener Jugend zum Wunschbild unbedingter, wenn auch ambivalenter Wahrhaftigkeit: unter Thora-Rollen versteckt, Hegels ›Phänomenologie des Geistes‹. Wie dem auch sei, eines verbindet Roman und Biographie gewiß. Die beiden Hauptwerke Sperbers sind Trilogien, beide nennt der Autor selbst ›Fragmente‹. Welch ein Widerspruch, gilt doch die Trias als Sinnbild von Geschlossenheit, als Ausdruck des Zur-Ruhe-Kommens widerstrebender Bewegung. Erneut also Prätention, *Understatement*? Ich glaube nicht. Fragment und Trilogie stehen für die Dignität, mit der sich dieser Autor dem Akt des Schreibens stellt. Wohl wissend, niemals fertig zu werden, wohl wissend, daß das meiste ungesagt bleibt, ist die geschlossene Form sein Widerstand gegen die Zerrissenheit des Seienden, ist Mittel künstlerischer Identität aus Notwehr.

Kleine Notiz des Eugène Ionesco: »Erklären, was es an Unerklärbarem gibt, war für ihn eine unzulässige Erklärung. Es war, rund heraus gesagt, keine Erklärung.« Wenig Treffenderes ist über Sperber gesagt worden. Erklären und Begreifen, Reflexion und Analyse, kurz, die Mittel und Wege intellektuellen Erkennens werden ihm gleichsam zu Dämmen gegen das Eindringen von Unmittelbarkeit und die Unwägbarkeiten spontanen Erlebens. Mit Ausnahme vielleicht der Beziehung zur Musik will, muß Sperber wissen, was ihn, vor allem aber weshalb ihn etwas bedrängt und ergreift. Distanzierte Wahrnehmung also und die Wahrung von Distanz allenthalben. Der Selbstbiographie verleiht dies, wenn sie von Zeitgenossen und Lebensgefährten berichtet, nicht selten einen fast offiziellen, hölzernen Ton. Sperbers ansonsten auf angenehme Weise archaisierende Sprache nähert sich dann dem Stil von Protokollsätzen. Als typisch dafür mag eine kleine Szene gelten, Ludwig Marcuse betreffend. Der schon legendäre Willi Münzenberg hatte, 1938, im Pariser Exil den Plan gefaßt, eine von der KP unabhängige, antifaschistische Wochenzeitung herauszugeben. So lernten sich Marcuse und Sperber, die beide für ›Die Zukunft‹ arbeiteten, kennen und schätzen. Sperber: »Mit Ludwig Marcuse verstand ich mich sehr gut, obschon wir einander durchaus fremd blieben. Erst viel später erfuhr ich, daß ich ihm damals sehr streng erschienen war und überdies in ihm ein unbegründetes schlechtes Gewissen hervorgerufen hatte. Obwohl wir einander in den sechziger Jahren... gerne trafen, habe ich nie danach gefragt, womit ich diesen Eindruck bei ihm erweckt hatte.« Das schlechte Gewissen, das Sperber im persönlichen Umgang hervorzurufen in der Lage ist, kann ungewollt sein, nicht jedoch ›unbegründet‹. Beständige Affektkontrolle mag zudem der Preis sein, den zu bezahlen hat, wer bestehen will. Und der Verzicht auf spontane Emotionalität ein spezifisches Psychologensyndrom, das Ganze eine Generationsfrage. Trotzdem: Soviel Frost macht frieren. Die Gefahr der Nähe ist für Sperber die Nähe der Gefahr.

So bleibt es meist auch vergebliche Mühe, sich die Menschen *in concreto* vorzustellen, die in seinem Leben eine zentrale Rolle spielen. Sie bleiben als Personen blaß. Sperber beschreibt sie nicht. Da er zuviel von ihnen weiß, deutet er sie, schätzt sie ein oder – schweigt. Der Autobiograph begründet solchen Zugang mit seiner Abscheu vor der »publiken Indiskretion«. Aber diese »Erklärung« reicht nicht aus. »Da bot sich mir alles, mein eigenes Leben und das meiner Nächsten so dar, als betrachtete ich es von außen.« Es überrascht nicht, daß – auf diese Weise ferngerückt – auch die Passagen über die *biographie interieure* geprägt sind von der aversiven Abwehr gegen jede Art von Konfession. Singulär das Geständnis: »Diesmal zeigte ich mich endlich in meinem seelischen Elend.« Fast wegwerfend die Formulierung: »Und mein Privatleben oder was man so nennt.« Veröffentlichtes Verschweigen in Sätzen wie: »Was ich mir antat, was mir da geschah – lassen wir das.«

Man erwarte nicht die radikale, eben deshalb über sich hinausweisende Darstellung eigener Subjektivität. Mit Thomas Bernhards Erinnerungen etwa haben Sperbers Memoiren nichts gemein. Man muß schon bereit sein, dem Autor zu folgen bei seiner selbstanalytischen Reise in die eigene Vergangenheit, man muß bereit sein, die (allzu vielen) Selbstzitate zu ertragen, man muß ganz einfach mit ihm durch den geliebten Jardin du Luxembourg wandeln und die Reflexion der Reflexion über den eben abgeschlossenen Teil der Memoiren simultan mitvollziehen, will man des Reichtums teilhaftig werden, den sie enthalten. Es lohnt: Denn was Sperber verschweigt oder nur in Form bereits vollzogener Selbstprüfung erzählt, seine Privatheit nämlich, eröffnet ihm andererseits den Zugang zur epischen Vielfalt des Tatsächlichen, das er als überaus kundiger, auch sich selbst gegenüber stets unbestechlicher Zeuge dieser Zeit zu verzeichnen weiß.

Es wäre Hybris, wollte man in Kürze einen Überblick vermitteln über Personen und Ereignisse, über Niederlagen und Glücksmomente, über aphoristisch verdichtete Erkenntnis und wohlgelungene Sätze, die sich auf den nahezu tausend Seiten finden. Der Bandeinteilung jedoch in etwa entsprechend sind es drei Themen, sind es drei Leit- und Leid-Motive, die der Autobiographie einen unverwechselbar individuellen wie entschieden exemplarischen Ausdruck verleihen.

Wenn die ›Wasserträger Gottes‹ Rechenschaft ablegen von der Kindheit im ›Städtele‹ Zablotow, von den Wirren des Ersten Weltkriegs, von der Flucht der Familie ins Wien am Ende der k. u. k. Monarchie, entsteht noch einmal das Bild einer vergangenen Welt, erhebt sich eine stille, nie pathetische Klage über den Verlust einer Form jüdischer Existenz, wie ich sie eindringlicher nie vernommen habe.

Wenn die ›Vergebliche Warnung‹ berichtet von den Jugendjahren in Wien, von der Begegnung mit Adler, von der Tätigkeit als Psychologe in Berlin, von der Reise ins Mutterland der Revolution und von der Verhaftung durch die Gestapo, so gerät dieser Band zu einem Plädoyer für die moralische Notwendigkeit, zugleich aber auch zu einer Mahnung vor den Aporien politischen Engagements. Und wenn schließlich ›Bis man mir Scherben auf die Augen legt‹ Zeugnis gibt von den Jahren der Verfolgung, vom Bruch mit der kommunistischen Partei und von den Einsamkeiten der Exilierten, so dokumentiert sich dergestalt das Dilemma eines unerbittlichen Aufklärers, mit eigener, selbstverschuldeter Unmündigkeit fertig zu werden. Leben zu müssen im Bewußtsein, zumindest zeitweise und aufgrund der Realität des siegreichen Faschismus geschwiegen zu haben zu der »permanenten politischen und moralischen Katastrophe, in welche sich der folgenreichste revolutionäre Sieg unseres Jahrhunderts«, der russische Oktober, verwandelte: Vorab dieser Erfahrung verdankt das Œuvre die entschlossene Energie, nicht und nichts zu vergessen. Im Gegensatz aber zu vielen anderen hat sich Sperber vor dem Haß des Ketzers bewahrt, beziehungsneurotisch nur noch mit dem alten Glauben zu rechten. Das Selbstzeugnis ist so zu einem Stück gelebter Zeitgeschichte geworden, der Autobiograph zum Chronisten einer, seiner Epoche.

Wörter für das Unsagbare

Über Robert Antelmes autobiographische Prosa ›Das Menschengeschlecht‹

Vieles vermag die Sprache. An die äußersten Erfahrungen freilich reicht sie nicht heran: Würden wir sonst sprachlos vor Glück oder stünden vor unsäglichem Leid? Wovon man aber nicht reden könne, hat der Philosoph Ludwig Wittgenstein verfügt, darüber müsse man schweigen – für die Philosophie selbst und für manch andere, zumal wissenschaftliche Disziplin mag dies bisweilen richtig sein. Die Literatur allerdings interessiert an Wittgensteins Gebot nur, wie sie dagegen verstoßen kann – ob es ihr dabei gelingt, bislang unbekanntes Sprachland zu gewinnen, bestimmt nicht zuletzt ihren Rang.

Literatur von hohem Rang ist Robert Antelmes 1946 geschriebenes, 1956 in Frankreich und 1988 endlich auch auf deutsch veröffentlichtes Buch ›Das Menschengeschlecht‹. Dabei hatte dieser Autor Gründe genug, in seiner Qual zu verstummen, kein Gott verlieh ihm je die Gabe zu sagen, was und wie er gelitten hatte. Ganz in der Nähe von Weimar aber ist auch er »Göttern« begegnet. Solchen freilich, die verachten und vernichten. Ihr Olymp war Buchenwald und der Appellplatz für die Häftlinge des Konzentrationslagers der Ort des Jüngsten Gerichts. »Tausende, die standen. Dann hieß es: ›Er kommt! Er kommt!‹... Er ist da ... Er erscheint. Allein ... Der SS-Mann. Der Gott mit der Zwölfendervisage. Er schreitet die Tausendschaften ab.«

Die SS-Leute als Götter, jeder Knopf ihrer Uniformjacken »als ein Stück Sonne«: Mit diesem unerhört blasphemischen Bild zu Beginn seines Berichts versucht Antelme 1946, ein halbes Jahr nach seiner Befreiung, die Kluft »zwischen der Sprache, über die wir verfügten, und jener Erfahrung, die wir größtenteils immer noch am eigenen Leib verspürten«, zu verringern. Diesem Ziel gilt fortan die Anstrengung des Buchs. Antelme also beschränkt sich nicht darauf, seine Erlebnisse und die seiner Kameraden zu dokumentieren, er bescheidet sich nicht damit, ein Protokoll des Grauens und der Greuel zu schreiben. Deshalb kann man sich diesem Text auch nicht auf übliche Weise entziehen – mit Empörung über das Mitgeteilte, mit einer längst billig gewordenen Betroffenheit über das Schicksal der Opfer und am Ende mit jener ganz natürlichen Abwehr, die allmählich eintritt, wenn man das Immergleiche in neuer Variante wieder einmal liest, hört oder sieht.

Wir Jüngeren begegnen allemal dem Argument, wer die Geschehnisse der Nazi-Zeit nicht selbst miterlebt habe, könne sich letztlich auch kein Urteil darüber erlauben. Die Ansicht mag nicht nur falsch sein. Denn es ist schon so: Was immer man sich zu erfahren und zu wissen müht, man gerät über kurz oder lang ans Ende der Vorstellungskraft. Mit dem Inhalt von Antelmes Buch, mit dem also, was und worüber er zu erzählen hat, geht es einem da zunächst nicht viel anders.

Im Juni 1944 wird der damals Siebenundzwanzigjährige, der gerade einige Gedichte veröffentlicht hat und seinen ersten Lyrikband vorbereitet, von der Gestapo in Paris als Mitglied der Résistance verhaftet. Acht Wochen verbringt er in französischen Gefängnissen, mit einem der allerletzten Transporte deportiert man ihn in der zweiten Augusthälfte nach Buchenwald – »jene grauenhaften vierzehn Tage, die wir scheißetragend in der Scheiße zubringen mußten«, stehen am Anfang seiner mit knapp neun Monaten relativ kurzen Lagerzeit. Für viele seiner Kameraden ist sie viel zu lang: Sie werden auf den weiteren Stationen der Höllenfahrt durch den SS-Staat erschlagen und erschossen, sterben an Lungenentzündung, an der Ruhr oder verhungern erbärmlich.

Der SS-Staat – und das hat ihn für die seiner Herrschaft Unterworfenen noch brutaler, unberechenbarer und gefährlicher gemacht – löst sich mit dem Vorrücken der Aliierten allmählich auf. Die letzte Phase seines Funktionierens, Herbst 1944 und Winter 1944/45, erlebt Antelme in einem Außenkommando von Buchenwald nahe dem Harzer Kurstädtchen Bad Gandersheim: Der Hauptteil des Buchs gilt dieser Etappe. Antelme hat Glück im Elend. Statt den Winter im Steinbruch oder auf der Baustelle zu verbringen, kommt er bald in die Fabrik des Lagers, die Flugzeugteile mehr verpfuscht als herstellt und in der sich die Kälte überstehen läßt.

Anfang April 1945, eine halbe Autostunde sind die Befreier noch entfernt, wird das Kommando Gandersheim aufgelöst: »Die SS flieht, aber sie nimmt uns mit.« Was folgt, ist ein Irrmarsch von zunächst vierhundertfünfzig Gefangenen durch den Harz, bei dem fortgesetzt die Langsamen, Schwachen oder auch nur zufällig ins Visier Geratenen getötet werden und bei dem außer den Bewachern alle an

Durchfall leiden, hervorgerufen durch die einzige Nahrung, an die man unterwegs kommt: Hundekuchen. Was folgt, sind Irrfahrten auf Lastwagen nach Bitterfeld und schließlich im Zug nach Dachau, wo die Kolonne, »um die Hälfte vermindert«, am 27. April eintrifft. Den von achtzig auf fünfunddreißig Kilo abgemagerten Antelme wird einige Tage danach selbst sein Freund François Mitterand, der als Staatssekretär der provisorischen französischen Regierung die Auflösung des KZ Dachau observiert, nicht wiedererkennen.

Mit der Befreiung des Lagers bricht das Buch ab. Die Rückkehr nach Paris, den mehr als drei Wochen währenden Kampf gegen Typhus und Tod schildert Marguerite Duras, mit der Antelme damals verheiratet war, in der Titelgeschichte ihres Erzählbandes ›Der Schmerz‹ (deutsch 1986): »Das Unglaubliche war«, liest man da, »daß er noch lebte. Wenn die Leute ins Zimmer kamen und diese Gestalt unter der Bettdecke sahen, konnten sie ihren Anblick nicht ertragen... Viele gingen hinaus und kamen nicht mehr wieder.«

Das Unglaubliche, das Unvorstellbare: Man müßte sich ihm beugen, bliebe es in Antelmes Bericht bei der Aufzeichnung der äußeren Geschehnisse und der inneren Reaktionen darauf. Und es bliebe bei Martin Walsers Satz, geschrieben aus Anlaß des Frankfurter Auschwitz-Prozesses: Was Konzentrationslager waren, »was Auschwitz war, wissen nur die Häftlinge. Niemand sonst... Weil wir uns nicht hineindenken können... weil das Maß ihres Leidens über jeden bisherigen Begriff geht und weil wir uns deshalb auch von den unmittelbaren Tätern kein menschliches Bild machen können.«

Aber auch wenn die Behauptung vermessen sein mag: wer Antelmes Buch gelesen hat, weiß so genau, was ein KZ war, wie man das als Nachgeborener nur wissen kann, er kann sich hineindenken in diesen Häftling, er kann den Grad seines Leidens fast ermessen und sich von den unmittelbaren Tätern ein menschliches Bild machen, von den SS-Leuten ebenso wie von den Gefangenen, die als Blockälteste, als Stubendienst, als Kapos dem System dienen mußten und ihm bisweilen nur zu gerne grausam dienten.

Was sind nun die Gründe für die ungeheure Wirkung von Antelmes ›Das Menschengeschlecht‹? Zum einen sicher die durch das Erleben des Autors bedingte Beschränkung auf diesen letztlich kleinen Fleck im Kontinent der Konzentrationslager. »Das Schreckliche«, so Antelme, »hat hier nichts Gigantisches. In Gandersheim gab es weder Gaskammern noch Krematorium.« Weil es das nicht gab, weil er es selbst nur vom Hörensagen kannte, kann er das Schreckliche im Detail, in der fast minutiösen Konstruktion des banal Alltäglichen um so schärfer fassen.

Vor allem aber beruht die Wirkung auf der Fülle von literarischen Techniken und Stilmitteln, die Antelme verwendet. Dieses Buch ist gewiß wahr, aber es ist gemacht, am Schreibtisch kalkuliert, konstruiert und komponiert – und zwar unter handwerklichem Aspekt auf grandiose Weise. Antelme wechselt Erzählzeit und Erzählperspektive. Mal berichtet er im Präsens – und *erzeugt* dadurch die Authentizität der Tagebuchnotiz. Mal wird im Präteritum erzählt, bisweilen im Futur – Rückblende und Vorausschau verbinden sich zu bezwingender Gegenwärtigkeit. Von einem Stubendienst etwa, »der satt zu essen bekam«, vor den ausgehungerten Mithäftlingen mit seinem muskulösen Oberkörper prahlte und sie, »die SS-Logik anwendend«, als »Schweinehunde« betrachtete, heißt es plötzlich, die Vergeblichkeit dieser Anpassung lakonisch resümierend: »Er sollte später während der Evakuierung erschossen werden.«

Zu den erzählperspektivischen Mitteln gehören ferner Antelmes fiktive Dialoge mit SS-Männern oder den eigenen Familienangehörigen, seine Versuche, das Lager von außen, mit den Augen etwa eines zivilen deutschen Spaziergängers zu sehen, oder die souverän eingesetzte Technik des Exkurses, die Unterbrechung der »Lagerhandlung« durch Räsonnement oder rekonstruiertes Selbstgespräch.

Geschildert also wird die Sonntagsarbeit im Steinbruch – der Autor verbindet damit eine Reflexion über den »Willen zu warten«, und er spricht vor sich hin: warten, »nicht schreien, sich nicht auflehnen... Bis morgen, bis zur Suppe, Geduld, Geduld.« Und schließlich der verzweifelte Nachhall vom Pariser Schreibtisch zurück zum Gandersheimer Steinbruch: »In Wirklichkeit wird nach der Suppe der Hunger die Kälte ablösen, dann wird die Kälte wieder kommen und den Hunger einhüllen; später werden die Läuse die Kälte und den Hunger einhüllen, dann wird die Wut unter den Schlägen Läuse, Kälte und Hunger einhüllen..., und der Tag wird kommen, an dem das Gesicht, im Spiegel, wieder brüllen wird: *Ich bin noch da*... und immer wird der unüberwindbare Raum alles im Kreis der Hügel eingeschlossen haben: die Kirche, in der wir schlafen, die Fabrik, die Latrinen, den Platz der Füße und den Platz des Steins, der hier ist, schwer, eisig, den man mit seinen gefühllosen Händen losmachen, hochheben und auf den Karren heben muß.«

In solchen Sätzen wird Unsagbares sagbar gemacht. Das gilt emphatisch auch für die Vielzahl einzelner, in sich abgeschlossener Szenen, die gelegentlich fast den Charakter eines Slapsticks annehmen – Antelme fegt das Büro einer Fabriksekretärin aus, die sein Ungeschick nicht länger erträgt und wider die Vorschrift, aber ihrer Natur gemäß schließlich die verachtete Arbeit des Häftlings macht. Oder die Szenen beschreiben den Krieg der Füße im Zugwaggon – ein gnadenloser Machtkampf der Häftlinge um die Möglichkeit, ein wenig zu schlafen –, sie kreisen um an sich abstrakte Begriffe wie Sterben, Freiheit oder Hunger, machen sie anschaulich, unausweichlich, vorstellbar. Antelme hat eine kleine, kostbare Zusatzration Brot ergattert: »Ich kaute, ich tat nichts anderes mit meinem ganzen Körper. Ob Köln eingenommen war oder nicht, ich kaute... Das Stück Brot ist feucht geworden, dann hat sich auf meiner Zunge ein Teig gebildet. Ich sah das Stück an, das ich noch in der Hand hatte. Dann habe ich angefangen, stückweise das hinunterzuschlucken, was ich im Munde hatte...«

An einem Lazarett zieht die Kolonne vorbei und sieht voll Neid selbst auf die hoffnungslosen Fälle. Weshalb? Weil man dort »wohl mit singender Seele stirbt«. Der Tod im Waggon hingegen: »Wenn einer nahe am Sterben ist, wird er schwierig und jammert, und man beschimpft ihn. Wenn er dann seinen Hagel an Schimpfwörtern eingesteckt hat, stirbt er.«

Anders als Primo Levi oder Elie Wiesel, die das Überleben in Auschwitz zum Schreiben zwang, ist Robert Antelme kein »Schriftsteller wider Willen«. Er war Schriftsteller vor Buchenwald, Gandersheim und Dachau – seine »erste Handlung als ›gefestigter‹ Lebender« war, Ende Juni 1945, der Brief an einen Freund, in dem er bekennt, »daß ich nicht mehr weiß, was man sagen darf und was nicht. In der Hölle sagt man alles, und daran erkennen wir sie auch... In unserer Welt hingegen sind wir daran gewöhnt, auszuwählen, und ich glaube, daß ich genau das nicht mehr kann.« Es gelang ihm noch einmal, sich selbst zu widerlegen, eben mit dem ›Menschengeschlecht‹ – nicht so sehr aus moralischen, sondern aus ästhetischen und literarischen Gründen sollte man es aufbewahren für alle Zeit.

»Als das Buch dann geschrieben, gemacht, verlegt war«, notiert Marguerite Duras, »hat er nie wieder von deutschen Konzentrationslagern gesprochen. Er spricht diese Worte nie aus. Nie wieder. Auch nicht den Titel des Buchs.« Und er hat nie ein weiteres Buch geschrieben. *L'espèce humaine*, das der sonst ausgezeichnete Übersetzer Eugen Hemlé oder der deutsche Verlag leider nicht ›Die menschliche Gattung‹, sondern mit durchaus unnötigem Pathos ›Das Menschengeschlecht‹ genannt haben, ist mithin Solitär und Meisterwerk zugleich – und es ist Antelmes Vermächtnis.

Vermächtnis? Unter dem 28. April 1945 schreibt die Duras, die auf Nachrichten über Antelme wartet und erste Kenntnis vom Ausmaß der Menschenvernichtung in den Konzentrationslagern erhalten hat: »Dieses neue Gesicht des organisierten, rationalisierten Todes, das in Deutschland entdeckt wurde, bringt zunächst einmal aus der Fassung, bevor es empört. Man ist erstaunt. Wie kann man noch Deutscher sein? Man sucht anderswo, in anderen Zeiten Entsprechendes. Es gibt nichts.«

Zwei Romane von gestern

Generalissimus Tod

Über Ricarda Huchs Roman ›Der Dreißigjährige Krieg‹

»Wer dieses herrliche Buch zu lesen versteht, der liest es mit ergriffener Spannung und wird sich bewußt, daß er es mit einer der größten Leistungen der deutschen Literatur zu tun hat.« Nicht jeder Rezensent hat so hymnische Töne gefunden wie Friedrich Sieburg vor gut dreißig Jahren in der ›Frankfurter Allgemeinen Zeitung‹. Aber ohne tiefen Respekt, ohne ehrfürchtiges Staunen und Bewundern kommt kaum jemand aus, der sich über Ricarda Huchs ›Der große Krieg in Deutschland‹ äußert. Gigantisch, gewaltig, grandios – solch hehre Worte begleiten den Weg des Werks, das zwischen 1912 und 1914 in drei Bänden zum erstenmal erschien und ab der sechsten Auflage von 1929 den lakonischeren Titel ›Der Dreißigjährige Krieg‹ erhielt.

Indes, es gibt Gründe für den Verdacht, daß all die Verbeugungen so selbstlos nicht sind. Mit überschwenglichem Lob, so scheint es, hält man sich eine Last vom Leib, vermeidet gar das Eingeständnis einer Kapitulation. Eine Kapitulation etwa schon vor den in der Tat immensen Ausmaßen des Werks: es umfaßt nahezu tausend Seiten. Enormes Wissen, historisches Handwerk und literarische Phantasie haben jedenfalls einen Erzählkosmos entstehen lassen, der durchaus einschüchtern kann.

Aber ist nicht bereits die Rede vom Erzählkosmos eine neue Kapitulation, eine Verlegenheit wenigstens, die sich als Metapher tarnt? Wie denn soll man dieses umfassende und zugleich detailbesessene, dieses so ungeheuer düstere und gleichwohl facetten- und farbenreiche Panorama des Dreißigjährigen Krieges nennen, das Ricarda Huch entfaltet? Geschichtsschreibung im wissenschaftlichen Sinn ist es gewiß nicht, will es nicht sein: Es erzählt fingierte Träume und referiert erfundene Selbstgespräche, es legt auf strenge Chronologie keinen Wert, nimmt Jahreszahlen nur am Anfang einigermaßen wichtig, unterschlägt überdies zumindest ein markantes Ereignis und verschweigt wenigstens eine prägende Gestalt der Epoche nahezu ganz: kein Wort also über Wallensteins Ermordung, kein einziges Kapitel über den Katholiken und Kardinal Richelieu, der als Frankreichs erster Minister dem Krieg 1630 durch sein Bündnis mit dem protestantischen Schweden eine machtpolitische Wende jenseits der Konfessionen und gegen Habsburg gab.

Also ein Epos? Aber von »poetischer Form«, von gesteigerter, rhythmisierter oder gar metrisch gebundener Sprache nicht eine Spur. Die Verfasserin selbst hat rückblickend vom Versuch gesprochen, »ein historisches Geschehen auf moderne Art, aber im Sinne der alten Epen zu schildern«. Wenn man es denn kompliziert und im Stil des neunzehnten Jahrhunderts will, kann man das Werk eine Prosa-Epopöe nennen. Aber es ist einfacher und genügt völlig, von einem historischen Roman zu reden – freilich im Bewußtsein, daß dieses Genre höchst geduldig, ja fast indolent ist gegenüber Verstößen an seinen ohnedies lockeren Gesetzen.

So gibt es hier keinen einzigen Teil der Handlung, der von Anfang bis Ende durchgehalten würde, keine einzige Figur, die dem Leser vor Augen bleibt – selbst die herausragenden Persönlichkeiten, Wallenstein also und Gustav Adolf von Schweden, fallen nach ihren großen Auftritten fast ganz dem Vergessen anheim, werden zu Zeugen dafür, daß in der Welt alles eitel und nichts beständig sei. »Vanitas« – der Erztopos des Barock ist der eigentliche Held des Buches, das auch bei der barocken Sprache einige Anleihen macht, ohne insgesamt jedoch den eher nüchternen, kühl berichtenden Stil preiszugeben.

Ricarda Huch hat gegen Ende ihres Lebens den ›Großen Krieg in Deutschland‹ als ihre bedeutendste Leistung angesehen – und dafür gibt es manchen Grund. Gewiß, um die säuberliche Trennung von Wissenschaft und Literatur hat sie sich nie gekümmert. Eine wirkliche Synthese aber ist ihr wohl nur zweimal gelungen: im Buch ›Die Romantik‹ von 1899 und eben mit ihrem Geschichtsroman. Stichhaltig zudem das Argument von Wilhelm Emrich, dem Herausgeber ihrer gesammelten Werke: In keiner anderen Arbeit habe sie vermocht, ihre Idee vom Menschen, ihre Anschauung der Welt auf ästhetisch so überzeugende Weise darzustellen. Und zwar, paradox genug, durch Aussparung und Verzicht. Der forciert lyrische Ton, der zumal ihre frühen Romane, die ›Erinnerungen von Ludolf Ursleu dem Jüngeren‹ (1893) etwa oder ›Vita somnium breve‹ von 1903, heute recht ungenießbar macht, die gelegentliche Penetranz, mit der die Figuren dort Programme, Thesen und Theorien der Verfasserin zu verkörpern haben, die Versuchung andererseits durch Klischee und Sentimentalität wie etwa im Roman ›Der Fall Deruga‹ von 1917 – all dies fehlt im ›Dreißigjährigen Krieg‹ ganz und gar.

Und es fehlen die ethischen Postulate, die moralischen Wertungen ihrer in erster Linie literar- und kulturgeschichtlichen Schriften – wohl zu Recht spricht Emrich von der »horrenden Selbstüberwindung«, die Ricarda Huch bei solchem Verzicht leistete. Denn natürlich wurde der Krieg, den sie beschrieb, trotz aller sehr profanen Interessen der Beteiligten auch und zuallererst um religiöser Überzeugungen willen geführt, um die richtige Idee vom Menschen mithin und die richtige Weltanschauung. Was aber richtig sei und wer recht habe, die Katholischen, die Lutheraner oder die Calvinisten: darüber debattieren vom Kaiser bis zum Bettelweib viele der aber hundert Figuren des Romans ausgiebig und fortgesetzt – die allwissend arrangierende Erzählerin Ricarda Huch indes hält sich, ganz gegen ihre Natur, aber zugunsten ihrer Kunst, dabei vollkommen bedeckt. Jocher, den erfahrenen Rat des Bayernherzogs Maximilian, läßt sie einmal bemerken, es »sei doch im Grunde einerlei, ob man diesen oder jenen Katechismus auswendig lerne. Ein gescheiter Mann denke sich dabei, was er wolle…« Galt das, dreihundert Jahre danach, nicht erst recht für eine gescheite Frau? Mag sein, aber damit ihr Jocher nicht zum Sprachrohr gerate, fügt sie seinem aufgeklärten Credo gleich den jovial-barocken Zynismus hinzu: »… und inzwischen werde der Pöbel im Zaum gehalten«.

Überaus euphorisch hat sich Ricarda Huch in einem späten autobiographischen Text zur Entstehung des Romans geäußert: »Ich schrieb ihn«, heißt es da, »mit einer solchen Versessenheit, als würde ich meine Geschichte schreiben. Während Kriege durchweg mich langweilten, hatte der Dreißigjährige Krieg mich von jeher angezogen; er hat mich berauscht… das Tragische dieser Zeit, die Zerrüttung und der Untergang machen den Zauber erklärlich, von dem ich befallen war… Wie ein ungeheurer Sturm rauschte es an mir vorüber; ich brauchte meine Erregung nur auf das Papier zu übertragen.«

Daß daran manches Legende ist und Verklärung, belegt ein Brief aus der Entstehungszeit selbst: »Ich bin manchmal halb blödsinnig vor Müdigkeit«, schreibt sie einer Freundin, »gegen Abend fang ich immer beinahe zu weinen an vor Erschöpfung.« Kein Wunder, wenn man betrachtet, was sie damals zustande brachte. 1906 erschienen, in drei Teilen, ›Die Geschichten von Garibaldi‹, 1907 publizierte sie einen Band ›Neue Gedichte‹, 1908 wieder ein Buch zum italienischen Freiheitskampf, ›Das Risorgimento‹, 1910 ›Das Leben des Grafen Federigo Confalonieri‹, ihren wichtigsten Roman nach dem ›Dreißigjährigen Krieg‹, einen Novellenband zudem und eine längere Erzählung noch im selben Jahr.

Dies alles in der schwierigsten Zeit ihres privaten Lebens. 1906 ließ sie sich scheiden, nach acht Jahren Ehe mit dem Arzt Ermanno Ceconi, der zunächst die gemeinsame Tochter behielt. 1907, mit nun dreiundvierzig Jahren, heiratete sie den seit ihrer Jugend geliebten Vetter Richard Huch, der sich für Ricarda von deren Schwester trennte. Aber die neue Ehe wurde eine Katastrophe und zerbrach nach kurzer Zeit auch. Umzüge, finanzielle Probleme, die Sorge um das Kind, das nun bei ihr wohnte, kamen hinzu. Etwas von der Bewunderung für den großen historischen Roman ist also den Umständen geschuldet, unter denen er entstand.

Aber Legenden und Verklärungen sind immer auch wahr. Man spürt den »ungeheuren Sturm«, in dessen Zentrum sich das Buch gleichsam selber schrieb, noch beim Lesen mehr als siebzig Jahre danach. Den gefährlichen »Zauber« aber, der von der »Zerrüttung« ausging: Ricarda Huch hat ihn gebändigt im auktorialen Erzählen, durch das Stilprinzip der indirekten Rede auch, mit dem sie Positionen wie Charakter ihrer Figuren kenntlich macht und zugleich die immensen Stoffmassen bewältigt. Ihr umfangreiches Quellenstudium – vorab aus den zwölfbändigen ›Annales Ferdinandei‹ des Diplomaten und Hofmannes Frantz Christoph Khevenhiller, der von 1578 bis 1651 lebte, bezog sie Fakten und Farbe – hat sich denn auch nur in ganz seltenen, und dann meist die Genealogie von Fürstenhäusern betreffenden Fällen wie Mehltau auf die Sätze gelegt.

Auf drei, oft kunstvoll ineinander verwobenen Ebenen erzählt Ricarda Huch die Geschichte Deutschlands zwischen 1585 und 1650 als schier unendliche Fülle einzelner Geschichten nach. Zum einen naturgemäß auf der Ebene der Haupt- und Staatsaktionen, beginnend bei der Hochzeit des Herzogs Jan Wilhelm von Jülich-Cleve mit Jakobe von Baden: ein ebenso heiteres wie flüchtiges Tableau am Anfang einer sich rasch verfinsternden Zeit. Wenn dreiunddreißig Jahre danach und nach etwa hundertfünfzig Seiten mit dem Prager Fenstersturz der Dreißigjährige Krieg beginnt, hat der Roman die »ungeheure europäische Bartholomäusnacht« atmosphärisch längst vorbereitet, hat Menschen und Mächte vorgestellt, die ihren Einbruch beförderten oder sich ihr vergebens entgegenzustellen suchten.

Die habsburgischen Kaiser von Rudolf II. über Matthias und Ferdinand II. bis zu seinem Sohn Ferdinand III., die Päpste Urban und Innozenz, die Reichsfürsten von Maximilian von Bayern bis Friedrich von der Pfalz, die Heer- und Söldnerführer beider Parteien von Tilly über Mansfeld bis zu Bernhard von Sachsen-Weimar, die Bürgermeister der Städte, die nachgeordneten Würden- und Bedenkenträger, die Helfer und Helfershelfer, die legitimen Erben und Bastarde, der Krieg um Böhmen, die Siege der Katholischen Liga, die Karrieren, Pläne und Desaster Wallensteins, der unaufhaltsam scheinende Heerzug Gustav Adolfs durch Deutschland, die Phase der nicht enden wollenden Erschöpfungsschlachten und der Erschöpfungsfriede von Münster und Osnabrück – im Geschichtsbuch der Ricarda Huch findet alles, finden alle einen Platz.

Trotz äußerster Objektivität aber läßt der Roman wie nebenbei Vorlieben der Autorin erkennen. Vorlieben vor allem für Gustav Adolf und seinen lauteren Mut, für den Landgrafen Moritz von Hessen und seine Reformen, für Bernhard von Weimar und seine Melancholien, für Tilly schließlich, den sie indirekt gegen Friedrich Schillers große Anklage in Schutz nimmt: Für die Plünderungen Magdeburgs macht er den kaiserlichen General in seiner ›Geschichte des Dreißigjährigen Krieges‹ verantwortlich, für eine »Würgeszene…, für welche die Geschichte keine Sprache und die Dichtkunst keinen Pinsel hat.« Bei Ricarda Huch ist es nun gerade Tilly, dem die »Konservation der Stadt« am Herzen liegt, der zu verhindern sucht, was sich nur verhindern läßt, und der am Ende weiß, daß sich der Sieg »in unsern Händen in Schimpf verwandelt« hat.

Sehr schlecht hingegen kommen die deutschen und zumal die protestantischen Fürsten davon. Ein ums andere Mal, meist durch Gustav Adolf und seine Offiziere, werden sie der Lauheit und des Verrats geziehen – auch daß Magdeburg nicht entsetzt werden konnte, rechnet der Roman letzlich ihnen an. Ricarda Huchs Abneigung gegen Kriegsgewinnler hat den Fürstenkritikern ihres Buchs wohl die Argumente geliefert – denn wenn es irgend Gewinner gab im Jahre 1648, dann waren es vor allem die deutschen Fürsten, die ihre Freiheit, ihre »Libertät« gegen die kaiserliche Zentralgewalt und die Einheit des Reiches behaupteten und stärkten.

Fürstenhöfe aber sind allemal für Feste gut. Wenn also die trostlose Szene der Schlachten nach anekdotischem wie animalischem Ausgleich verlangt, dann wird dort gefressen, gesoffen und gehurt. »Es sei gar zu anstrengend, Mensch zu sein«, meint der Herzog von Württemberg einmal, »man müsse sich von Zeit zu Zeit in der Säuerei davon erholen.« Ricarda Huch inszeniert solche Säuereien nicht ungern und zugleich meisterhaft. Denn fast immer bleibt der Hintergrund erkennbar, vor dem die hohen Herrn sich vergnügen. Und in den sie dann oft unvermutet schnell abtreten.

Der Tod, ein Meister aus Deutschland – Jahrzehnte vor Paul Celan hat ihn Ricarda Huch so gesehen und dargestellt. ›Der große Krieg in Deutschland‹ ist deshalb vor allem ein Buch des Sterbens, eine Fibel der Todesarten. Für Jakobe von Baden, die so glänzend Hochzeit gefeiert hatte, ist darin das erste von zahllosen Kapiteln reserviert. Einige Absätze lang darf sie schwärmen von künftigem Glück, von »Liebessehnsucht« und großen »Beseligungen«, die ihrer harren. Unmittelbar darauf aber wird sie »tot im Bette gefunden«. Eine »nachdenkliche Sache« sei dies, heißt es dann, denn niemand habe irgendein Übel an ihr wahrnehmen können.

Ein Giftmord am Beginn, ebenso lakonisch geschildert wie später das Sterben an der Pest, an Kriegswunden, am Galgen, unter der Folter, mitten im Kampf oder mitten im schönsten Leben. Die Plötzlichkeit des Tods oder sein schleichender Triumph, die Abbitten der Sterbenden, die Qualen ihrer letzten Stunden, wenn alles Erlebte nochmals vorüberzieht, das Aufbäumen gegen und das Einverständnis mit dem Ende: es ist schon ungeheuer, was Ricarda Huch solchen Szenen literarisch abzugewinnen versteht, wie sie in immer neuen Ansätzen und allemal ohne jedes Pathos den Feldherrn porträtiert, der diese drei unendlich lang erscheinenden Jahrzehnte und nicht nur sie beherrscht: »den Generalissimus Tod«.

Bevorzugt in anonymer Gestalt – als marodierender Landsknecht oder landfahrendes Hungergespenst – sucht er die kleinen Leute heim. Bürger und Bauern also, Händler und Hirten, Juden, Zigeuner, Spiel- und Fahrensleute, die Kinder: Sie bilden keineswegs nur die Staffage für die Hauptakteure, gleichberechtigt vielmehr schildert der Roman ihre Geschichten – Geschichten von Opfern zumeist. Immer beklemmender werden sie mit dem Fortgang des Kriegs – und wenn in dessen letzter Phase dann »Menschen und Tier miteinander um den letzten Grashalm« kämpfen, sind sie kaum noch erträglich. Aber selbst das Schlachten von Kindern, das Ausgraben der noch frischen Toten, nur damit irgend etwas zu essen sei, will und kann uns die Chronistin Ricarda Huch nicht ersparen.

Auf der dritten Ebene des Romans finden sich die Gelehrten, die Wissenschaftler und Künstler. Der Jesuit Friedrich Spee von Langenfeld zum Beispiel als Streiter wider den Hexenwahn, der Astronom Johannes Kepler als ebenso bedächtiger wie entschiedener Gegner von Aberglaube und Glaubenszwang, der Komponist und Kapellmeister Heinrich Schütz: ihm vor allem und seiner Musik hat Ricarda Huch die wenigen hoffnungsfrohen Passagen vorbehalten, die sie ihrem Roman erlaubt.

Einer seiner ersten Leser war der Germanist Otto Walzel. Er verteidigte den pessimistischen Grundton des Werks, hielt das »melancholische Grau«, das vorab den Schlußteil beherrsche, für gerechtfertigt. Denn ein helleres Ende, so argumentierte er, »feierliche Siegfanfaren« gar, hätten nur verdeckt, »wie wenig mit einem Schlage die Roheit und Zuchtlosigkeit zu beseitigen waren, die sich in Deutschland eingewöhnt hatten. Die entmenschte Welt mußte zunächst menschliches Fühlen wieder lernen.« Veröffentlicht wurde Walzels Kritik im Frühjahr 1914. Im Sommer brach der Erste Weltkrieg aus.

Epos der Einsamkeit
Über B. Travens Roman ›Das Totenschiff‹

Der Roman ›Das Totenschiff‹, im April 1926 erstmals erschienen, war B. Travens erste Buchveröffentlichung. Sie schlug sogleich hohe Wellen und wurde einer der großen Verkaufserfolge in der Verlagsgeschichte der Weimarer Republik: Bereits 1931 hatte der Roman eine Auflage von hundertzwanzigtausend Exemplaren erreicht. Dabei, und dies macht den Erfolg noch erstaunlicher, war er in den Buchhandlungen gar nicht erhältlich. Denn publiziert wurde ›Das Totenschiff‹ in der Büchergilde Gutenberg, die 1926 selbst erst eineinhalb Jahre lang bestand und, als Buchgemeinschaft für sozialdemokratisch gesinnte und gewerkschaftlich orientierte Arbeiter, in der ersten Zeit über nicht mehr als fünfzehntausend Mitglieder verfügte.

Auf den unbekannten Autor aufmerksam geworden war Ernst Preczang, der Lektor der Büchergilde. Er hatte, seit Ende Mai 1925, mit wachsender Begeisterung den Abdruck von B. Travens Erzählung ›Die Baumwollpflücker‹ im Feuilleton des ›Vorwärts‹ verfolgt und schrieb in der ersten Julihälfte kurzerhand einen Lockbrief an den Verfasser. Preczangs lapidare Frage »Haben Sie andere Werke fertig oder unter der Feder, die Sie uns ev. zur alleinigen Herausgabe überlassen würden?« sollte am Beginn einer Weltsensation der zeitgenössischen Literatur stehen, sollte den Auftakt bilden für den Auftritt eines Phänomens, das sich nicht selten als Phantom erwies, bis heute nicht recht greifbar ist, dafür aber seine Dauerhaftigkeit unter Beweis gestellt hat: B. Travens Werke liegen gegenwärtig in etwa drei Dutzend Sprachen und in einer Auflage von über vierzig Millionen Bänden vor.

Auf Preczangs erste Anfrage reagiert der Adressat mit einem Bombardement von Briefen. Ohne jeweils die Antwort abzuwarten, konfrontiert Traven den hellhörigen Lektor mit einer Fülle von Vorschlägen und Absichtserklärungen, mit dringlichen Bitten um Vorschuß und präzisen Honorarforderungen, mit Plänen für die Zukunft und sogleich zu verwirklichenden Projekten. Noch keine einzige Zusage von der Büchergilde liegt ihm vor, als er am 10. September 1925 ein As aus dem Ärmel zieht und – ›Das Totenschiff‹ offeriert. Nicht ohne kräftigste Eigenwerbung: »Ich weiss, und ich weiss es am besten, was und wieviel dieser Roman wert ist.« Daß es dieser Romannovize ernst meint und daß er seiner Sache sicher ist, macht auch die ebenso triumphale wie gönnerische Wendung gegenüber dem Verlag am Ende des Briefes deutlich: »Jawohl, ich bin bereit, Ihnen zu helfen, ein wenig frische Luft, froehliches Weltgefuehl und – den Geburtsschrei eines neuen Geschlechts in die deutsche Literatur zu bringen.«

Die Büchergilde reagiert zunächst zögerlich: Sie bittet, durchaus verständlich, um Geduld, denn man muß, neben den Briefen, vorab erst einmal den Manuskriptberg bewältigen, den Traven von seiner Schreibklause im hintersten Mexiko nach Berlin verpflanzt hat – außer dem ›Totenschiff‹ birgt er noch eine Fortsetzung der ›Baumwollpflücker‹ und einige weitere Prosastücke, darunter bereits die Erzählung ›Die Brücke im Dschungel‹, Travens empfindsamstes, zartestes Werk. Nachdem man sich aber im Verlag erste Einblicke verschafft hat, ist Eile angesagt: Per Telegramm vom 19. Oktober signalisiert die Büchergilde die Annahme des ›Totenschiffs‹. Nur elf Monate später kann sie, mit berechtigtem Stolz auf ihre verlegerische Tat, im ›Mitteilungsblatt für die Vertrauensleute‹ einen Pressespiegel mit ersten Reaktionen auf den Roman präsentieren: Sie sind überwältigend.

Die Verlags- und die frühe Wirkungsgeschichte des ›Totenschiffs‹ also liegen offen zutage. Bei der Frage nach seiner Entstehungsgeschichte aber tauchen sofort jene Unwägbarkeiten, Widersprüche und Geheimnisse, kurz: jene Rätsel wieder auf, die charakteristisch sind für Travens Werk und Travens Leben – oder, um genau zu sein, für jene zwei Leben, die man bislang so leidlich kennt. Zum ›Totenschiff‹ selbst hat sich der Autor immer wieder geäußert. Das früheste Zeugnis ist ein Brief an den ›Vorwärts‹ vom 2. September 1925. ›Geburtsanzeige!‹ ist die Epistel überschrieben. Über das Kind ist zu erfahren: »Ein schwerer Bursche, nach Gewicht und Charakter... Und dieses Riesenwerk habe ich geschaffen in zwanzig Tagen, genau auf Tag und Stunde gerechnet... Gequaelt hat mich die Empfaengnis seit mehreren Monaten, weil ich nicht wusste, in welche Form ich giessen sollte.«

Gleich nach dem Erscheinen des ›Totenschiffs‹ meldeten sich beim Verlag neugierige Leser zuhauf: Wer dieser Verfasser sei, wollten sie wissen, und was hinter seiner Geschichte stecke. Also schickte Traven für das Mitteilungsblatt der Büchergilde den Aufsatz »Mein Roman

›Das Totenschiff‹«, der eine poetologische und biographische Grundsatzerklärung enthielt: »Ich denke, daß die Geschichte darum gut und unterhaltsam ist, weil ich sie mir nicht aus den Hosennähten gezupft habe, weil sie nicht erdichtet ist. Wenn man eine wahre Geschichte erzählt, kann man nicht lange über die Kunstform nachgrübeln. Man erzählt einfach, und man erzählt so, wie man es sah und wie man es empfand.« Über sich selbst teilt der Autor mit: »Mein Lebenslauf würde nicht enttäuschen. Aber mein Lebenslauf ist meine Privatangelegenheit, die ich für mich behalten möchte.«

Zwei Äußerungen zur selben Sache – und schon ist man mitten im Dschungel des Travenschen Legendengeflechts. Zwanzig Tage nur für einen Roman von mehr als vierhundert Seiten: das wäre rekordverdächtig, würde zum Beispiel Goethe mühelos schlagen, der für den ungleich schmaleren ›Werther‹ vier Wochen Arbeitszeit zu Protokoll gab. Aber, naturgemäß, stimmen Travens Angaben nicht. Es ist nämlich einigermaßen sicher, daß er bereits im Herbst 1923 am ›Totenschiff‹ arbeitete. Zweifelsfrei aber steht fest, daß der deutschen Version des Romans eine englisch geschriebene Urfassung voranging. Traven hätte also in den zwanzig Tagen bestenfalls ein schon bestehendes Werk überarbeitet und ins Deutsche umgeschrieben – auch dies wäre, wenn es denn stimmt, immer noch eine überaus stramme, ja fast unglaubliche Leistung.

Die Bemerkungen zur Ästhetik des Buchs schließen einander vollkommen aus: Im Aufsatz erscheint die »Kunstform« als absolut belanglos, im Brief ist sie das Hauptproblem – was gilt nun? Daß Traven schließlich den Roman eine »wahre Geschichte« nennt, die er selbst erlebt habe – offen bleibt nur, ob als Augenzeuge oder unmittelbar Beteiligter –, andererseits jedoch jede biographische Auskunft entschieden verweigert: dieser rhetorische Slalom führt direkt ins Zentrum des Kummers, den der Autor seinen Deutern bis heute bereitet.

Ohne aber zumindest einen Erklärungsversuch zu wagen, versteht man nichts, weder ›Das Totenschiff‹ noch jene fünf weiteren Bücher, die zeitlich in unmittelbarer Nachbarschaft zu Travens bekanntestem Werk entstehen und erscheinen, die mit ihm zusammen den Weltruhm begründen: die zum Roman erweiterten ›Baumwollpflücker‹, ebenfalls noch 1926 und zunächst unter dem Titel ›Der Wobbly‹ gedruckt, ›Der Schatz der Sierra Madre‹ von 1927, die Erzählsammlung ›Der Busch‹ von 1928, ›Die Brücke im Dschungel‹ und ›Die weiße Rose‹, beide 1929 publiziert. Daß Traven 1928, unter dem Titel ›Land des Frühlings‹, ein umfangreiches Reisebuch über seine Expedition ins Innere Mexikos veröffentlicht, kommt, jede Erklärung erschwerend, noch hinzu. Zwangsläufig stellt sich die Frage: Kann ein Autor in so kurzer Zeit all dies überhaupt geschrieben haben?

Nicht umsonst hat Traven in den fünfziger Jahren, als er von einem Vertrauten die sogenannten »BT-Mitteilungen« verbreiten ließ und somit über ein Propagandaorgan in eigener Sache verfügte, mehrfach Lebensläufe konstruiert, die einen dauernden Aufenthalt in Mexiko seit spätestens 1912 dokumentieren sollen. Denn, vom ›Totenschiff‹ abgesehen, das übrigens Travens einzige Seegeschichte blieb, setzen sämtliche Bücher der zwanziger Jahre sowohl eigene Erfahrungen mit dem Land wie Kenntnisse seiner Geschichte und Kultur voraus. Die aber wollten erst einmal gemacht und erworben sein.

Kein Problem bei einem mexikanischen Lebenslauf seit 1912. Traven jedoch hat Mexiko nachweislich erst im Sommer 1924 betreten. Hat dann, höchst bescheiden, in der Nähe von Tampico gelebt, als Ölarbeiter, Baumwollpflücker, Urwaldroder, Viehtreiber und mit anderen Gelegenheitsjobs seinen Lebensunterhalt zusammengekratzt – bis ihn, ab 1927, die Erträge aus dem ›Totenschiff‹ allmählich davon befreiten. Auch die monatelange Expedition, an der er 1926 teilnimmt, läßt so gut wie keine Zeit zum Schreiben. Zudem ist sein Spanisch eigentlich noch zu schlecht, um direkte Kontakte mit den Einheimischen zu erlauben – Traven nimmt Sprachkurse. Zwar findet man ihn an der Universität, allerdings erst im Sommer 1928: Studienfächer sind mexikanische Literatur, Geschichte und Geographie.

Zu diesem ebenso ereignisreichen wie mühsamen Alltag in einem fremden Land gesellt sich eine umfangreiche Korrespondenz. Und neben alldem, in weniger als fünf Jahren verfaßt, sechs voluminöse Bände mit eigenen Werken. Mit Arbeiten zudem, die bis heute nicht nur den Ruhm, sondern auch den literarischen Rang dieses Autors bestimmen. Der in den dreißiger Jahren entstehende, sechs Bände umfassende Romanzyklus über die politischen und sozialen Verhältnisse im revolutionären Mexiko – von ›Der Karren‹ (1931) bis zu ›Ein General kommt aus dem Dschungel‹ (1940) – vermag nämlich bei aller Erzählroutine, trotz spannender Handlung und der Farbigkeit vieler Szenen, das Niveau der frühen Bücher nicht zu halten.

Kein Wunder, daß sich die Literatur über B. Traven ausgiebig mit der »Erlebnisträger-These« befaßte, mit der Überlegung also, daß Traven in seinen frühen und besten Büchern lediglich niederschrieb, was ein anderer, was mehrere andere ihm an Stoff geliefert hatten. Ein *ghostwriter* mithin wäre er gewesen. Und vielleicht nicht einmal das: denn von der Erlebnisträger- zur Plagiats-These war es nur noch ein kleiner Schritt. Aber der große Unbekannte, dessen Werke Traven abgeschrieben haben könnte, wurde nie entdeckt: Nicht eine der Mutmaßungen in dieser Richtung, nicht eine der oft im Brustton völliger Gewißheit vorgetragenen Behauptungen hat sich je erhärten oder gar beweisen lassen.

Nach allem, was man weiß, war B. Traven also wirklich der Autor seiner Bücher. Will man indes ein wenig hinter das Geheimnis dieser, so sein Biograph Karl S. Guthke sehr zu Recht, »furiosen literarischen Produktion« kommen, scheint es unerläßlich, die in den zwanziger Jahren auffällig oft verwandte Geburts-Metapher vor allem psychologisch ernst zu nehmen. Die Neugeburt dieses damals etwa Vierzigjährigen – selbstredend kennt man sein eigentliches, sein erstes Geburtsdatum nicht – aber setzte einen Tod voraus. Und einen keineswegs nur literarischen Tod inszenierte der einsame Einsiedler kurz nach seiner Ankunft im mexikanischen Busch: »The Bavarian of Munich is dead« notiert er am 26. Juli 1924 in sein gelegentlich geführtes Tagebuch.

Der Bayer aus München, dies ist seit langem bekannt und gesichert, war Traven in früherer Gestalt: ein Schauspieler und Journalist mit Namen Ret Marut, dessen Biographie seit 1907 zu dokumentieren ist, der zwischen 1917 und 1921 im Ein-Mann-Betrieb die radikalanarchistische Zeitschrift ›Der Ziegelbrenner‹ schrieb und herausgab – und der zusammen etwa mit Erich Mühsam, Gustav Landauer und Ernst Toller am 7. April 1919 die Münchner Räterepublik proklamierte. Bis zum raschen Ende diente ihr Marut als Leiter der Presseabteilung beim Zentralrat. Am 1. Mai wird er verhaftet, kann fliehen, wird in Abwesenheit zum Tode verurteilt und taucht danach unter. Schimärenhaft erkennbar wird er während seiner Flucht mal in Wien, mal in Berlin und zuletzt in Köln. Wohl über Aachen und Rotterdam und, dies scheint sicher, auf einem Umweg über Kanada gelangt er im Sommer 1923 nach London.

Im November wird er dort wegen Verletzung der Ausländermeldepflicht eingesperrt und beginnt im Gefängnis mit der Arbeit am ›Totenschiff‹ – so die Aussage seiner Witwe Rosa Elena Luján, allerdings mehr als fünfzig Jahre danach. Jedenfalls heuert der Mitte Februar 1924 entlassene Marut am 17. April als Kohlenschlepper auf einem norwegischen Schiff an, das dann freilich den Londoner Hafen ohne ihn verläßt. Auf welchem Weg er in den Monaten danach Mexiko erreichte, weiß man nicht.

Bevor er B. Traven war, war er Ret Marut. Das erste Leben des Ret Marut aber, der erst als etwa Fünfundzwanzigjähriger und als höchst mittelmäßiger Schauspieler greifbar wird, bleibt nach wie vor völlig im dunkeln: ein Kaspar Hauser, vielleicht eine Halbwaise, die mit zehn Jahren durchbrannte und als Schiffsjunge die Meere befuhr, oder gar ein Bastard aus der Kronprinzenzeit Wilhelms II. – jede Spekulation ist erlaubt und jede müßig. Den Schriftsteller B. Traven, das ›Totenschiff‹ und die übrigen Werke der ersten mexikanischen Jahre betreffend, aber gilt es festzuhalten: Bereits Ret Marut war ein notorischer Schnell- und Vielschreiber. Und bereits Ret Marut hatte neben seinen publizistischen auch literarische Ambitionen: »Satiren, Grotesken, Paradoxa und Schnurren« nannte er selbst seine poetischen Versuche – die Schnurren treffen den Sachverhalt ziemlich genau. Aber was dem Literaten Marut fehlte, war nicht so sehr das Erzähltalent, sondern: der Stoff.

»Geburtsschrei«, »Geburtsanzeige«: Indem B. Traven den Ret Marut in sich für mehr als vier Jahrzehnte tötete – erst auf dem Totenbett hat er sich wieder zu ihm bekannt –, indem er sich selbst erzeugte und neu auf die Welt brachte, durchlief er ab 1924 in Mexiko zwar zeitversetzt, aber wohl keineswegs nur symbolisch, jene erste Phase nach der Geburt, die für jeden Menschen so ungeheuer prägend ist. Prägend und intensiv. Was das Neugeborene indes unbewußt aufnimmt, erlebte Traven sehr bewußt. Und nur diese Intensität des frühen mexikanischen Erlebens macht es möglich und denkbar, daß er seine Erfahrungen sogleich auch in Literatur verwandelte: Er wollte, in einer Art *tour de force* vor sich selbst und vor der Welt Zeugnis ablegen für seine neue Existenz.

Drei, vier Jahre setzt die Psychologie für die erste Phase nach der Geburt an – so lange dauerte sie auch im Fall des neugeborenen Spätlings. Und nur in dieser Zeit arbeitet B. Traven mit einem Ich-Erzähler, der zwar nicht mit ihm identisch ist, zweifellos aber autobiographische Züge trägt: mit dem Baumwollpflücker, Ölarbeiter, Bäcker und Viehtreiber Gerard Gales. Zum ersten Mal freilich begegnet man dieser Hauptfigur nicht in Mexiko, sondern an einem ganz anderen Ort – eben auf dem ›Totenschiff‹. Gleichsam genetisch betrachtet, schildert dieser Roman also den letzten Abschnitt im Leben des Ret

Marut – genauer gesagt, Travens auf ebenso wirkliche wie unbekannte Ereignisse sich gründende Phantasie vom Ende seines früheren Ichs.

Aber auch jenseits aller psychologischen Erklärungsversuche hat das Buch bis heute nichts von seiner Lebendigkeit und seiner Spannung eingebüßt. Wahrhaft abenteuerlich ist die Handlung, bis zur Stilschlamperei und zur Grammatikschändung wirklichkeitsnah die Sprache. Immer noch erfrischend boshaft sind die polemischen Attacken auf die Politik im Dienste des Kapitals, bedenkenswert die sozialen Anklagen und die bei aller Einseitigkeit hellsichtige Analyse der Weltlage nach dem Ende des Ersten Weltkriegs. Eine entscheidende Qualität sollte darüber nicht in den Hintergrund treten: ›Das Totenschiff‹ ist nicht zuletzt – und Jahrzehnte vor den Büchern etwa eines Max Frisch – eine Parabel über die Identität des Menschen.

Ein Amerikaner in Antwerpen: damit beginnt das Unglück. Sein Schiff, die S. S. Tuscaloosa, hat ohne ihn abgelegt und seine Papiere mitgenommen. Er weiß, wer er ist – aber er kann es nicht mehr beweisen. Und was den Beweis ersetzen könnte, Geld nämlich, besitzt er nicht. Am Ende des Romans hat Gales wenigstens dreimal die Nationalität wie den Namen gewechselt und treibt als Schiffbrüchiger auf dem Meer. Wie aus einem Menschen »ein Niemand« wird: dies hat er vorher höchst eindringlich zu erzählen vermocht.

Ein Niemand ist ein Ärgernis, zumal für die Behörden. Dort aber wird Gales bald zum Dauergast. Von seiner Odyssee durch die Amtsstuben des halben Europa berichtet das erste Drittel des Romans: Es ist, wenn man so will, die tragikomische Landpartie einer hochdramatischen Seegeschichte. Rotterdam, Boulogne, Paris, Limoges, Toulouse und Barcelona heißen die weiteren Stationen dieser im Grunde todtraurigen Bildungsreise eines Ausgestoßenen, in deren Verlauf er vor allem eines lernt: wie einsam er ist.

Einsam, aber nie sentimental. Davor bewahren ihn sein nimmermüder Humor und seine proletarische Ironie. Ob er die zahlreichen Durchsuchungen schildert, die er über sich ergehen lassen muß, oder die Verhöre, die ihn an jedem neuen Ort stets aufs neue erwarten: ein ums andere Mal schlägt die Willkür der Bürokraten als Witz auf sie zurück. »Was die Menschen nur immer zu durchsuchen haben«, fragt er, naiv wie Simplicius Simplicissimus und hintergründig wie der brave Soldat Schwejk: »Ich glaube«, gibt er sich, in Anspielung auf das einst große Hoffnungen erweckende Reformprogramm des amerikanischen Präsidenten, zur Antwort, »die suchen überall nach den verlorengegangenen Vierzehn Punkten Wilsons. Ich habe sie jedenfalls nicht in der Tasche.«

Ein wenig später scheint es endgültig um den Helden geschehen. Die Armee hat ihn verhaftet, hält ihn für einen Spion und teilt ihm das Todesurteil mit, zu vollstrecken innerhalb vierundzwanzig Stunden. Gales aber ist völlig sicher: »Einmal davongekommen, kommst du immer davon.« Also kümmert er sich ausschließlich um seine Henkersmahlzeit und besteht auf einem »Sonntagsessen für Offiziere, Doppelportion«. Der Kaffee, den man ihm zum Abschluß reicht, bringt ihn vollends in Hochform: »süß wie ein Mädel am ersten Abend«, kommt er ihm vor, »heiß wie sie am siebenten und schwarz wie die Flüche der Mutter, wenn sie es erfährt«.

Der heitere Vagabund aber wandelt sich zum kühlen Beobachter und zornigen Anarchisten, wenn er jener Spezies Mensch begegnet, die ihm zum Inbild aller Weltübel wird: der Spezies Konsul. Nur der Konsul kann seine verlorenen Papiere ersetzen. Aber ohne den Nachweis der alten keine neuen Dokumente: Das ist Vorschrift, punktum. Schuld an der Existenz des Konsuls aber ist die Existenz des Staats. In guter Anarchistentradition gilt er Gales als das menschenverachtende Ungeheuer schlechthin, als »Biest«. Dessen Fängen entkommt der Konsul bloß für einen kurzen Moment: wenn er bemerkt, daß sein Klient schrecklichen Hunger hat – »da wurde er plötzlich Mensch und hörte auf, Biestdiener zu sein.«

Ein Niemand ist in der Weltordnung nicht vorgesehen. »Cäsar Capitalismus« aber kann selbst »den Kehricht« noch »gebrauchen«. So kommt Gales auf die »Yorikke«: ein uralter Kahn, von den Eignern dazu ausersehen, baldmöglichst abzusaufen, als gesunkenes Schiff indes noch einmal Profit zu bringen – die Versicherungsprämie. Traven schildert die Fron an Bord wohl aus eigener Erfahrung, in jedem Fall mit viel Sachverstand. ›Literatur der Arbeitswelt‹ *avant la lettre* ist darüber entstanden, Literatur zudem auf einem Niveau, das kein einziger der ambitionierten Romane dieses in den siebziger Jahren so beliebten Genres je wieder erreichte.

Die Anatomie der Hölle, seziert bis auf »die Grundmauern der Unterwelt«, das ist ›Das Totenschiff‹ auch. Und es ist, durchaus in der Nachfolge Jack Londons, eine Abenteuergeschichte, die traditionell das Motiv der Seereise mit einer existentiellen Bewährungsprobe für den Helden koppelt. Das ungeheuer Neue an Travens Roman freilich war der Standpunkt, von dem aus erzählt wurde. Der Autor selbst war sich dieser Qualität sogleich bewußt, seine radikale Abwertung etwa der Seegeschichten Joseph Conrads macht das deutlich genug: »Ich fuehle mich stark genug, zu behaupten«, behauptete er gleich in der »Geburtsanzeige« vom 2. September 1925, »dass ich mit meinem Roman sechs Buecher Konrads derartig in den Mantsch gehauen habe, dass man Konrad für einen Erzaehler von Altweibergeschichten ansehen wird... Er schreibt immer nur von den Kapitaenen und aehnlichen feinen Leuten und wenn er von der Mannschaft erzaehlt, so sind das Opernfiguren und Opernchoristen.«

Gewiß, mit all den fliegenden Holländern auf den Kommandobrücken des neunzehnten und zwanzigsten Jahrhunderts hat der Kohlenschlepper Gales nichts gemein. Er sieht die Welt von ganz unten, vom tiefsten Unterdeck aus. Selbst »Matrose« will er sich nicht nennen, weil die Schiffe seiner Zeit solch romantisch verklärten Bezeichnungen nicht mehr entsprechen: »Arbeiter« brauchen sie und »Ingenieure«, fertig. Überhaupt durchzieht die Polemik gegen die »Romantik der Seegeschichten« das ganze Buch – und doch gelangt sie, gleichsam durch die Luken, auch an Bord des ›Totenschiffs‹. In der Metapher vom »schönen Weib« etwa: Kein Dampfer passiert den Horizont, ohne nicht sofort mit einer Frau verglichen zu werden. Und das Meer ist auch bei Traven ein feminines Symbol für äußerstes, orgiastisches Glück – »im Meer versinken« deshalb »die große festliche Vermählung mit dem Weibe«.

Realistische Handlung und weltweiser Witz, Szenen von großer Zartheit und reflektierende Passagen halten einander die Waage – dabei sind es keineswegs nur die Konsuln und Kapitalisten, der Staat, die Religion und die Romantik, die von Gales ihr Fett abbekommen. Gerade auch über seinesgleichen macht er sich nicht die geringsten Illusionen: »Der Arbeiter ist des Arbeiters größter Teufel«, sagt er. Oder er fällt sich, nach einer Attacke auf die Moral als Luxsusartikel der Besitzenden, gleich selbst ins Wort: »Niemand hat so ein zartes und so albernes Ehrgefühl wie der dreckigste Prolet... Niemand versteht es so gut, feine und allerfeinste Rangunterschiede zu machen.« Kurt Tucholsky, der zu den ersten gehörte, die Travens literarische Bedeutung erkannten, wußte jedenfalls sehr genau, warum er den anarchistischen »Revolutionär« vor jeder klassenkämpferischen Kunstdoktrin in Schutz nahm: Mit Traven war auch kommunistisch kein Staat zu machen.

Am Schluß des Romans ist es nicht die »Yorikke«, die im Meer versinkt: Zu sehr hat der Erzähler sie gehaßt, zu sehr hat er sie, mit all ihrem Dreck und all ihrer Fron, schließlich doch ins Herz geschlossen, ja geliebt. Es ist die »Empress of Madagaskar«, ein hochmodernes, indes für die Eigner unrentables Schiff, mit dem Traven das Endspiel auf See inszeniert. Mann und Maus gehen unter, allein dem guten Gales bleibt die festliche Vermählung mit dem Meerweib versagt. Für ihn jedoch, den einsamen Mann ohne Papiere, ohne Heimat und ohne Identität, ist das Schicksal des Schiffbrüchigen das Beste, was ihm überhaupt passieren konnte. Denn mit den wirklichen Toten, dies eine Lehre des ›Totenschiffs‹, gibt es so wenig Erbarmen wie mit den Lebenden ohne Paß: nur »mit Schiffbrüchigen ist es etwas anderes«. Sie profitieren vom Mitleid ihrer Retter.

Natürlich hat man darüber spekuliert, ob Traven 1924 als Schiffbrüchiger an Mexikos Küsten strandete. Sicher ist, er hat, ausgestattet mit einem ordentlichen Paß, danach mehr als vierzig Jahre im Land gelebt. Ob er selbst wußte, wer er eigentlich war, ist ungewiß, vielleicht noch nicht einmal wahrscheinlich. Die vielen Legenden, mit denen er seinen Lebenslauf ausschmückte, ergeben, zusammen mit den frühen Büchern, jedenfalls einen höchst treffenden Beleg für Max Frischs berühmte These: »Jeder Mensch«, so die Formel von 1960, »erfindet sich eine Geschichte, die er dann, oft unter gewaltigen Opfern, für sein Leben hält – oder eine Reihe von Geschichten, die sich mit Ortsnamen und Daten durchaus belegen lassen, so daß an ihrer Wirklichkeit nicht zu zweifeln ist.« Dies, darf man sagen, ist in Kürze der Fall B. Traven. Das Ergebnis ist spannend genug und auf frappante Weise modern: Camouflage als Existenz, Identität als Ausprobieren sich ergänzender oder widersprechender Geschichten. Nur: an ihrer Wirklichkeit und an ihrer Wahrheit ist stets auch zu zweifeln. Das Phänomen B. Traven mithin ist nicht weniger literarisch als das Werk des gleichnamigen Autors.

Lyrik und Prosa unserer Zeit

Die vollkommene Leidenschaft

Über Gabriel García Márquez' Roman ›Die Liebe in den Zeiten der Cholera‹

›Die Liebe in den Zeiten der Cholera‹, der Roman des kolumbianischen Literaturnobelpreisträgers Gabriel García Márquez, ist ein ästhetisches Monument der Menschenkenntnis und der Menschenfreundlichkeit, in dem Weisheit und Sentimentalität, Melancholie und Emphase, Sinnlichkeit und Vernunft zu wundersamer, ja fast märchenhafter Einheit gelangen. Auch gehört keine Prophetie dazu, den Roman bereits kurz nach dem Erscheinen zu den Klassikern zu rechnen: Für seine beiden Hauptfiguren Florentino Ariza und Fermina Daza ist jedenfalls schon ein Platz reserviert in der Galerie jener Liebespaare der Weltliteratur, in denen Goethe »Musterbilder« für des Lesers eigenes Schicksal sah.

Was aber befähigt die beiden zum Musterpaar der Liebe, wert, in einem Atemzug genannt zu werden mit Tristan und Isolde, Romeo und Julia, Hafis und Suleika, würdig, in einer Reihe zu stehen mit den Liebenden in der Literatur des zwanzigsten Jahrhunderts, mit Romanfiguren etwa von Schnitzler, Hamsun, Musil, Hemingway, Nabokov, Frisch oder Marguerite Duras?

Zunächst, so scheint es, nicht eben viel. Fermina und Florentino nämlich gehören in einen Roman, der nicht die geringsten Anleihen an avantgardistische Techniken macht, ganz und gar konventionell geschrieben ist, sich breit und behaglich entfaltet und demgemäß natürlich einen ebenso altmodischen wie allwissenden Erzähler besitzt, der, Gottvater gleich, unbeteiligt, unbehelligt und unsichtbar die Fäden zieht.

Und als sei dies alles nicht genug, führt dieses Buch auch noch zu einem ungetrübten *Happy-End*, ja, der Autor versichert uns, es sei ausschließlich um des glücklichen Endes willen überhaupt entstanden. Das Bild eines Paares, äußerte García Márquez in einem Interview, habe er dabei vor sich gesehen, das ganz allein auf einem großen, schönen Schiff dahinfahre, auf Deck tanze und in der Luxuskabine das Glück seiner Liebe feiere.

Genauso geschieht es denn auch. Weil den beiden, nach wochenlanger Reise immerhin, der Zielhafen aber viel zu schnell erreicht ist, lassen sie einfach wenden und kehren fürs erste in ihr privates Eldorado zurück, das bei García Márquez La Dorada heißt und eine Stadt am Oberlauf des Magdalena-Stromes meint. Wie lange dieses Hin und Her denn dauern könne, will Fermina von ihrem Liebhaber wissen. Florentino, seiner Sache und des Publikumsgeschmacks gewiß, zögert keine Sekunde mit dem Schlußsatz des Romans: »›Das ganze Leben‹, sagte er.« García Márquez, der neue Impresario für Traumkulissen? Oder wollte er sich nach seinen großen, auch formal so kühnen Romanen, wollte er sich nach ›Hundert Jahre Einsamkeit‹ (1967, deutsch 1970), nach dem ›Herbst des Patriarchen‹ (1976/1978) und nach der ›Chronik eines angekündigten Todes‹ (1981) einfach beim altertümlichen, unterhaltsamen Erzählen entspannen?

Gewiß ist nur, er wollte sich und uns beweisen, daß man auch heutzutage, wenn man es denn kann, noch so zu erzählen vermag, als habe es Joyce, Proust und Kafka nie gegeben. Oder genauer – daß man wieder so erzählen darf, weil es sie gegeben hat. Zum anderen aber ist sich dieser Autor stets treu geblieben, obwohl er stets seine Schreibweise änderte. Sein Thema nämlich hatte er von allem Anfang an gefunden: die unaufhebbare Einsamkeit der Menschen in der Welt. Und da es sich bei García Márquez um ein wahres Sonntagskind der Poesie handelt, stellten sich zum Thema die Stoffe nahezu zwangsläufig ein: ›Hundert Jahre Einsamkeit‹, das Epos der Familie Buendía, wurde darüber zum Buch der Mythen und der Geschichte Lateinamerikas, ›Der Herbst des Patriarchen‹, das Porträt des Diktators schlechthin, wurde das Buch der Macht, und die ›Chronik eines angekündigten Todes‹, der Report eines anachronistischen Ehrenhandels, wurde sein Buch des Sterbens und der sozialen Agonie.

Mythos, Geschichte, Macht und Tod – daß nun, triumphierend und versöhnend zugleich, mit Ferminas und Florentinos Geschichte das Buch der Liebe folgt, ist logisch in einem keineswegs nur ästhetischen Sinn. Darüber hinaus aber erreicht das bisherige Werk mit diesem Roman seinen Höhepunkt.

Auf die Frage, woher die Einsamkeit all seiner Figuren komme, pflegt García Márquez variierend stets zu antworten: »Weil es ihnen an Liebe fehlt.« Fermina Daza und Florentino Ariza aber heben diese Einsamkeit auf, indem sie ein Leben lang die Liebe erlernen und am Ende dann doch mehr als deren Anfangsgründe beherrschen. Dafür belohnt sie der Autor mit einem nur scheinbar idyllischen Schlußtableau, in Wirklichkeit schöpft er sein Thema noch einmal bis zur

Neige aus – freilich nur, um es in und mit diesem Buch auch zu überwinden.

Gabriel García Márquez hat für jede seiner bisherigen literarischen Arbeiten neben dem Stoff einen jeweils neuen Stil gefunden; völlig zu Recht spricht der Klappentext zur spanischen Ausgabe dieses Romans deshalb von der *musa camaleónica*, von der vielfarbig schillernden Muse dieses Autors. Nicht mit der überbordenden Phantastik der ›Hundert Jahre Einsamkeit‹ also, nicht mit dem facetten- und perspektivenreichen Monolog des ›Herbsts des Patriarchen‹ und nicht mit der Lakonie der ›Chronik eines angekündigten Todes‹ brilliert er dieses Mal.

Aber er brilliert natürlich – und erweist sich dabei weniger als der raunende, vielmehr als der romantische Beschwörer des karibischen Imperfekts. Zunächst jedoch läßt er nichts aus, um all unsere klischeehaften Erwartungen an den traditionellen Liebesroman zu erfüllen: die geheimen Briefschaften, die abgeschnittene Haarlocke, das nächtliche Ständchen, die schüchterne Werbung, das Rendezvous im Park, die amouröse Kutschfahrt, das Liebesnest im Leuchtturm, die sentimentale Sentenz. Der szenische Zuckerguß indes ist nicht mehr als das mit genüßlicher Lust und augenzwinkernder Ironie drapierte Dekor, vor dessen Hintergrund García Márquez seine eigentliche Kunst entfaltet.

Gerade auch im letzten Kapitel. Denn bevor Florentino, ein über siebzig Jahre alter Greis, seinen nun in der Tat endgültigen Schlußsatz sagen darf, hat er genau »seit dreiundfünfzig Jahren, sieben Monaten und elf Tagen und Nächten« vergeblich aufs richtige Stichwort gewartet. Bevor Fermina ihm endlich die gemeinsamen Tage und Nächte gewähren will und kann, leidet sie an allen möglichen Unpäßlichkeiten und kann die »Qual der Ohrenschmerzen« kaum mehr ertragen. Und noch ehe die Fahrt auf dem Magdalena den Leser in eine exotische, heile Ferne entführen kann, erfährt er, daß dessen Ufer restlos abgeholzt und dessen Sandbänke längst verödet sind.

García Márquez freilich ist kein Spielverderber: Er baut seine Kulissen nicht auf, um sie alsdann, zivilisationskritischer Demonstrationszwecke wegen, vorsätzlich wieder einzureißen. Er beläßt den Dingen und Menschen ihren Glanz, gerade weil er auch ihre Verwahrlosung, ihre Hinfälligkeit und ihre komischen Tragödien ganz beiläufig und sehr genau zu schildern weiß. Der wichtigste Kunstgriff dabei ist der des Retardierens, der immer neuen Verzögerungen und

Aufschübe – ja, dieser ganze Roman ist letztlich nur ein einziges Vorspiel zu jenem Liebesakt, den Fermina und Florentino am Ende genießen. Aber was für ein Vorspiel dann.

Es beginnt an einem Pfingstsonntag des Jahres 1930. Zu erschließen ist das Datum, wie so manches im Roman, nur indirekt: Juvenal Urbino nämlich, gerade einundachtzig geworden, überdies »nicht nur der älteste und angesehenste Arzt, sondern auch der gepflegteste Mann der Stadt«, hat eben aus Paris die französische Erstausgabe von Axel Munthes ›Buch von San Michele‹ erhalten.

Auch die Stadt, von der die Rede ist, wird namentlich nicht genannt, dafür sogleich sehr trefflich beschrieben in all ihrer »ehrenhaften Dekadenz«: Es ist Baranquilla, Kolumbiens größter Hafen an der Karibikküste – hier arbeitete der damals zwanzig Jahre alte García Márquez ab 1948 als politischer Kolumnist bei einer Tageszeitung.

Im nie genannten Baranquilla und am Pfingstsonntag im nie genannten Jahr 1930 jedenfalls stirbt Juvenal Urbino: beim Versuch, seinen entflogenen Papagei einzufangen, stürzt er von der Küchenleiter. Der fatale, ein wenig lächerliche Tod vermag den überaus würdigen Nachruf nicht zu trüben, den der hochbetagte Arzt vom Autor erhält. Uns gibt er erste Kenntnis vom aufrechten und geradlinigen Leben der neben Florentino Ariza und Fermina Daza wichtigsten, ihnen menschlich ebenbürtigen und intellektuell weit überlegenen Figur des Romans.

Dieser Juvenal Urbino, Sproß einer der vornehmsten Familien, Förderer der Kunst und glänzender Schachspieler, ist die Aufklärung in Person. Weltmännische Vernunft prägt seine Arbeit und sein soziales Engagement. Dem Tragen von »Gesellschaftskleidung und Wildlederhandschuhen« im Operationssaal etwa muß er sich in seinen jungen Jahren widersetzen, hat er doch bei seinen Studien in Paris gelernt, daß »Eleganz« keineswegs »die wesentlichste Voraussetzung der Asepsis« ist. Seine eigentliche Obsession aber wird der Kampf gegen die Cholera, die Pest seiner Zeit. Auch hier muß der gelassene Reformer manche Niederlage erleiden, ehe er seine Mitbürger davon überzeugen kann, lieber den »hygienischen Zustand des öffentlichen Marktes« zu verbessern, als jede Viertelstunde »eine Kanone vom Kastell der Ortsgarnison« abzufeuern im Glauben, »Pulver reinige die Luft«.

Juvenal Urbino jedenfalls beherrscht die Szene im ersten Teil des Romans. Dem Prinzip der Verzögerung gemäß, taucht Fermina erst nach etwa dreißig Seiten auf – als eine Frau immerhin, »die mit beiden Beinen auf der Erde stand«, die indes nur wahrgenommen wird als Hüterin des Hauses, als Mutter zweier Kinder, als eine etwas verrückte Sammlerin jedweden Hausgetiers, als Begleiterin bei einem Festbankett, kurzum: als die Ehefrau des hohen Herrn Urbino, die sich, wann immer nötig, durchzusetzen wußte und begreiflicherweise keinen Grund sieht, diesen Zustand nach gut fünfzig Ehejahren noch zu ändern.

Von Florentino Ariza zunächst keine Spur. Aber kaum hat das Totengeläut der Kathedrale Juvenals Ende verkündet, ist der alte Mann zur Stelle, geht der Witwe unauffällig zur Hand – und gesteht ihr noch am Tage des Begräbnisses aufs neue »ewige Treue und stete Liebe«. »Hau ab«, bekommt er zur Antwort, »und laß dich nicht wieder blicken, solange du lebst... Und ich hoffe, das dauert nicht mehr lang.«

Vier lange Kapitel und weit über dreihundert nie langweilige Seiten nimmt sich der Roman nun Zeit, die Lebensläufe der drei Hauptfiguren in Rückblenden und Momentaufnahmen zu erhellen. Mit seiner Lust am Detail, mit seiner Fabulierfreude, zugleich aber mit kompositorischer Akkuratesse gelingt es García Márquez, den Leser völlig in seinen Erzählkosmos hineinzuziehen. Jede neue Nebenfigur, die einem darin begegnet – und es sind unzählige in der Tat –, gewinnt schon nach wenigen Sätzen ihr eigenes Recht, jede neue Szenerie – und die Szenen wechseln rasch – wird sofort sichtbar und konkret. Unbefangen schüttelt der Erzähler die Zeiten durcheinander und schafft es dennoch spielend leicht, daß wir den Faden nicht verlieren.

Eine gar nicht so kleine Kultur- und Sittengeschichte der Karibik von der Mitte des neunzehnten bis zum Ende des ersten Drittels des zwanzigsten Jahrhunderts ist darüber entstanden – mit der Geißel der Choleraepidemien als bestimmendem Signum der Zeit. Unterrichtet jedoch werden wir auch über die Eröffnung und den Betrieb der Maultier-Straßenbahn, über die Entwicklung der Karibischen Flußschiffahrtskompanie, über die Feiern zur Jahrhundertwende, über das Telegraphensystem, den ersten Fesselballon, das erste Elektrizitätswerk, das erste Kino, die ersten Privattelephone und Schreibmaschinen. Gleichsam *en passant* geschieht solche Belehrung und nie in Form des trockenen Traktats.

Kein Zweifel aber besteht, daß der Autor und sein Erzähler trotz der Fülle des Geschehens und des üppigen atmosphärischen Kolorits

– allgegenwärtig sind Hitze, Staub und Dreck – letztlich nur an der privaten Geschichte, den privaten Geschichten ihrer drei Hauptfiguren interessiert sind – und natürlich an allen Facetten des Verhältnisses, das Fermina mit den beiden Männern verbindet.

Ja gewiß, vom nicht endenden Bürgerkrieg zwischen den Liberalen und den Konservativen muß immer mal wieder die Rede sein. Florentino Ariza, »dessen politisches Desinteresse ans Absolute grenzte«, hat jedoch stets Wichtigeres im Sinn: selbst als die Kämpfe die Stadt bedrohen, zieht er den Kampf mit seinem Haarausfall vor.

Was immer er aber bedenkt und unternimmt, stets hat es einen Bezug zu Fermina. Dreizehn Jahre ist sie alt, als er ihr erstmals begegnet, »ein Jahr der erbitterten Verliebtheit« schließt sich an, dann wird es Ferminas Vater zu bunt: ihm ist die Partie entschieden zu schäbig. Auch der Erzähler bekräftigt ein ums andere Mal, daß der junge Florentino schäbig, schmal, stets schwarz gekleidet und voller Minderwertigkeitsgefühle war, ein uneheliches Kind zudem und sozial eher im Abseits.

Aber zu seinem Vorteil gehört ihm die ganze Sympathie des Autors. Also verknüpft er Florentinos Biographie mit seiner eigenen Familiengeschichte. Wie García Márquez' Vater wird Florentino Telegrafist, wie García Márquez' Mutter wird Fermina auf eine »Reise des Vergessens« geschickt – und wie einst des Autors Eltern behaupten sich auch die beiden Verliebten des Romans gegen die Tücken der Trennung mit Hilfe von Florentinos Kollegen im ganzen Land: telegrafisch werden Liebesbotschaften ausgetauscht, gar die Heirat verabredet. Als Fermina jedoch, eine junge Frau inzwischen, von ihrer Reise zurückkehrt und den Geliebten wiedersieht, steht sie vor einem »Abgrund der Ernüchterung«. »Lieber Gott, der arme Mann«, sagt sie bloß: Für den armen Mann beginnen Jahrzehnte des Wartens.

Darin jedoch sind die Figuren des Gabriel García Márquez bestens geübt. »Wer viel erwartet, dem wird das Warten nicht lang«, meint etwa der Held der Novelle ›Der Oberst hat niemand, der ihm schreibt‹ (1961/1976), und er weiß auch, weshalb: »Es ist nie zu spät für nichts.« Der Oberst freilich hofft vergeblich; die Pension, auf die er seit unendlichen Zeiten wartet, wird nie kommen.

Den liebenden Florentino trifft da ein besseres Los. Zwar sieht er Fermina nur noch bei einigen gesellschaftlichen Anlässen und wird, ebenso wohlerzogen wie stolz, bis zu Urbinos Tod kein persönliches Wort mehr an sie richten. Aber er macht eine glänzende Karriere, wird schließlich Direktor der Schiffahrtskompanie und erhält – »in der Hoffnung, etwas zu finden, das wie die Liebe war, aber ohne die Probleme der Liebe« – die beileibe nicht nur platonische Zuneigung von zahlreichen Frauen der Stadt.

Wenn es früher hieß, man könne die Qualität eines Romanciers am sichersten danach beurteilen, wie er das Sterben beschreibe, so wird man heute hinzufügen dürfen – den Beischlaf. García Márquez trüge auch hier einen Lorbeer davon. Denn so eindrucksvoll die Reihe der Frauen, in deren Betten er Florentino gelangen läßt, so selbstverständlich schildert er, was dort geschieht: Mit gleichem Geschick versteht er, die seelenlose Direktheit der Pornographie ebenso zu vermeiden wie die metaphernselige Umschreibung.

Zur Ironie von Florentinos Schicksal gehört allerdings, daß dem Autor ausgerechnet zur ersten gemeinsamen Nacht von Juvenal Urbino und Fermina Daza die schönste aller erotischen Passagen des Buches gelingt. Dafür hat Urbino wenig Glück mit der einzigen Affäre seines Ehelebens: Die Señorita Barbara Lynch, Doktorin der Theologie, beanspruchte nämlich für sich »einen guten Ruf, Sicherheit und Liebe, in dieser Reihenfolge... aber ausziehen ließ sie sich nicht«. Viel hätte dennoch nicht gefehlt, und Fermina hätte ihn trotzdem auf immer verlassen.

Beide aber, Fermina Daza und das Fräulein Lynch, zählen zu einem Frauentypus, dem García Márquez, im Gegensatz zu seinen früheren Büchern, dieses Mal besondere Aufmerksamkeit schenkt. Waren es, vor allem in ›Hundert Jahre Einsamkeit‹ und in dem Geschichtenband ›Das Leichenbegräbnis der Großen Mama‹ (1962/1974), die Mütter, die die Welt zusammenhielten und den Erzähler faszinierten, so sind es nun die eher unbeständigen und suchenden Frauen, die den Roman prägen. »Was sie suchen«, meinte García Márquez in einem Gespräch, »ist in der Regel ein Papa... Ein bißchen gute Gesellschaft, ein bißchen Verständnis und sogar ein bißchen Liebe ist alles, was sie brauchen... Ein bißchen von allem, sonst natürlich nichts, denn ihre Einsamkeit ist unheilbar.«

Fünfzig nicht nur nach außen glückliche Jahre der Ehe haben Fermina alles gegeben, was sie brauchte: Ob sie von Liebe oder Bequemlichkeit reden soll, vermag sie selbst nicht zu entscheiden. Ihre Einsamkeit jedenfalls ist nicht geheilt. Das ist Florentinos späte Chance. Er nimmt sie wahr, behutsam, den Dingen ihren Lauf lassend und Initiative ergreifend nur, wenn sie ins Stocken geraten. Als er, fast zwei Jahre nach Urbinos Tod, mit dessen Witwe an Bord seines eigenen Schiffes geht und die Cholera-Flagge hißt, um mit ihr ungestört zu sein, ahnen die beiden bereits, was der Kapitän der *Nueva Fidelidad* am Ende auf die Formel bringen wird, daß »nicht so sehr der Tod, vielmehr das Leben keine Grenzen« kenne.

Grenzen kennt die Übersetzung schon. Nicht immer ist Dagmar Ploetz, die ›Die Liebe in den Zeiten der Cholera‹ ins Deutsche übertragen hat, dafür verantwortlich. Keine rhetorische Figur nämlich schätzt García Márquez mehr als die Genitivmetapher – es kann nicht ausbleiben, daß sich unter der Vielzahl solcher Wendungen nicht nur Glanzstücke befinden: der »Kampferdunst ihres Witwenflors«, das »Nuttenparfum der Raben« und die »gute Luft der Nichtbelangbarkeit« lesen sich im spanischen Original nicht eben besser.

Allerdings hat auch die Übersetzerin eine unglückliche Vorliebe: Ihr haben es die Zusammensetzungen angetan. Nun aber ist die »Erste-Hilfe-Liebe« schon im Deutschen ein rechtes Kreuz, von den *amores de emergencia* des Originals, den Liebesdiensten für den Notfall also, ist sie Meilen entfernt: Ähnliches gilt für das »Zwei-Uhr-mittags-Licht« und die »Vier-Uhr-nachmittags-Hitze«. Manch wenig überzeugende Formel kommt hinzu. Daß sich bei einer schönen Frau etwa das Kompliment, »ihre körperliche Ausstrahlung einer Afrikanerin hatte sich noch verdichtet«, eigentlich von selbst verbietet, liegt auf der Hand. Und der melancholische Juvenal Urbino beklagt nun eben nicht »wieder ein(en) Tag, der für immer verging, weniger«, sondern einen weiteren, verlorenen Nachmittag, der für immer verging.

Allein, solche Mängel sind kaum typisch, sie verringern die Lust nicht, die das Lesen dieses Romans bereitet. Im ganzen jedenfalls ist die Sorgfalt nicht zu verkennen, die die Übersetzerin und das Lektorat des Verlags dem bislang umfangreichsten Werk von García Márquez angedeihen ließen.

Nichts auf dieser Welt sei schwieriger als die Liebe, meint Fermina einmal. Ein wenig widersprechen darf man ihr schon. Denn eines ist vielleicht noch schwieriger: das Schreiben eines Liebesromans, der diesen Namen auch literarisch verdient. Gabriel García Márquez hat ihn geschrieben. War ›Der Herbst des Patriarchen‹ die sprachmächtige Anklage der absoluten Macht, so ist dieser neue Roman der Hymnus auf die absolute Liebe.

Klage über den abwesenden Gott

Über Salman Rushdies Roman ›Die Satanischen Verse‹

Unredlich wäre es, das Skandalon dieses Romans zu verkleinern: Jeder gläubige Muslim muß sich von Salman Rushdies ›Satanischen Versen‹ beleidigt fühlen und das Buch als Blasphemie empfinden. Hingegen heißt es im Roman einmal: »Wo kein Glauben ist, da gibt es auch keine Gotteslästerung.« Schon richtig: Wenn Gott nicht mehr ist – wie soll man ihn lästern? Aber umgekehrt gilt ebenfalls: Wo ein Glauben ist, da gibt es auch eine Gotteslästerung.

Klar, daß Rushdie, der Anfang der achtziger Jahre mit seinem ebenso sprachmächtigen wie polemischen Indien-Epos ›Mitternachtskinder‹ und mit dem kaum weniger Aufsehen erregenden Pakistan-Roman ›Scham und Schande‹ zum Wunderknaben der Weltliteratur wurde, seinen Ruf mit den ›Satanischen Versen‹ festigen wollte: Die Provokation war beabsichtigt. Und sie galt, ungeachtet der nur zu verständlichen Relativierungen, die der Autor in späteren Kommentaren zu dem Werk vorbrachte, ursprünglich und absichtsvoll den Dogmen des Islam. Eine Fülle von Umdichtungen des Korans war Mittel zu diesem Zweck – wobei sich Salman Rushdie, der 1947 in Bombay geborene Sohn eines muslimischen Geschäftsmannes, als genauer Kenner jenes heiligen Textes erwies, den er zu verweltlichen und damit zwangsläufig zu entweihen unternahm.

Die Kapitel und Passagen vor allem haben den Aufruhr erregt, in denen die Frühgeschichte des Islam gegen den Strich der offiziellen Überlieferung geschildert wird. Starker Tobak in der Tat: So begegnet man dem Propheten Mohammed fortwährend unter dem Schimpfnamen, den ihm die (notabene: christlichen) Kolonialherren des Nahen und Mittleren Ostens gaben: »Mahound«. Man erfährt, daß er, aus schierem Machtinstinkt und aus Geschäftssinn, die Hausgöttinnen des alten Mekka, im Roman nach dem islamischen »Zeitalter der religiösen Unwissenheit« Jahilia genannt, akzeptiert und damit selbst gegen den obersten Grundsatz seiner neuen Religion verstoßen hat: Es gibt nur einen einzigen Gott, Allah.

Erst als sich die Verhältnisse zu seinen Gunsten ändern, wird er die ursprüngliche Offenbarung über die Göttinnen Al-Lat, Uzza und

Manat (»Das sind erhabene weibliche Wesen, deren Fürsprache wahrlich erwünscht ist«) als Einflüsterungen des Teufels, eben als ›Satanische Verse‹, bezeichnen und aus dem Koran tilgen. Auch das Bordell, in dem die Damen zum Zwecke der Gewinnmaximierung die Namen seiner zwölf Lieblingsfrauen angenommen haben, wird erst geschlossen, nachdem die Herrschaft des Propheten über Mekka-Jahilia längst etabliert ist – nachdem also, in unseren Begriffen, die siegreiche islamische Revolution in ihre erste Phase des Terrors übergegangen ist.

Gewiß, für Leser, die dem muslimischen Glauben nicht angehören, mag das alles so schockierend nicht sein – aber man stelle sich zur Probe nur einen vergleichsweise schonungslosen Umgang mit dem Personal des Neuen Testaments vor: Jesus Christus nur mit Schimpfnamen betitelt, seine Zeugung höchst irdisch geschildert, seine Verkündigung aufs taktische Kalkül reduziert, Maria, Martha und Magdalena zudem als Edelhuren eines Bordells dargestellt – wäre da die Empörung nicht riesengroß?

In Rushdies Roman kommt ein übrigens glänzend geschriebenes und in allerjüngster Vergangenheit spielendes Skandalon hinzu: das Kapitel vom Imam im Exil. Daß dabei die Biographie des Ajatollah Chomeini als Folie dient, kann man so wenig übersehen wie Rushdies Verdikt über den Fundamentalismus schlechthin. Was er daran verabscheut, läßt er den Imam seines Romans als Heilsbotschaft vorbringen: Die Geschichte, diese »größte aller Lügen«, muß vernichtet werden zugunsten jener ewigen Wahrheiten, die zusammen mit Allahs Offenbarungen an Mohammed vollendet waren. Der Rest, will sagen: Der weltliche Kampf, der dieses Dogma durchsetzen und aufrechterhalten soll, ist dann eine Sache der Glaubenskrieger – und bis zum heutigen Tage scheint kein Opfer dafür zu groß.

Ob es letztlich sein Porträt als theologischer Totalitarist war, das Chomeini 1989 bis zum Todesurteil gegen dessen Verfasser reizte, mag dahingestellt bleiben. Sicher ist, daß Rushdie gegen dieses Urteil nach wie vor jede Solidarität und jeder Schutz gebühren. Und so unabweisbar für gläubige Muslime die blasphemischen Züge des Buches sind, so entschieden müßten sie auch den Ajatollah-Spruch ablehnen – und fordern, daß er endlich zurückgenommen wird. Denn der Koran selbst spricht eine ganz andere Sprache: »... allein ihre Strafe ist ihnen für den Jüngsten Tag verheißen«, sagt etwa die 18. Sure von jenen, denen zwar die Verse des Herrn wohlbekannt, die aber dennoch vom

Glauben abgefallen sind. Die Gelassenheit, die aus dem gläubigen Wissen resultiert, daß Gott seiner irdischen Sachwalter nicht bedarf, um zu richten und zu strafen: sie ist ein Auftrag, der dem Islam gerade auch aus der eigenen Tradition erwächst und der auch in Sachen Rushdie gelten sollte.

In seinem Essay ›Ist denn nichts heilig?‹ aus dem Jahr 1990 hat Rushdie vor allem über den Unterschied zwischen Religion und Roman nachgedacht. Die Religion, so seine These, setze eine Sprache, ein Wertesystem, eine Schrift absolut, der Roman hingegen beanspruche »die Freiheit, den Streit um einen solchen Vorgang darzustellen und zu analysieren«.

Dies ist der Widerspruch, den die ›Satanischen Verse‹ zu ihrem Thema machen und dem sie ihre wichtigste Qualität verdanken: Dieser Roman ist nichts weniger als das überaus vielstimmige, Geschichte und Gegenwart durcheinanderwirbelnde, von Einfällen überbordende und, trotz eines *Happy-Ends*, letztlich tieftraurige Manifest eines endgültigen Glaubensverlustes. Seinen literarischen Rang gewinnt das Buch dabei durch eine scheinbar paradoxe Entscheidung seines Autors. Denn Rushdie erzählt diesen Glaubensverlust nicht etwa im Sinne rationaler Welterfahrung, im Stil eines lakonischen Berichtes also oder einer Reportage: Er benutzt vielmehr alle ihm zu Gebote stehenden Mittel des Phantastischen und des Wunderbaren, um sein Pandämonium der entgöttlichten Welt zu veranschaulichen.

Gefunden hat er damit die ästhetische Entsprechung für die keineswegs verheißungsvolle Botschaft seines Romans. Rushdie weiß sehr genau, daß der Verlust des Glaubens und der Ausbruch aus den Zwängen religiöser Gebote beileibe nicht nur Befreiung bedeuten, sondern auch Ängste, ja Entsetzen mit sich bringen. Es wimmelt in den ›Satanischen Versen‹ von Episoden, Figuren und Gegenständen, die dem Märchenfundus von Tausendundeiner Nacht ebenso entstammen könnten wie den metaphysischen Schreckenskabinetten eines Francisco Goya oder Franz Kafkas Alptraumszenarien: Eine der beiden Hauptfiguren, der wie Rushdie in Bombay zur Welt gekommene, wie Rushdie in England erzogene und lebende Schauspieler Saladin Chamcha, verweist sehr direkt auf den Gregor Samsa der ›Verwandlung‹. Wie Samsa zum »ungeheuren Ungeziefer«, so mutiert Chamcha zu einem zweieinhalb Meter großen Monstrum, dem Rauch aus den Nasenlöchern quillt, ein Schwanz wächst und ein teuflischer Klumpfuß zudem.

Mithin leugnet der Roman keineswegs, daß es auch in einer säkularen Welt Unfaßbares gibt: mitten im alltäglichen Betrieb des heutigen London etwa, einem der wichtigsten Schauplätze des Buches. Das Phantastische und Mirakulöse, das Rushdie in üppiger Fülle einsetzt – es dient dabei als Ausdrucksmittel der Angst oder der Anstrengung, sie abzuwehren. Weshalb aber tauscht man Geborgenheit gegen Furcht, weshalb bricht man mit den religiösen Geboten? Auch heute aus einem uralten Grund: weil der, in dessen Namen diese Gebote verkündet werden, sich immer entzieht. Deshalb ist es aufs neue die Klage über den abwesenden Gott, die als Leitmotiv den Roman bestimmt. »Er taucht nie auf«, heißt es an einer Schlüsselstelle, »der eine, der sich fernhielt, als ich im Sterben lag, als ich ihn brauchte, so brauchte. Der eine, um den sich alles dreht. Allah Ishvar Gott. Abwesend wie immer, während wir in seinem Namen leiden und dulden.«

Wie Rushdie jene zweite Hauptfigur einführt, der er die Hiobsche Klage unter islamischen Vorzeichen zuschreibt, ist zunächst ein Kabinettstück psychologischer Plausibilität. Gibril Farishta heißt dieser Held. Als Indiens berühmtester Schauspieler wird er vorgestellt, als Frauenheld naturgemäß – aber zugleich als todkranker Mann, dessen Verzweiflung sich in eine »Wut auf Gott« steigert und dann mündet in »eine schreckliche Leere, eine Verlassenheit«. Gerade diese Verlassenheit aber erhält ihn am Leben: »Und um sich die Nichtexistenz Gottes zu beweisen«, übertritt er sofort nach seiner Genesung ein zentrales Gebot: Er schlingt in einem Nobelhotel »die toten Schweine« in Form von Räucherschinken und Speckscheiben in sich hinein. Die Selbstbestrafung folgt, als Rebellion seines Unbewußten, auf dem Fuß – Farishta wird fortan von quälenden Träumen heimgesucht.

An diesen Träumen, die der Roman ausführlich schildert, hat sich das Drama um das Buch entzündet – und der Rachefeldzug gegen dessen Autor. Literarisch freilich sind sie nicht eben überzeugend: denn so, wie Rushdie seinen Helden träumen läßt, kann man gar nicht träumen. Stets verwandelt er sich dabei nämlich von Gibril, dem Schauspieler, in Gabriel, den Erzengel, dessen Stellung im Islam mit der des Heiligen Geistes im Christentum vergleichbar ist und der dem Propheten Mohammed jene Offenbarungen Allahs überbrachte, die die Suren des Korans verzeichnen. Stets träumt Gibril linear und chronologisch schön der Reihe nach – so daß am Ende als durchgängige Traumhandlung eben die Frühgeschichte des Islam in einer radikal profanierten Version erscheint, als Geschichte eines Machtkampfes mit »Mahound« als Sieger.

Träume aber sind keine Fortsetzungsromane und kein Geschichtsbuch, sondern wesenhaft anarchisch und diskontinuierlich. Rushdie hat dafür keine erzählerischen Mittel gefunden, sondern die historischen Partien mit den in der Gegenwart spielenden Kapiteln lediglich erzähltechnisch verknüpft. Gibrils Erzengel-Träume sind nicht mehr als ein Trick. Daß Glaubensverlust und Kritik am Dogma Hand in Hand gehen: dieser Zusammenhang bleibt davon unberührt. Was inhaltlich durchaus überzeugend ist, erscheint ästhetisch eher amateurhaft.

Vor allem im heutigen London aber finden Inhalt und Form, Ästhetik und Handlung dieses Buches auf beeindruckende Weise zusammen. Rushdie gelingt hier *en passant*, was deutschsprachigen Schriftstellern so schwerfällt: der Roman einer Metropole. Englands Hauptstadt dient als überaus reale Kulisse aktueller Tendenzen, Probleme und Konflikte – und zugleich als ein modernes »mythologisches Schlachtfeld«, als Symbol »für unsere erniedrigte, imitierende Zeit, in der Clowns nachspielen, was Helden und Könige einst taten« – Tragödien schließt das nicht aus.

Von der Flugzeugentführung bis zur Polizeiaktion, von der »Fernbedienungskultur« im Medienzeitalter bis zu den Rassenunruhen der achtziger Jahre, vom Nachleben der Studentenbewegung in den Sozialbehörden der Stadt bis zu den zynischen Geschäftemachern im Geiste von Frau Thatchers Tüchtigkeitsappellen: an höchst glaubwürdigen Szenen und Figuren fehlt es nicht. Eine gigantische Party für Londons Schickeria bildet einen erzählerischen Höhepunkt des Romans: Wie in einem Brennspiegel versammeln sich die urbanen Moden und Macken, die Neurosen und Nostalgien unserer Tage.

Rushdie also schreibt Dickens fort – und scheut sich andererseits vor dem magischen Erzählen nicht. So läßt er seine Helden Farishta und Chamcha gleich zu Beginn des Romans an der Explosion einer Flugzeugbombe zugrunde gehen – dann aber aus über achttausend Metern zur Erde schweben und am Strand von Englands Süden ein neues Leben beginnen. Eine noble indische Geschäftsfrau, Farishtas verschmähte Geliebte, stürzt sich selbst in den Tod und schwebt danach als Wahnsinn stiftender Racheengel durch das Buch. Von Walnußbäumen heißt es, sie hüteten die Seele eines Kindes von der Geburt bis zur Hochzeit. Was Wunder, wenn in der Passage ›Die Teilung des Arabischen Meeres‹ ganze Pilgergruppen, die das Flugzeug nach Mekka verschmähen, in den Fluten versinken, die wenigen Überlebenden aber Stein und Bein schwören, die Wasser hätten sich wie zu Moses' Zeiten wahrhaftig geteilt. Was Wunder, wenn sich Saladin Chamcha nicht nur einmal, sondern gleich mehrfach verwandelt: vom Toten zum Lebenden, vom Lebenden zum Monstrum, vom Monstrum schließlich zum fast einzigen normalen Menschen dieses Buches.

All dies spricht wieder einmal für den durch keine Wissenschaft und keine Weltanschauung einzuholenden Mehrwert großer Literatur. In seinem schillernden Erzählkosmos vermag Rushdie vieles zu versammeln und zu vereinen, was in den Spezialsprachen der Wissenschaft wie im Meinungsgemurmel der Umgangssprache vereinzelt, im emphatischen Sinn somit unverstanden bleibt. Gewiß, das Phantastische dieses von Wirklichkeit gesättigten Romans verweist zunächst auf die Lebensangst seiner Figuren. Aber zugleich finden, etwa in Chamchas Mutationen, auch die schmerzhaften Stadien des wirklichen Erwachsenwerdens und der fortwährende Streit zwischen Gut und Böse in der Brust eines jeden ihren angemessenen und das heißt: poetischen Ausdruck.

Nicht zuletzt ist das changierende Erzählen für Rushdie das Mittel, um ein wichtiges Nebenthema seines Buches auf den Weg zu bringen: die Frage nach der Identität von Menschen, die von mehreren, vollkommen gegensätzlichen Kulturen geprägt wurden und darüber ihren inneren Halt verloren. »Vom Indischsein zum Englischsein« bedeutet das für die Hauptfiguren des Romans, ebenso wie für ihren Autor. Hier Bombay, dort London: diese »unmeßbare Entfernung« versucht das Buch durch die und mit der Sprache zu vermessen.

Letztlich sind ›Die Satanischen Verse‹ auch ein Liebesroman. Seine Helden suchen bei den Frauen, was sie bei Gott nicht finden. Allie Cone, Jüdin, Intellektuelle und exzellente Bergsteigerin zugleich, wird Farishtas Schicksal: »...ihre heimliche Angst vor ihrer heimlichen Sehnsucht, also der Liebe«, wird ihn zerstören. Die linke Lady Pamela Lovelace führt Chamcha in jene Sphäre ein, die sie haßt und die ihm als der Gipfel des Erstrebenswerten erscheint: die Kultur der englischen Oberschicht. Zeeny Vakil, Ärztin in Bombay, wird Chamcha in seine Heimat zurücklocken und ihn dadurch heilen. Großartig hat Rushdie die drei zentralen, ebenso irdischen wie »erhabenen weiblichen Wesen« des Romans charakterisiert und dargestellt – sie bezeugen symbolisch auch das ewige Weiterleben jener durch den körperlosen und unsichtbaren Allah im alten Mekka einst verdrängten Göttinnen in Menschengestalt.

Am Ende also doch: welch ein Roman. Auch der anonyme oder die anonymen Übersetzer haben hervorragende Arbeit geleistet.

Der gute Mensch von Johannesburg

Über Nadine Gordimers Roman ›Die Geschichte meines Sohnes‹

Sie sei, äußerte die südafrikanische Schriftstellerin Nadine Gordimer vor dreißig Jahren, eigentlich »ein unpolitischer Mensch«. Aber sie lebe in einer »Situation, in der man politisch sein muß, um Wirkung zu haben«. Diesem Grundsatz ist sie treu geblieben. Also hat sich die 1923 geborene Tochter eines jüdischen Einwanderers in die Politik ihres Landes eingemischt, hat in zahlreichen Artikeln, Essays und Reden gegen die Apartheit gestritten und die Unterdrückung der Opposition angeprangert.

Auch die Romane und Erzählungen Nadine Gordimers behandeln unmittelbar politische Themen oder beschreiben die sozialen und seelischen Folgen des Unrechts in ihrer Heimat. Trotzdem stellte sie ihr literarisches Werk nie in den Dienst eines Parteiprogramms, huldigte keinem weltanschaulichen Dogma. Und obgleich sie mit ihren Büchern ausdrücklich politische Wirkung erzielen wollte, konnte die engagierte Schriftstellerin ästhetische Zugeständnisse an die Trivial- oder Progagandaliteratur nahezu immer vermeiden. Entstanden ist darüber ein höchst respektables Œuvre, das seiner Verfasserin weltweit Anerkennung und 1992 auch den Nobelpreis für Literatur eingetragen hat.

Dreizehn ihrer mehr als zwanzig Bücher sind bislang auf deutsch erschienen. Der Roman ›Fremdling unter Fremden‹, der in Südafrika zunächst verboten war, bescherte Nadine Gordimer 1962 hierzulande erstmals eine größere, allerdings nur flüchtige Aufmerksamkeit. Eineinhalb Jahrzehnte vergingen, ehe ein weiteres Buch, der Roman ›Der Besitzer‹, übersetzt wurde. Seit Ende der siebziger Jahre aber ist diese Autorin auch in Deutschland ein Begriff – zusammen mit Breyten Breytenbach, der lange im Exil lebte, gilt sie als literarische Stimme ihres Landes.

In dem, einigen stilistischen Malaisen zum Trotz, im ganzen angemessen ins Deutsche übertragenen Roman ›Die Geschichte meines Sohnes‹ setzt Nadine Gordimer ihre poetische Chronik Südafrikas fort – und legt ein Buch vor, über das sich fast zuviel Gutes sagen läßt. Präzis erfaßt wird eine politische Situation, nachgerade spürbar wird die Atmosphäre eines Landes. Die Proportionen stimmen: Selbst längere und bisweilen etwas abstrakt anmutende Debatten um Strategie und Taktik der Anti-Apartheit-Bewegung sind handwerklich geschickt in den Fortgang des Geschehens eingebunden. Epische Gerechtigkeit waltet: Bei aller Kritik an der Herrschaft der weißen Minderheit, bei allem Engagement für Freiheit und Gleichheit vermeidet der Roman die Aufteilung der Welt in Gut und Böse. Und wenn er zeigt, wie eine Familie zerfällt, obwohl oder gerade weil sie sich sozialen Aufstieg erkämpft, Eltern wie Kinder darüber selbstbewußter und selbständiger werden: dann gelingt gar eine Parabel über den Preis der Emanzipation und des politischen Handelns, die Gültigkeit behalten wird über das Ende der Rassentrennung hinaus.

Die Wirklichkeit, wurde Nadine Gordimer vorgehalten, habe ihr Buch bereits überholt; das Südafrika, das sie schildere, existiere nicht mehr. Richtig ist, daß der Roman vor dem historischen Februar des Jahres 1990 endet, vor der Entlassung Nelson Mandelas aus dem Gefängnis also und der Legalisierung des Afrikanischen Nationalkongresses. Seine literarische Aktualität freilich wird davon nicht berührt. Denn unabhängig von den allerneuesten Nachrichten entsteht hier Südafrikas Gegenwart: das Panorama einer Übergangsgesellschaft, in der alte Restriktionen Schritt für Schritt außer Kraft gesetzt werden, Rückfälle in die alte Willkür aber noch an der Tagesordnung sind.

Ein Liebespaar, er farbig, sie weiß, kann in der Öffentlichkeit auftreten, gemeinsam ins Café gehen und im Hotel ein Zimmer buchen: »kein Gesetz mehr gegen ein solches Paar«. Ein Junge aus dem Ghetto kann im Viertel der Weißen Filme sehen: »Es war ein Jahr oder so, daß die Kinos uns offenstanden.« Weiße Geschäftsleute, Anwälte und Politiker reisen ins Ausland, um »die Führer der Bewegung im Exil zu treffen«. Und schließlich beginnt man selbst in den oberen Rängen des inneren Widerstands einen Traum zu begraben, weil »der Sozialismus überall gescheitert ist und wir so viel Selbstvertrauen haben sollten, uns das einzugestehen«.

Aber auch das gibt es noch: die Übergriffe der Polizei auf eine Trauergesellschaft; das Niederbrennen eines Hauses in einer weißen Wohngegend von Johannesburg, in das sich, Speerspitze des Kommenden, eine farbige Familie einquartiert hat; Bespitzelungen durch den Geheimdienst; Gerichtsprozesse mit Beweisstücken, die man den Angeklagten vorher unterschob. Ein realistisches Bild der jüngst vergangenen Situation zeichnet der Roman: die Widersprüche, die er kenntlich macht, die Wunden, die er beschreibt, werden in Südafrikas politischer Szene noch lange spürbar bleiben – obwohl sich deren Bühne geändert hat. Und man sage nicht, Nadine Gordimer betreibe mit der Schilderung all dieser Ereignisse ein Geschäft, das Journalisten und Reporter ebensogut, vielleicht gar besser bewerkstelligen könnten. Denn ihr Buch ergänzt die zwangsläufig punktuelle Perspektive aktuellen Berichterstattens um Entscheidendes: um das anschauliche Porträt einer Gesellschaft, die mühsam aus den Sackgassen der Vergangenheit herauszufinden sucht.

Im Mittelpunkt der Handlung steht eine Familie von Farbigen – Angehörige jener gut zehn Prozent der Bevölkerung umfassenden Schicht, der bei der Integration der Rassen möglicherweise eine wichtige Mittlerrolle zufallen wird. Farbig, also nicht weiß und auch nicht schwarz: Für Sonny, den als Lehrer arbeitenden Familienvater, ist dies noch ein Konflikt, in dem er sich entscheiden muß. Und das heißt für ihn: »Die wirklichen Schwarzen als Geschwister anzuerkennen.« An der Spitze einer Demonstration marschiert er zur »Schule der Schwarzen«, um gegen eine Aktion der Polizei zu protestieren. Das bringt ihn in die Akten der Justiz und um seinen Beruf.

Aber er ist ein guter Redner – und macht deshalb rasch Karriere im Widerstand. Zwei Jahre Gefängnis tragen ihm seine Auftritte ein, indes auch eine weiße Geliebte: Hannah Plowman, die als »Repräsentantin einer Menschenrechtsorganisation« seinen Prozeß beobachtet. Nach der Entlassung wird der Held von der Parteiführung für eine kalkulierte Provokation benötigt, die ihm und seiner Familie neues Prestige und, anstelle der Behausung in einem *Township*, ein eigenes Haus in weißer Umgebung einträgt. Am Ende jedoch wird Sonny vor dem Nichts stehen: seine Geliebte arbeitet, fern von Südafrika, für die Vereinten Nationen, seine Frau und seine Tochter haben sich, jenseits der Grenzen, dem militanten Flügel der Bewegung angeschlossen, die Partei zieht ihn aus der vorderen Linie zurück – gleichwohl stecken Fanatiker sein Haus in Brand.

Nadine Gordimer findet für diese Geschichte Figuren, erfindet Szenen von großer Eindringlichkeit. Und doch bemißt sich die Qualität ihres Buches letztlich nicht an dem, was es erzählt – sondern daran, wie dies geschieht: Der rettende Einfall dieses Romans ist seine doppelte Perspektive. Einerseits wird der Leser auf solid traditionelle Weise von einem allwissenden Erzähler an die Hand genommen und über alles Wissenswerte so ausführlich wie einfühlsam unterrichtet:

Sonny erscheint dabei als der gute Mensch aus der Vorstadt, der auch für alle anderen das Gute will und von der schlechten Wirklichkeit schmählich betrogen wird. Abwechselnd damit, auf der zweiten Ebene des Romans, aber wird just aus diesem sympathischen Helden der eigentliche Betrüger. Dafür sorgt der Ich-Erzähler, der sich von Anfang an entschlossen und eigensinnig einmischt: Sonnys Sohn mit Namen Will.

Dieser überaus intelligente Sproß wütet gegen seinen Erzeuger, nennt ihn einen »Dreckskerl«, einen Heuchler und Lügner. Vorgehalten wird ihm, daß er über das Engagement für die Befreiung der Unterdrückten seine eigene Familie zuerst vernachlässigt und dann zerstört habe. Will hat Sonny dabei entdeckt, wie er mit seiner »blonden« Geliebten das Kino verließ, Will kommt den politischen Alibis auf die Schliche, mit denen Liebesnächte kaschiert werden. Und Will verehrt, wie Ödipus seit eh und je, seine Mutter. Aber er läßt es bei seiner Wut nicht bewenden, er denkt nach – und wird darüber allmählich erwachsen. Natürlich bringt er den Vater nicht, wie geplant, um, im Gegenteil: Will ist am Ende der einzige, der bei ihm bleibt. Aber das Verhältnis hat sich verändert: Melancholisch und selbstbewußt kann der Sohn, der sich noch im Haß hemmungslos mit dem Vater identifizierte, nun von sich sagen: »Ich (war) nur der Betrachter seiner Emotionen..., nicht derjenige, der sie teilte.«

Weit mehr indes als die Illustration eines klassischen Vater-Sohn-Konfliktes leisten Wills Wutanfälle und Nachdenklichkeiten für den Roman. Dessen Kunst nämlich besteht darin, daß sich die Erzählebenen gegenseitig nicht dementieren und damit aufheben, sondern emphatisch ergänzen. Die Autorin wertet also nicht, weder ästhetisch noch moralisch: Eindeutigkeit hat sie nicht zu bieten, lediglich die Wahrheit mehrerer Stimmen. Sonny ist der gute Mensch – und Sonny hat seine Familie auf dem Gewissen: Beide Perspektiven behalten deshalb bis zum Schluß ihr eigenes Recht.

Um genau zu sein: leider nur bis fast zum Schluß. Denn auf den letzten drei Seiten erklärt Nadine Gordimer mit einem Griff in die handwerkliche Trickkiste auch die allwissenden Passagen zum Werk Wills. Dies merkwürdige Verfahren ist völlig unplausibel, es verkleinert auch, ganz unnötig, die literarische Leistung Nadine Gordimers: Künstlich zwingt sie zusammen, was vorher künstlerisch mit Recht getrennt blieb – die beiden Erzählstränge ihres Buchs. Wie ist das zu erklären?

Wohl nur damit, daß sie den nicht weniger merkwürdigen Titel des Romans auf ziemlich mysteriöse Weise rechtfertigen will. ›Die Geschichte meines Vaters‹ hätte er eigentlich heißen müssen – der Vater nämlich ist auf beiden Ebenen des Buchs zentrales Objekt, wichtigster Gegenstand des Erzählens. Aber er selbst tritt nirgendwo als Erzähler auf: nur dann aber könnte er ›Die Geschichte meines Sohnes‹ schildern. Der Titel hat mithin nur einen Sinn, wenn man ihn als Folge einer fiktiven Adoption begreift. Einer Adoption des am Ende zum Schriftsteller emporstilisierten Ich-Erzählers Will durch die Schriftstellerin Nadine Gordimer. Sie hat, überm Schreiben des Romans, so viel Zuneigung zu ihm entwickelt, daß sie ihn zu ihrem Wunschsohn macht – und ihm dann den ganzen Roman widmet. Mag sein, daß sich in diesem mysteriösen Verfahren gar ein Mysterium verbirgt: der junge Will als Symbol für die Zukunft eines Südafrikas der Freiheit und der Gleichheit aller. Aber wie dem auch sei: Glücklicherweise können die letzten drei Seiten den mehr als dreihundert, die ihnen vorangingen, nichts mehr anhaben.

Sehnsucht nach dem unbedingten Gefühl

Über Brigitte Kronauers Roman ›Berittener Bogenschütze‹

Matthias Roth, die Hauptfigur in Brigitte Kronauers Roman ›Berittener Bogenschütze‹, könnte ein Nachfahr von Musils Mann ohne Eigenschaften sein. Seinem dennoch unvergleichlichen Ahnherrn Ulrich gemäß schätzt er das Räsonieren und Reden mehr als die Tat, zieht er das Mögliche dem Wirklichen vor. Ein Schreibtischhocker und Stadtbummler, ein Beobachter und Nachdenker, ein ironischer Einzelgänger, ein passionierter, immer jedoch auf Abstand bedachter Freund der Frauen – so lebt er, beruflichem Ehrgeiz und politischem Engagement gleichermaßen abhold, im großen und ganzen recht passabel dahin. »Wie beständig das Leben... war!«, »Wie gut es ihm ging!« teilt der anonyme und alles wissende Erzähler beifällig, ja bewundernd mit.

Solcher Beständigkeit steht allerdings auch wenig im Weg. Denn äußerlich geschieht für einen Roman von mehr als vierhundert Seiten nicht eben viel – und was geschieht, ist so überraschend nicht. Alltag eben, angesiedelt in des Helden kleiner Dachwohnung und in der Küche seiner Vermieterin, Besuche in Museen, Restaurants und bei den immer gleichen Freunden, mal eine Vernissage, mal ein eher gelangweilter Abstecher ins wissenschaftliche Institut, an dem der promovierte Literaturwissenschaftler Matthias Roth eine Stelle hat, die ihn finanziell gerade so über Wasser hält: Göttingen übrigens, wo Brigitte Kronauer einst als Lehrerin tätig war, dient dem namenlosen Ort der Handlung »mit dem weltberühmten Renommee einer alten Universitätsstadt« nicht nur als Lokalkulisse, sondern auch als atmosphärisches Beispiel für ein mittleres Lebensklima, in dem es sich wohl aushalten läßt.

Beständigkeit, Behaglichkeit fast: dem Roman jedoch trägt dieses Klima einige Längen ein. Denn die eher karge Außenseite des Geschehens nötigt die Autorin, szenische Einfälle bis ins kleinste auszuschöpfen oder mit geringen Abweichungen einfach zu wiederholen. Also wird beim Gespräch am Kaffeetisch rasch noch eine Nebenfigur ins Spiel gebracht, die man ohne Verlust alsbald wieder aus den Augen verliert, also wird noch ein Spaziergang gemacht, um Matthias

Roth samt Gefolge bloß aufs neue Gelegenheit zum druckreifen Verkünden belangvoller Einsichten zu geben. Die vielen Erinnerungen des Helden an seine Kindheit und sein Elternhaus sind zudem für die Situation, in der wir ihn vorfinden, kaum erhellender als das Arbeitslicht einer Dunkelkammer für den, der sie betritt.

So manches Stückchen Außenwelt ist mithin pures Dekor und wirkt fast wie eine Entschuldigung dafür, daß der Weg des Erzählens wieder einmal nach innen führt. Diesen Weg aber vermag Brigitte Kronauer ebenso planvoll wie abenteuerlich anzulegen. Ein bemerkenswerter, ein romantischer Gegenwartsroman ist darüber entstanden: Für unmöglich erklärt er mit den besten Gründen der Vernunft die Sehnsucht nach dem unbedingten und unvergänglichen Gefühl – um an seiner Hauptfigur dann erfolgreich den Beweis zu führen, daß es vor den Emphasen der Seele kein Entrinnen gibt. Schon deshalb sollte man dem Charakter des Matthias Roth die Zuneigung und seinem Schicksal die Sympathie nicht versagen.

Da hat er also hundertfünfzig Seiten lang ein gedeihliches Auskommen gefunden mit seinen Büchern, seiner Freundin, hat sich von Frau Bartels, der Vermieterin und Ersatzmutter, bestens versorgen lassen mit gutgemeinten Ratschlägen, mit Kleinbürgergeschichten aus der Nachbarschaft und mit jenem deftig-delikaten »Rheinischen Sauerbraten«, den sie so trefflich zuzubereiten weiß.

Und nun plötzlich Sätze wie: »Ach, ein durch und durch schlechter Tag« oder »Alles hatte er plötzlich satt«. Noch aber hat das Crescendo des Jammers das Fortissimo des Überdrusses nicht erreicht. Wie bei jedem ordentlichen Intellektuellen hierzulande muß ein »ergebnisloses Herumgeschleiche um Tisch und Manuskript« hinzukommen, müssen Arbeitsprojekte sich als »Hirngespinste« erweisen, um dem bisherigen Leben die endgültige Absage zu erteilen: »nichts, nichts, es bedeutete nichts mehr.«

Es gäbe durchaus eine naheliegende Erklärung für den *ennui* des Matthias Roth. Marianne, die junge Biologiestudentin, der Brigitte Kronauer einige wohlinszenierte Auftritte im Bad und im Bett unseres »etwas zu dick« gewordenen Hochschullehrers gewährt, läßt ihn sitzen. Ihre »wütende Forderung an die Liebe« hatte er nie ganz ernst genommen, und ihren Vorwurf, daß »man immer und immer zuviel von euch will«, bezog er auf die Männer im allgemeinen und folglich, dies mag ein Fehler gewesen sein, keineswegs auf sich selbst.

Jetzt jedenfalls ist sie weg. Matthias Roth aber denkt nicht daran, sich deshalb aus der Bahn werfen zu lassen – auch über »Liebesangelegenheiten«, hat er sich vorgenommen, werde er »seine anderen Interessen... nicht mehr aus den Augen verlieren«. Diese anderen Interessen freilich bergen sein eigentliches Dilemma: Auch sie sind Liebesangelegenheiten, wenngleich solche der literarischen Art. Brigitte Kronauer macht daraus, mehrteils virtuos, so etwas wie den Roman im Roman. Joseph Conrad heißt dessen Held – Conrads Büchern nämlich gelten Roths Studien und seine intellektuelle Obsession.

Von George Orwell stammt der bemerkenswerte Satz, ein sicherer Beweis für Conrads Genialität sei der Umstand, daß Frauen seine Bücher ablehnten. Brigitte Kronauer ist wohl nicht die erste, die ihn widerlegt. Zweierlei gelingt ihr darüber auf sehr überzeugende Weise: Sie entwirft mit Matthias Roth zum erstenmal in ihrer Epik eine männliche Hauptfigur – und fürwahr, lesende Männer werden sich nicht selten wiederfinden. Zum anderen aber legt sie dieser Figur famose Denksätze über ihren Lieblingsautor Joseph Conrad in den Kopf, die dessen Genialität nicht nur wie selbstverständlich voraussetzen, sondern gar noch zu erhöhen suchen.

Die Schiffahrt und die hohe See, die Mirakel und Mythen des Meers sind ihr dabei ziemlich gleichgültig. Ihr Blick gilt dem »Dichter der Umarmung«, dem »Meister des Aufglühens und Erlöschens« von Leidenschaft und Liebe. Matthias Roth, ein glaubwürdiger Statthalter seiner Autorin, hält um dieser These willen und oft in Form von Selbstgesprächen eine Vielzahl von Vorlesungen über Conrads Werke. Kaum eine Geschichte vom ›Freibeuter‹ bis zum ›Goldenen Pfeil‹, vom ›Pflanzer von Malata‹ bis zum ›Lächeln des Glücks‹, vom ›Lord Jim‹ bis zu ›Freya von den Sieben Inseln‹ und, naturgemäß, bis zum ›Ende vom Lied‹, die er nicht zu deuten verstünde, die er freilich auch allzu ausführlich nacherzählt.

Das Ende vom Lied ist für Roth fatal genug. Zwar macht er sich als Interpret keine Illusionen – auch für Conrad, doziert er, sei »die Leidenschaft... das schlechthin Unerfüllbare«, gerade dieser Autor erlaube sich »das magische Leuchten einer Sache, einer Person, eines Umstandes« nur, um postwendend sein »Urerlebnis« zu enthüllen: »das grausame Erwachen im Herkömmlichen« als »Buße« und »Schock«. Aber Matthias Roth glaubt nicht, was er weiß. Aus einer zunächst akademischen Übung wird deshalb – ein existentieller Essayismus der Musilschen Art. Wie Ulrich nämlich phantasiert er insgeheim »von der Möglichkeit, so zu leben, wie man liest«, nur eben um jene winzige, wichtige Spur besser, die aus dem gelesenen Augenblick des innigsten Begehrens dann die Ewigkeit des selbsterlebten Glückes machen könnte. Was Wunder, wenn Roth, seine tatsächliche Situation betrachtend, in eine heftige Krise gerät.

Wenn aber deutsche Dichter in die Krise geraten, pflegen sie mit der Seele das Land der Griechen zu suchen oder sich mit ihrer Sehnsucht auf die Reise nach Italien zu begeben. Und was den Dichtern recht, ist ihren Figuren billig: Matthias Roth jedenfalls fährt mit dem Zug in die Nähe von Triest. Diese Ausfahrt ins Südland hat, all den Strandszenen und Hotelbegebenheiten zum Trotz, für Brigitte Kronauer nur eine einzige Funktion: Sie benötigt für ihren Helden eine neue Kulisse, um den ersten Schritt in jenen, nach Musil und Ulrich, ganz »anderen Zustand« zu beglaubigen, den man verkürzt, aber getrost den mystischen nennen darf. Das innere Einswerden eines Vereinsamten mit den Dingen der Welt und der Natur also steht auf dem Programm.

Und der Roman meistert dieses schwierige Vorhaben gerade so, daß aus den seelischen Begeisterungsstürmen des von einer Vollmondnacht überwältigten, von einer Bergwanderung wahrhaft inspirierten und von einem Ausflug in ein abgelegenes Seitental schließlich zu höherer Seinsweise erweckten Matthias Roth, kurz, daß aus den pantheistischen Erleuchtungen eines eingefleischten Skeptikers kein Absturz in die Niederungen des hohlen Pathos und der bloß erhaben klingenden Phrasen folgt. Deutlich jedenfalls wird: Im südlichen Hochsommer erhält Matthias Roth sein »Schnee«-Erlebnis – und der Leser einen Fingerzeit auf den etwas merkwürdigen Titel des Romans.

›Berittener Bogenschütze‹ – auch das Buch selbst gibt manche Hinweise darauf, wie das zu verstehen sei. Einen Fehler jedoch haben sie alle: Man kann sich diesen letztlich behäbigen Matthias Roth auch bei größter allegorischer Anstrengung weder als geschmeidigen Bogenschützen noch gar als feurigen Reiter vorstellen. Und man erinnert sich also ans vielgedeutete »Schnee«-Kapitel aus dem ›Zauberberg‹, an Hans Castorps so arkadisch-hellen wie dämonisch-verdüsterten Wachtraum. Jünglinge üben sich da, sattellos auf ihren Pferden reitend, im Bogenschießen. Für Thomas Mann, mag sein, ein geheimes homoerotisches Symbol. Für Hans Castorp aber verkörpern die berittenen Bogenschützen das Inbild einer heiteren und schwerelosen Selbstversenkung in eine Welt ohne irdisches Gewicht. Und als traumhaft mystisches Ideal darf man denn auch den berittenen Bogenschützen wohl betrachten, den uns Brigitte Kronauer präsentiert.

Ihre Hauptfigur, wieder an die Universität und in die Dachwohnung zurückgekehrt, hat noch ein retardierendes Kapitel zu überstehen, ehe die Autorin ein wundersames Schlußtableau entfaltet. Der Erweckung durch die Natur folgt, weitaus überzeugender erzählt, die Einweihung in die absolute Liebe. Und diese letzten sechzig Seiten sind fraglos ein literarisches Ereignis. Wie scheinbar beiläufig Brigitte Kronauer die beiden zusammenführt, den fast schon wieder zum banalen Alltag bereiten Matthias Roth und jene Gisela, die er schon lange kennt, bislang allerdings nur als Anhängsel eines guten Freundes wahrgenommen hat, wie sie dem neuen Paar Erfüllung verwehrt und Enttäuschung erspart, wie sie kunstvoll in der Schwebe hält, ob es sich bei Roths Krankheit nun um eine zum Tode oder bloß um eine verschleppte Grippe handelt, wie sie dabei mit den Mustern ihres Vorbildes Conrad spielt, der den Frauen in Momenten der Leidenschaft stets den kühleren Kopf beläßt, wie sie just dies an Gisela bestätigt und zugleich in Frage stellt – nun wohl, es ist vorzüglich geschrieben.

Besseres jedenfalls gibt es von Brigitte Kronauer nicht. Wie Einübungen in dieses Buch erscheinen die Romane ›Frau Mühlenbeck im Gehäus‹ (1980), von dem sie einige Techniken literarischer Komposition, und ›Rita Münster‹ (1983), von dem sie Vorgaben in der Kunst der Personenführung übernimmt und weiterführt. Verblüffend sicher geworden ist auch ihr Stil. Nur ganz wenige Sätze kommen gravitätisch daher. Fast immer aber findet Brigitte Kronauer genau jenen Ton, der ihren abstrakten Erwägungen über die Leidenschaft ebenso angemessen ist wie dem Sauerbraten der Frau Bartels. Was diese Autorin schreibt, mag bisweilen etwas zu lang geraten. Aber wie sie schreibt, ist ein Genuß.

Sisyphos will Spießer sein
Über Walker Percys Roman ›Der Idiot des Südens‹

Fazinierend ist die Fähigkeit des amerikanischen Autors Walker Percy, völlig Entgegengesetztes miteinander zu verbinden. Dabei steht ihm eine seltene Kunst zu Gebote: Er versteht, das Schwierige einfach zu sagen, ohne es zu vereinfachen, und er vermag das Einfache zugleich mit all jenen Tücken zu versehen, die es so außerordentlich schwierig machen. Ganz selbstverständlich erscheinen deshalb die paradoxen Situationen, in die sich seine Figuren fortwährend verstricken.

Williston Bibb Barrett etwa, der Held seines in den Vereinigten Staaten bereits vor achtundzwanzig Jahren erschienenen Romans, hat nichts anderes im Sinn, als endlich ein ganz normaler Zeitgenosse zu werden und das beschauliche Glück im Winkel zu finden: »Das war sein Ziel, Kitty zu heiraten, einen Beruf zu ergreifen und ein alltägliches Leben zu führen, Golf zu spielen wie andere Leute auch.« Leitmotivisch tauchen im ganzen Buch ähnliche Absichtserklärungen auf. Aber sie haben einen entscheidenden Fehler: Barrett vergißt sie zwischenzeitlich ganz. Denn der mit fünfundzwanzig Jahren beneidenswert junge Mann leidet an einer Alterserscheinung – an mehr oder weniger heftigen Schüben von vorübergehendem Gedächtnisverlust.

Nach jedem Anfall also muß er die restlos durcheinandergeratenen Teile seines Lebensplans aufs neue in die richtige Reihenfolge bringen, nur um alsbald vor dem nächsten Chaos zu stehen. Zum »Techniker« seiner Existenz hatte sich Barrett in einem feierlichen Augenblick selbst ernannt. Walker Percy aber schildert ihn als einen sanften Sisyphos aus dem Süden der Vereinigten Staaten, der in New York ein ums andere Mal vom Gewicht des *déjà-vu* erdrückt zu werden droht. Man kann verstehen, daß er angesichts seiner komplizierten Situation im überschaubaren Spießerdasein eine Erlösung sieht.

Für ein Leben in der kleinen heilen Welt brächte er durchaus auch die Voraussetzungen mit. Als »umgänglich und gutherzig« etwa wird er uns vor Augen geführt, als »angenehme Erscheinung« mit gepflegten Umgangsformen und als ein ehrlicher Kerl, der »immer die Wahrheit sprach« – nicht zuletzt deshalb nennt der feinsinnig-ironische Walker Percy seinen Titelhelden gern den »letzten Gentleman«. Barrett besitzt überdies auch handfestere Güter, die für ordentliche Mitglieder der Gesellschaft nützlich sind und nötig sein können: ein passables Immobilienerbe, die ehrenhafte Entlassung aus der Armee und die Studiennachweise der renommierten Princeton University.

Nun gut, da wären, neben den Gedächtnisproblemen, auch einige Schwierigkeiten mit der Sexualität zu lösen: Barrett nämlich hat noch nie mit einem Mädchen geschlafen. Dafür, oder besser gesagt, dagegen indes gibt es die Therapiestunden beim Psychoanalytiker, denen Barrett fast sein ganzes Barvermögen opfert und denen Percy ein freundliches, zugleich abgründiges Kapitel widmet: Herrlich empfindsam läßt er die beiden, den Hilflosen und seinen Helfer, miteinander reden – aber auch fünf Jahre lang aneinander vorbei.

Der 1990 im Alter von vierundsiebzig Jahren gestorbene Erzähler Walker Percy also ist ein poetischer Partisan im Dschungelkampf des amerikanischen Machbarkeitstraums. Dabei liebte dieser Autor die Seelensehnsüchte und Lebenswünsche seiner Figuren – nie kam er auf die Idee, sie durchs Erzählen zu denunzieren. Nur, er hielt ihre Anstrengungen zugleich für völlig illusionär. Warum aber in aller Welt beharrte er darauf, daß alles mißlingt?

Zumindest im Falle Barrett mag da eine Entscheidung von Peter Handke, Percys deutschem Übersetzer, weiterhelfen. »The last Gentleman« – er wisse nicht, ließ er verlauten, wie das zu übertragen sei. Das klingt ein wenig kokett. Und es sieht zunächst auch nur nach Willkür aus, wenn Handke mit dem deutschen Titel ›Der Idiot des Südens‹ Percys Prosa in die Nähe rückt von Dostojewskis 1868 erschienenem Roman ›Der Idiot‹. Allein, die Anspielung erweist sich als nützlich für das Verständnis von Barretts Last und Leid.

Fürst Myschkin, Dostojewskis ›Idiot‹, ist mit Epilepsie geschlagen. Kurz vor seinen Anfällen jedoch verwandeln sich »aller Kummer, alle Zweifel, alle Unruhe« für einen kostbaren Augenblick in einen himmlisch heiteren Frieden. Der Bürger Barrett nun, ›Der Idiot des Südens‹, erlebt in vergleichbarer Situation das genaue Gegenteil. Nahezu unerträglich ist die nervliche Anspannung vor dem Anfall auch bei seiner Krankheit. Indes, sie kennt keinen Augenblick der Läuterung.

Wo Myschkin also Epiphanien mitten im Elend erfährt, bleibt Barretts »Gelüst nach Allwissenheit« unerfüllt – verwehrt ist ihm gerade jenes blitzartige Erschauen einer höheren, göttlich geoffenbarten

Welt, das seinem irdischen Leiden einen Sinn, eine »Antwort« geben könnte. Altmodisch ausgedrückt: Barrett ist ein Held in der metaphysischen Krise. Weil sich ihm das ganz Große verschließt, sucht er Ersatz im ganz Kleinen, in der Spießeridylle. Die aber, wie gesagt, vergißt er immer wieder.

Man sieht, aus alldem hätte ein hochgradig angestrengter, ein philosophisch befrachteter, ein quälend kopflastiger Thesenroman entstehen können. Aber davon kaum eine Spur. Denn Percy, Metaphysiker *par excellence*, ist als Erzähler dem heiligen Ernst abhold. Er inszeniert viel lieber ein ironisch-heiteres Spiel um Barretts stoische Bemühung, so zu tun, als ob ja alles doch zum Guten sich füge.

Also läßt er seinen Helden die Therapie abbrechen und für sein letztes Geld ein herrliches Fernrohr aus bester deutscher Optikertradition erstehen. Keineswegs jedoch zollt Barrett mit diesem potenten Ersatzpenis seinen unbewältigten erotischen Begierden voyeuristischen Tribut. Er hofft vielmehr, mit ihm endlich das verborgene »Wesen der Dinge« zu entdecken – in den feinsten Poren einer Häuserwand etwa und in den Gefiedern der Vögel im New Yorker Central Park. Im New Yorker Central Park, Amerikas *locus amoenus* schlechthin, darf Barrett nun auch in Liebe fallen – zu Kitty Vaught, der Südstaatentochter aus reichem Haus: allein dieser ebenso zärtlichen wie verzweifelt komischen Szene wegen lohnt die Lektüre des Buchs. Mit Kitty erhält der elternlose Barrett auch einen weiteren Geborgenheitsersatz: eine neue Familie, eben die Vaughts. Schluß mit dem Durcheinander in Manhattan, zurück nach Hause, lautet die Parole deshalb.

Als Gesellschafter und Fahrer von Kittys todkrankem Bruder, dem in New York vergeblich behandelten Jamie Vaught, nähert sich Barrett im luxuriösen Wohnmobil nach Jahren der Abwesenheit wieder den Gefilden seiner Heimat; manch komisches, manch irrwitziges, manch einfach nur banales Geschehen dabei einigermaßen gelassen überstehend. Am Ende dieser Bildungsreise zu den Ursprüngen allerdings steht die traurige, gleichwohl ohne größere Enttäuschung und ohne Konsequenzen registrierte Erkenntnis, daß es zu Hause noch weniger auszuhalten sei als anderswo.

Die lange Fahrt durch die Vereinigten Staaten und der Aufenthalt auf dem schloßartigen Landsitz der Vaughts geben Percy Gelegenheit, eine Fülle von Themen gleichsam *en passant* Revue passieren zu lassen. Immer neue Figuren tauchen zudem auf, und allmählich erscheint Barretts anfangs eigenständige Geschichte wie eingebettet in den breiten, befriedeten Erzählstrom eines Familien- und Gesellschaftsromans, den auch Jamies langsames Sterben nur unwesentlich aufzuhalten vermag. Im Bewußtsein, daß ihr Unglück unabwendbar und ihr Reichtum beträchtlich sei, leben die aufgeregten Vaughts alles in allem recht still dahin – dies ist die Quintessenz ihres Daseins. Nicht jedoch die Lösung für Barretts Leiden.

Ihretwegen verläßt Percy im letzten Kapitel des Romans den Pfad der Erzählertugend und wird phasenweise leider doch zum Verfasser eines weltanschaulichen Traktats. Verantwortung dafür trägt das Notizbuch des heruntergekommenen, naturgemäß aber hellsichtigen Arztes Sutter Vaught, des schwarzen Schafes der Familie. In aller Ausführlichkeit breitet es Percy aus: Es enthält, erzähltechnisch nur notdürftig kaschiert, seine eigenen Ideen zum Verhältnis von Gott und Welt, zu Barretts metaphysischer Verdammnis – und zu amerikanischen Tagesaktualitäten.

Letztere freilich besitzen einen Vorzug. Sie erinnern noch einmal daran, auf welch seltsamen Umwegen und mit welch erheblicher Verspätung gerade Percys wichtige Bücher nach Deutschland kamen. Dabei hat Walker Percy, Arzt von Haus aus und ohnedies ein literarisch Spätgeborener, kein eben opulentes Werk publiziert – seit 1961 entstanden fünf Romane und ein Band mit Essays.

›The last Gentleman‹, Percys zweites Buch, erschien 1966. Und das Land, von dem hier auf subtile Weise erzählt wird, ist das Amerika vor den Studentenunruhen, vor dem Vietnamkrieg und vor dem Höhepunkt der Bürgerrechtsbewegung.

Die Entstehungszeit des Buches also ist für seine heutige Wirkung von einigem Belang. In den Vereinigten Staaten hat man Percy, die Formel ist nicht ohne Reiz, »einen Kurt Vonnegut für denkende Menschen« genannt. Hierzulande erscheint gerade der letzte Gentleman Bill Barrett wie ein hintergründig naiver Verwandter des ›Stiller‹ und des ›Homo Faber‹ von Max Frisch – ein Verwandter, dessen existentielle, ja nachgerade romantische Zerrissenheit wir freilich erst zu einem Zeitpunkt zur Kenntnis nehmen, zu dem die nur wenig älteren Figuren Frischs bereits im Rang von Gegenwartsklassikern stehen. Nein, zu Identifikationen lädt Bill Barretts Geschichte auch deshalb nicht mehr ein. Aber sie besitzt einen außergewöhnlich melancholischen Charme und ist fast immer ein Lesevergnügen, auch wenn oder gerade weil sie fast ausschließlich von den Lebensverwirrungen einer jüngst vergangenen Epoche handelt.

1980 hat Peter Handke den ersten, 1961 erschienenen Roman ›Der Kinogeher‹ übersetzt und Percy damit für hiesige Leser recht eigentlich erst entdeckt – ›Liebe in Ruinen‹, Percys satirischer Beitrag zu den Szenen vom Ende der Welt, der 1974 in Hanna Muschgs Übersetzung veröffentlicht wurde, und ›Lancelot‹, die ein wenig langatmige Beichte eines besessenen Ehemanns, waren zuvor ohne größere Resonanz geblieben.

Was aber fasziniert Handke an diesem amerikanischen Autor? Mit Sicherheit einige wahlverwandte Erzählemphasen. ›Suche‹ und ›Schwelle‹ etwa, Schlüsselwörter in Handkes Prosa, gehören auch zu Percys Repertoire. Aber das Stilmittel der Ironie, das sich auf beinahe jeder seiner Seiten findet, kennen die Texte des Schriftstellers Peter Handke bedauerlicherweise überhaupt nicht. Nur als Übersetzer hat er damit keine Mühen. Denn auch seine Übertragung des ›Letzten Gentleman‹ beweist, einigen Nachlässigkeiten zum Trotz, Handkes sicheres Gespür für Atmosphäre und Aura dieser klaren, von wissender Heiterkeit erleuchteten Prosa.

Goldlicht von den Bergen

Über Amos Oz' Roman ›Der dritte Zustand‹

Mit den Träumen wird in der Literatur viel Unsinn angerichtet. Oft dienen sie den Autoren bloß als willkommener Vorwand für sprachliche Schaumschlägerei und symbolischen Hokuspokus. Wer den Alltag erzählend nicht zu bewältigen vermag, flieht gern zu den Mysterien des Schlafs: frei von den Gesetzen der Logik, läßt sich dort bedeutungsschwer fabulieren.

Mit einem Traum beginnt der neue Roman des israelischen Schriftstellers Amos Oz. Wie üblich, werden allerlei Verwicklungen inszeniert, unklare Situationen entstehen, der Ort des Traumgeschehens bleibt vage. Irgendwie steuert das Ganze auf eine Katastrophe zu. Chiffren des Holocaust tauchen auf und mit ihnen ein undeutliches Gefühl der Angst, er könne sich wiederholen. Ausweglos erscheint die Lage des Träumenden. Da flüstert eine Frau ihm zu: »Fürchte dich nicht, Efraim, ich kenne einen Weg und werde dich lebendig auf die arische Seite bringen.« Wundersam geborgen fühlt er sich – bis er in der geheimnisvollen Fremden die längst gestorbene Mutter erkennt.

Auch dieser Traum ist ein Konstrukt. Aber es spricht für das handwerkliche Können von Amos Oz, daß er den Roman ohne nennenswerten Schaden über das erste Kapitel ebenso hinwegführt wie über die Klippen einiger anderer Traumpassagen im weiteren Verlauf. Gewiß, sie alle sind nicht frei von somnambulem Firlefanz und symbolträchtiger Last. Aber sie pressen die Obsessionen und Neurosen dieses Efraim Nissan, der sich bald als Hauptfigur entpuppt, letztlich nicht in ein simples Deutungsmuster: was er am Tage tut, wird von den Ungeheuern der Nacht zwar mitgeprägt, aber nicht bestimmt.

Zum Glück hat Oz auch der Versuchung widerstanden, die flüchtige Struktur der Träume unmittelbar in Sprache zu übersetzen. Er sorgt für Distanz: Was man liest, sind die Traumprotokolle des eben aufgewachten Helden, Nacherzählungen, noch nah am Schlaf der Vernunft, aber schon vom Verstand geordnet und kontrolliert. Um epische Ordnung und Kontrolle zu verstärken, hat der Autor noch einen allwissenden Erzähler zur Hand. Und der deutet bisweilen ironisch an, was von den Eintragungen ins »Traumbuch« zu halten ist: Sie sind, nicht zuletzt, ein weiterer *spleen* des an Wunderlichkeiten reichen Herrn Nissan, den seine Freunde Fima nennen.

Unmengen von Marmelade- und Käsebroten hat er am Ende des Romans verzehrt und Dutzende von Tabletten gegen sein Sodbrennen geschluckt. Mindestens dreimal am Tag beschließt er, sofort sein Leben zu ändern. In seinen Selbstgesprächen rechtet er mit Gott und der Welt, beruft imaginäre Kabinettsitzungen ein, um die Frage der von Israel besetzten Gebiete und das Palästinenserproblem ein für allemal zu lösen. Er fällt seinen Bekannten mit Telefonanrufen zur ungünstigsten Zeit auf die Nerven und verstrickt sie in die immergleichen Debatten. In seiner Wohnung herrscht Chaos, in seinen Taschen Leere, in seiner Seele Melancholie – und in seinem Kopf streiten Größenwahn und Demut unentwegt. Kurzum, Fima ist der Prototyp des vertrottelten Intellektuellen. Eigentlich also ein unsympathischer Mensch, ein ewiger Besserwisser und Nörgler, der selber wenig zustande bringt.

Aber merkwürdigerweise schafft er es, daß man ihn immer sympathischer findet. Ja, man gönnt ihm alsbald seine kleinen Triumphe, sehnt sie nachgerade herbei. Wann wird der Sprecher der Rundfunknachrichten endlich wieder eine jener die Wirklichkeit verfälschenden Worthülsen verkünden, über die sich Fima dann sprachkritisch lustig machen kann? Wann ergibt sich wieder eine Gelegenheit, um jene herrliche Anekdote vom Eisenbahndirektor des Staates Israel anzubringen, die der Held aus dem unerschöpflichen Geschichtenfundus seines Vaters übernommen hat? Wann wird ihm der Name jenes berühmten finnischen Feldmarschalls wieder einfallen, der für die Lösung eines Kreuzworträtsels dringend benötigt wird?

Daß man an Efraim Nissans Auftritten zunehmend Gefallen findet, liegt an der Aura, mit der Oz ihn umgibt. Man beobachtet dieses schwerfällige, vierundfünfzig Jahre alte Riesenbaby beim Kampf mit den Tücken seines Körpers und seiner häuslichen Objekte, dem Wasserkessel etwa oder dem Radio – und spürt die milde Tragik, die hinter seiner Unfähigkeit zum praktischen Handeln liegt. Man hört seinen Monologen zu – und bemerkt, daß dieser Intellektuelle nicht nur skurril, sondern auch wirklich intelligent sein kann. Man begleitet ihn zur Privatpraxis für Frauenheilkunde, in der der akademische Hoffnungsträger und aufstrebende Dichter von einst nach Abbruch seiner Karrieren als Faktotum untergekommen ist – und erkennt in ihm die wahre Seele des Betriebs.

Mehr als bemerkenswert, mit welcher Freude am Detail, mit welch psychologischem Gespür und szenischem Erfindungsreichtum Amos Oz seine Hauptfigur glaubhaft zu machen versteht: Dieser Efraim Nissan ist ohne Zweifel die eindringlichste Romangestalt, die ihm bisher gelang. Kein Wunder, daß dem Helden auch das erzählerische Glanzstück des Buchs vorbehalten bleibt. Eine Stunde der wahren Empfindung darf er erleben, ganz allein in seiner Wohnung. Was einem Menschen durch Kopf und Sinne gehen kann, während er in der Küche einen Kakerlak entdeckt und im Radio ein Requiem erklingt: Amos Oz hat es, ohne jedes Pathos, bar jeder Sentimentalität und wunderbar leicht, auf wenigen Seiten versammelt. Aus dem melancholischen Fima wird dabei ein mutiger Möglichkeitsmensch: Welche Wege, so läßt ihn der Autor konjunktivisch räsonieren, stünden ihm noch offen, wenn er jetzt gleich aufbräche?

Ein sehr legitimer Nachfahr von Ulrich, Robert Musils ›Mann ohne Eigenschaften‹, ist Fima in diesem Augenblick – und bleibt es für den Rest des Romans. Wie Ulrich führen auch ihn das Denken und Empfinden in Konjunktiven über die Wirklichkeit hinaus, hin zu etwas, das wirklich wesentlich scheint. ›Der andere Zustand‹ hieß das bei Musil, ›Der dritte Zustand‹ heißt es bei Oz – und meint jene besondere Klarheit über sich selbst, die auf dem Boden des Tatsächlichen so wenig zu erreichen ist wie in den Luftreichen der Träume. »Taghelle Mystik«: Musils Formel für das Wahre erschließt sich Efraim Nissan beim Blick aus seinem Fenster, beim morgendlichen Anblick des »Goldlichts«, das von den Bergen kommt.

Gleich das folgende Kapitel zeigt eine andere, nicht minder erstaunliche Fähigkeit des Schriftstellers Amos Oz. In einem Café hat sich Fima mit einer Frau verabredet. Sie klagt ihm das Leid ihrer Ehe, er hört zu und tröstet sie, so gut er kann. Am Nachbartisch debattieren ein militanter jüdischer Siedler aus den besetzten Gebieten, ein rechter Knessetabgeordneter und ein gerissener Rechtsanwalt. Diese Unterredung interessiert Fima eigentlich viel mehr: Er will wissen, was seine politischen Gegner aushecken. Und so verknüpft Amos Oz beide Szenen im Kopf seines Helden – eine Simultanschaltung zweier völlig entgegengesetzter Gespräche, die überdies brillant wiedergegeben werden. Ja, es ist oft perfektes Handwerk, das dieser Autor bietet.

Den Träumen und dritten Zuständen zum Trotz wird in seinem neuen Buch sehr realistisch, ja fast ein wenig altmodisch und bisweilen auch behaglich erzählt. Aber es ist voll von verblüffenden Beobachtungen und stilsicherem Witz, von Menschenkenntnis und Welthaltigkeit. Wie müßig alles theoretische Nachdenken über literarische Formen und Experimente sein kann: es wird wieder bewußt an der unprätentiösen Prosa des Amos Oz. Er hat keine avantgardistische und, Gott bewahre, auch keine postmoderne Ästhetik. Dafür besitzt er in hohem Maße die beiden kostbarsten Gaben des bedeutenden Erzählers: Er hat etwas zu sagen – und ausdrücken kann er es auch.

Das Geheimnis des Romans ›Der dritte Zustand‹ ist seine Atmosphäre. Man kann es lüften: Atmosphäre entsteht hier vor allem durch eine unbändige Lust an der Genauigkeit. Stets weiß man in diesem Buch, wieviel Uhr es gerade ist. Keine einzige auch nur einigermaßen wichtige Figur tritt auf, ohne daß man nicht umgehend über Alter, Herkunft, Beruf, private und soziale Verhältnisse informiert würde. Die Zeit der Handlung erstreckt sich nicht über ein paar beliebige Wintertage, sie dauert präzise vom 13. bis zum 18. Februar des Jahres 1989. Und Jerusalem als Ort des Geschehens zu benennen wäre viel zu allgemein: Besonders in den Stadtteilen Kiriat Jovel und Kiriat Schmuel, in Bet-Hakerem, dem Bucharenviertel und in Rechavia spielt Fimas Geschichte – Zwischenräume werden mit dem Bus, dem Taxi oder zu Fuß überbrückt: welch eine Gelegenheit jeweils für neue Szenen und Skizzen aus dem Alltag dieser Großstadt.

Wer, wie, wo, wann und weshalb: daß man darüber keine Sekunde im unklaren bleibt, macht nicht zum geringsten den Reiz des Buches aus – seine Genauigkeit ist die Voraussetzung für seinen Charme. Und sein Glück ist, daß es sich zum Gesellschafts- und Zeitroman weitet. Fimas Arbeitskollegen, seine Freunde und Verwandten kommen ins Bild, bringen ihre Geschichten, ihre Dramen mit. Der Vater des Helden, ein zweiundachtzig Jahre alter und, wie es scheint, immer noch putzmunterer Kosmetikfabrikant und Frauenheld, Fimas geschiedene Frau und ihre neue Familie, die beiden Frauenärzte und die Sprechstundenhilfe: sie werden ebenso lebendig wie jener erfolgreiche Gelehrte an der Hebräischen Universität, den Fima insgeheim beneidet, den er deshalb fortwährend provoziert. Einige Freunde nicht zu vergessen, ohne die der Held gar nicht lebensfähig wäre.

Israelische Bürger der Mittelklasse und der Oberschicht im Jahre 1989, Angestellte der Regierung, Rechtsanwälte, Kaufleute, Wissenschaftler. Was sie bewegt und umtreibt, klingt sehr vertraut: Berufsprobleme, Liebesleiden, Weltschmerz und Kindersorgen. Das Besondere an ihrer Situation aber ist der Staat, in dem sie leben. Über Israel, über die Gründe seines Entstehens, die Ideale, die es propagierte, die Kriege, die es führte, und über den Frieden, den es immer noch nicht hat: darüber diskutieren die Figuren des Buchs mit Zynismus oder Ironie, mit Skepsis, Engagement oder Leidenschaft – vor allem jedoch mit unerschöpflicher Ausdauer. Und bei diesen Diskussionen ist Amos Oz ganz in seinem Element.

Denn dieser 1939 geborene Schriftsteller hat sich von Beginn seiner Laufbahn an in die Politik des Landes eingemischt. Als Jugendlicher verließ er sein Elternhaus, dessen Bürgerlichkeit ihm zu eng wurde. Drei Jahrzehnte lebte er in einem Kibbuz, für dessen sozialistische Ziele er bis heute einsteht. Während des Sechs-Tage-Krieges kämpfte er im Sinai, während des Jom-Kippur-Krieges auf den Golan-Höhen. Oz ist ein Patriot, kein Pazifist. Aber als Patriot und linker Zionist hat er schon früh einem Vertragsfrieden mit den arabischen Ländern und einem palästinensischen Staat das Wort geredet.

Natürlich haben seine politischen Analysen und Überzeugungen auf vielfache Weise Eingang in sein literarisches Œuvre gefunden. Indes, er hat es fast immer vermieden, seine Bücher zur Plattform von Programmen zu machen. Fünf seiner Romane lagen bisher auf deutsch vor. Deren Stärken besitzt sein neues Werk auch. Aber es vermeidet nahezu alle ihre Schwächen. Oft und nicht zu Unrecht hat die Kritik diesem Autor Mißgriffe etwa bei der Wahl der Erzählperspektive, beim Aufbau der Handlung oder bei der Darstellung der Figuren vorgehalten. Daß er mit poetischen Mitteln die Geschichte seines Landes aufbewahrte und nachzeichnete, machte ihn gleichwohl zu einem der wenigen israelischen Schriftsteller von weltliterarischem Rang. Diesen Rang festigt der neue Roman – er zeigt den Autor Amos Oz zudem auf einem Höhepunkt seiner Kunst.

Porträt des Künstlers als Vampir

Über Adolf Muschgs Roman ›Das Licht und der Schlüssel‹

Einen Vampir zum Ich-Erzähler und zur Hauptfigur eines Buches zu machen, das im Heute spielt und zugleich nichts wissen will vom Hokuspokus einer Horrorgeschichte – wird das gutgehen? Oder war Adolf Muschg, der psychoanalytisch geschulte und dennoch empfindsame Seelenspezialist der deutschsprachigen Gegenwartsliteratur, am Ende doch vom guten Geist verlassen, als er uns mit einem bösen kam?

Fest steht nach mehr als fünfhundert Seiten immerhin, daß Muschgs poetischer Tanz mit dem Vampir bisweilen aus dem Takt gerät und überdies an nicht unerheblichen Schrittfehlern krankt. Die Lust an und die Last dieses Autors mit der großen Form des Erzählens jedenfalls dauern fort – auch ›Das Licht und der Schlüssel‹ ist dafür neuerlicher Beweis.

Aber Muschg hat mit diesem Buch noch etwas anderes und entschieden Ehrgeizigeres im Sinn als die bloße Fortschreibung eines Formversuchs. Bereits der Titel des Werkes verweist darauf, indem er vorläufige Erhellung – ›das Licht‹ – und letzten Aufschluß – ›den Schlüssel‹ – wenigstens in Aussicht stellt, wenn nicht gar verspricht. Und im Verlauf der vier, in Umfang wie Überzeugungskraft sehr unterschiedlichen Kapitel wird denn auch offenkundig: Muschgs literarisches Ziel war so etwas wie ein Meta-Roman.

Was hat man sich darunter vorzustellen? Nun, zunächst des Autors Bestreben, all die Figuren, Themen und Motive, die schon in früheren Arbeiten sichtbar wurden, im Brennspiegel eines einzigen Buches, in einer einzigen, gültigen Geschichte verdichtend zu versammeln.

Mit Constantin Zerutt etwa, der einen Hauptfigur von ›Albissers Grund‹, dem 1974 erschienenen Roman, teilt Constantin Samstag, der erzählende Vampir, außer dem Vornamen die Eigenschaft, nur noch auf einem Auge sehend, immerhin jedoch mit einem Auge davongekommen zu sein. Auch die Verwandtschaft Samstags mit dem »Herrn Bischof« aus dem Debütroman ›Im Sommer des Hasen‹ von 1965 stellt der Autor ausdrücklich her; mit den Niederlanden ist es wieder ein fremdes Terrain, auf dem der Schweizer Autor seine Geschichte spielen läßt – weitere Anspielungen auf und Parallelen zu den früheren Büchern ließen sich nachtragen. Aber darauf kommt es letztlich gar nicht an. Wichtiger ist, was den neuen Ansatz von vergangenen Versuchen unterscheidet, und ob es ihm gelingt, insgesamt notwendiger und glaubhafter zu erscheinen als sie.

Ingeborg Bachmann hat einmal von der »Problemkonstante« gesprochen, die sich im Werk eines Autors zu zeigen habe. Für Muschg besteht da kein Zweifel: sein Problem, sein Thema steckt in der »Schlüssel«-Frage, die zunächst seinen Frankfurter Poetik-Vorlesungen des Jahres 1980 und danach einem weit über sie hinausgreifenden Essay den Titel gab – ›Literatur als Therapie?‹

Nicht um den helfenden Ertrag der Dichtung für den Leser ging es dem Verfasser dabei, vielmehr um die – letztlich wohl unmögliche – Selbstheilung des Schriftstellers im und durch das Schreiben. Jeder Lebenskonflikt aber, den ein Autor zu umgehen oder zu vermeiden suche, so lautete eine der Überlegungen, erzeuge »einen Doppelgänger im Werk«. Von solchen Doppelgängern mithin wimmelt es förmlich in der Prosa des Adolf Muschg. Und sie alle leiden, mehr oder weniger, an ihrer Unfähigkeit, einfach bloß leben und die vielbeschworenen Wonnen der Gewöhnlichkeit genießen zu können, sie klagen über ihre Last, sich fürchten und *deshalb* erzählen zu müssen, sie kommen nicht zu Rande mit ihrer Verachtung für den eigenen Körper, sie hassen ihr Spiegelbild und verurteilen fortwährend das, was sie naturgemäß nicht lassen können: das Denken und die Kopfarbeit. Kurzum, sie sehen sich schon selbst als lebendige Leichen an.

Eine lebendige Leiche aber ist im Aberglauben des Volkes, in den Studios der Filmgesellschaften und an den Schreibtischen der Poeten allemal – ein Vampir. Daß Adolf Muschg in seinem neuen Buch auf einen solchen Doppelgänger verfiel, mag, um des Autors willen, wohl erschrecken. Für den Autor aber ist der Vampir als Held ein Zeichen für die Radikalisierung seiner Aussage und also künstlerisch durchaus konsequent. Just in diesem Sinn ist Constantin Samstag auch die bislang glaubwürdigste Figur des Romanciers Adolf Muschg.

In seinem jüngsten Buch einen Meta-Roman zu vermuten, legen freilich auch noch andere Indizien nahe. Denn ›Das Licht und der Schlüssel‹ ist beides zudem: ein Roman im (und also über den) Roman ebenso wie ein in Wechselreden erzählter Essay über das Vermögen und die Grenzen der Kunst im Gewande der Malerei.

Recht geschickt weiß der Autor dieses Programm mit der eigentlichen Handlung zu verknüpfen. Wie Scheherezade nämlich in Tausendundeiner Nacht erzählend ihr Leben erhält, so kämpft im ersten Kapitel dieses Buchs der Kellerbewohner Constantin Samstag in Amsterdams ›Herengracht 1001‹ mit seinen Geschichten gegen die bösartige Zellkrankheit einer Mitmieterin aus der Beletage des alten Patrizierhauses. Ihr, Mona mit Namen, will er erhalten, was er verlor: das Leben. Ihr will er ersparen, was er sucht, und fürchtet zugleich: den Tod.

Unterrichtet von diesen nächtlichen Erzählexerzitien werden wir vorab durch jene Briefe, die Samstag an seinen Chef zu richten pflegt. Für diesen bis aufs letzte Kapitel nur indirekt anwesenden, dafür unermeßlich reichen und unermeßlich einsamen Tabak-Tycoon im Un-Ruhestand hat sich Muschg – nein, keinen Namen, sondern den exotischen Geheimklang »Rulman Merswin Gezaghebber« ausgedacht. Und ausgedacht hat er sich auch den exzentrischen Auftrag, den der zu allem symbolischen Übermaß auch noch vollkommen blinde Gezaghebber seinem einäugigen Angestellten mit auf den Weg gibt: Samstag soll die besten drei, wenigstens aber ein einziges perfektes Stilleben aus Hollands siebzehntem, seinem goldenen Jahrhundert beschaffen. Es gilt der Vertrag, diesen Versuch erst einzustellen, wenn »klipp und klar« gesagt werden muß: »Das Bild, das Sie suchen, fehlt auf dem Markt; ... es war nicht menschenmöglich, es zu malen... Es ist eine Utopie. Es gibt kein Bild auf der Welt, das Sie sehend machen kann.«

Die Hybris des Vereinsamten also liegt in seinem Anspruch auf die Tröstung durch eine absolute und vollendete Kunst, deren Licht in jedes Dunkel dringen kann. Dagegen steht nun Monas schierer Wille, nur zu sein. »Sehen wir zu, Sie, der Blinde, ich, der Tote«, schreibt Samstag demzufolge, »ob unsere Geschichte sich zum Bilderhandel entwickelt, wie Sie es wünschen, oder zum Roman nach Monas Erwartung.« Der Roman nach Monas Erwartung, von Samstag selbstquälerisch »eine Klamotte von Gefühl« gescholten, daneben und dagegen der mephistophelische Pakt zweier Männer um das Stilleben schlechthin, um das still gestellte Leben in purer Anschauung und Kontemplation: das ist die Versuchsanordnung, der Muschg seine Figuren wie in einem Wettstreit unterwirft. Samstag, dem Akteur und Beobachter in einer Person, wird dabei die Rolle des Mittlers zuerkannt: höflich darf er Mona helfen, heillos muß er selber sein, Gezaghebber entschädigt er durch Briefe für seine hinhaltende, mit wenig Eifer betriebene Suche.

Eine Allegorie ist darüber entstanden, in der Frau Mona das Leben, der Vampir Samstag die Kunst im zeitlosen Zwischenreich und der alte Tabakkönig den Tod darzustellen haben. Und merkwürdig genug, solange das Geschehen im Banne dieser Zeichenhaftigkeit verbleibt, vermag es als Gedankenexperiment auch literarisch zu überzeugen. Gerne folgt man dem Autor in die immer neuen Kunstexkurse des dritten Kapitels, das Mona nach einigen Krankheitsgewinnen im Vorteil sieht, ihr zudem einen Liebhaber beschert und deshalb auch, ebenso triumphal wie folgerichtig, »Roman« betitelt ist.

Mit Lust und Gewinn hört man den Debatten zu, die Muschgs Figuren über das unvergleichliche Licht auf den Gemälden des Jan Vermeer wie über die genialisch-verzweifelte Arbeit seines Fälschers und Neuschöpfers Hans van Meegeren leidenschaftlich und bisweilen auch kenntnisreich zu führen wissen – ein kleines Glanzstück des Essayisten Muschg in Sachen Wahrheit, Täuschung und Lüge. Man läßt sich unterrichten über die Usancen des internationalen Kunstmarkts und erinnert mit Muschgs Figuren den Fall des niederländischen Nazikollaborateurs, des Menschen- und Bilderverschacherers Pieter Menten. Ja, man ist nach dem Ende des Romans im Roman sogar bereit, die etwas kopflastig-abstrakte »Nachschrift«, einen Briefmonolog des Tabakkönigs Gezaghebber, nachzulesen in der Hoffnung, Hinweise zu erhalten über ein mögliches Ergebnis im neu inszenierten allegorischen Streit.

Über den durchaus bemerkbaren Spannungsabfall beim Lesen helfen zudem die vielen präzisen Beobachtungen am Rand und die bekanntermaßen berückenden Einzelsätze des Stilisten Muschg noch eine Weile hinweg. Allein, auf Dauer ist den Untiefen dieses Romans nicht zu entgehen. Denn der Vampir, das ist ja schließlich seine Pflicht, verlangt nach Opfern. Mona freilich ist ihm heilig, und seine allegorische Aufgabe nimmt ihn verständlicherweise nicht voll in Beschlag. Muschg jedoch hat ihn herbeizitiert und muß ihm nun auch frische Nahrung reichen.

Wo könnte dies besser geschehen als »an den Kehlen blutvoller Niederländerinnen«? Vorzugsweise gemeint sind damit die Gattinnen jener Ärzte, die Muschgs Erzähler zunächst mit ratlosen Diagnosen und dann mit Todesprophezeiungen abzuspeisen suchen.

Der reagiert konsequent: »Immer wenn mich ein Arzt zum Tode verurteilt, bekomme ich Hunger auf seine Frau.«

Und so sehen wir sie denn in seinem Keller erscheinen, die Montags-, Mittwochs- und Freitagsfrauen Maaike, Myrna und Jeanette, sehen sie zu sich selbst kommen unter Samstags Form des Aderlasses, der »Saugtherapie«. Ihm freilich, dem Seelenexperten in eigener Sache, ist die Vampiriade nur ein »Akt der Entfernung«, ein Ersatz für die Unmöglichkeit, zu lieben und sich an seiner Liebe zu den Frauen auch körperlich zu erfreuen. Noch manche Szene gibt dieses Grunddilemma her: hier eine Ärztesatire, dort ein Kolleg über Autoaggression, hier einen Seitenhieb zur Psychokultur, zum allfälligen Duzen und zur Frauenemanzipation, dort das wohlfeile Genrebild einer Vernissage mit Ursprünglichkeitskult und Kritikerkarikatur.

Muschg läßt keine Gelegenheit aus, die klassischen Dracula-Rituale wieder aufzugreifen, zu persiflieren und zu parodieren. Das mag ja für den Meta-Roman vonnöten sein – als ironisches Gegengewicht zum herben Selbstporträt des Autors als Vampir nun ein etwas altertümlich ausstaffierter, lakonischer Komödiant aus Transsylvanien in der Schweiz. Aber diesen Widerspruch, diese Entgegensetzungen hält die Figur nicht aus. Plötzlich klingt es bloß pathetisch – oder schlimmer noch: banal –, wenn Samstag in Angst und Sorge um Mona zu schreien beginnt, den Pfahl ins Herz verlangt oder im Nebensatz die Kunde vermittelt, er habe einen Unschuldigen zu Tode gebissen, weil man ihn nicht erlöste.

Das gespaltene Monster, ergreifend bisweilen in der verschlüsselten Nähe zu seinem Erfinder, ist ohne Bedeutung für den Leser, wenn es dieses Bezuges entbehrt. In modischer Sanftheit endet denn auch der ›Erziehungsroman eines Vampirs‹ – Mona und ihr Geliebter bieten Samstag an, mit ihnen eine Wohngemeinschaft zu gründen und gelebtes Leben zu probieren, solange es noch geht.

Der Geläufigkeit, den Leerstellen und den zwangsläufigen Wiederholungen der Vampiriade widersetzt sich auf irritierende Weise das zweite, kleinste Kapitel des Romans – es bewahrt sein jedem Schlüssel unzugängliches Geheimnis. Aus verschiedenen Blickwinkeln entsteht die Phantasmagorie über ein verlorenes Kind. Mona, die es nicht austragen konnte, und Samstag, den Monas nie geborene Tochter an eine vergeblich umschwärmte Mitschülerin erinnert – beide machen sich ein häufig wechselndes, gleichsam flimmerndes Bild dieser fernen, dritten Person, die sie mal »Frauke«, mal »Mani« nennen und die für einen Moment das Versprechen birgt, die schwerkranke Frau und den lebendig-toten Mann zusammenzuführen. Aber das Mädchen verschwindet schnell, in und mit den Bildern, die es selber malt. »Ich soll die Katze füttern, das ist alles«, bemerkt Samstag nach dem Erwachen aus der Phantasie.

Es gibt ähnlich erkenntnisbittere Passagen in diesem Roman, und es gibt Passagen von großer Klarheit und intellektueller Brillanz. Man mag Muschg deshalb aufs neue den Meister der kleinen Formen nennen und hinzufügen, daß er des Romans eigentlich gar nicht bedürfe. Nicht einfach, zu widersprechen angesichts seines neuen Buchs. Bleiben aber wird das unbändige Verlangen dieses Schriftstellers nach der großen, ein Ganzes umfassenden Gattung. Nur sie scheint ihm die angemessene literarische Entsprechung zum einzigartigen Stilleben als dem Absoluten der Kunst. In der Form des Romans mithin sucht Muschg auch nach jenem holländischen Licht, das neben der Erleuchtung des Lesers die Erlösung des Autors birgt – seine Therapie. »Dieses holländische Licht«, sagt Samstag, »dieses verfluchte Licht der Maler!« Es ist, so hat es den Anschein, hier zugleich auch die Rede vom Fluch des Adolf Muschg.

Der Schuster und sein Leisten

Über Susan Sontags Roman ›Der Liebhaber des Vulkans‹

Im August 1992 meldete die Londoner ›Times‹, Susan Sontag habe sich mit der Billigung, ja mit dem Beifall ihres Psychiaters von der Essayistik abgewandt, dem Genre, das sie zu einem Star des Literaturbetriebs gemacht hatte. An die Stelle der Essays sei nun ein romantischer Roman getreten. Indem sie ihn schrieb, habe sie verschüttete Leidenschaft wieder freigesetzt und neue Wonnen entdeckt.

Susan Sontag selbst hat diese Nachricht in mehreren Interviews und Gesprächen bestätigt. »Das meiste, was ich in der Vergangenheit gemacht habe«, sagte sie etwa zu einer Mitarbeiterin der ›Washington Post‹, »mochte ich nicht sehr und hielt es auch nicht für so gut.« Die Arbeit am Roman hingegen, an dem sie drei Jahre lang täglich zwölf Stunden gesessen habe, sei ein wahrer »Freudentaumel« gewesen.

Man muß ihr glauben. Susan Sontag hatte die Nase voll von dem, was sie kann. Ihre Analysen, Reportagen und Studien haben ihr seit Mitte der sechziger Jahre bei Intellektuellen diesseits und jenseits des Atlantiks Bewunderung und ein unbestrittenes Renommee eingetragen. Gewiß, zu ihrem Werk gehörten auch bisher schon zwei Romane und ein Band mit Erzählungen. Man nahm sie freilich nicht besonders ernst, eine Ansicht übrigens, die von der Autorin geteilt wurde.

Ganz anders beurteilt sie den neuen Roman ›Der Liebhaber des Vulkans‹. Ihn sieht die mittlerweile Einundsechzigjährige zunächst als eine zwar späte, jedoch entscheidende Zäsur in ihrer beruflichen Biographie. Schluß sei jedenfalls mit der Rolle als »Meinungsmaschine«; den »Guru«, den »Geschmacksrichter« wolle sie fortan nicht mehr spielen. Eine Kritikerin desertiert aus ihrem Metier. Und bestätigt zugleich das hartnäckigste Vorurteil gegenüber ihrem Stand. »Ich will nicht länger Zirkusdirektor sein«, sagte sie zu Sigrid Löffler vom Wiener ›Profil‹, »sondern lieber einer der Akrobaten.« Hinter dieser Metaphorik verbirgt sich der uralte Verdacht, der Kritiker wäre insgeheim viel lieber Künstler: Weil er aber zur Kunst nicht tauge, räche er sich durchs Rezensieren.

Jede radikale Veränderung, die als befreiender und beglückender Akt erlebt wird, erzeugt Phantasien über die eigene Größe, die eigene Bedeutung. Auch bei Susan Sontag. Da sie ihren Roman als zentralen »Wendepunkt« in ihrem Leben begreift und diese Wende als ein existentielles Glück, könne auch, meint sie, das literarische Ergebnis nur glanzvoll sein. Also ist es völlig logisch, wenn sie ihren ›Liebhaber des Vulkans‹ euphorisch charakterisiert: »Ich glaube, er ist das beste Buch, das ich je geschrieben habe.«

Gut und schön. Leider jedoch hat das Gute einen Schönheitsfehler: Susan Sontags höchst private Krise und deren Heilung, eigentlich kein Thema für die Literaturkritik, können nicht privat bleiben. Denn sie sind zum Buch geworden und benötigen deshalb für ihren vollen Erfolg die Öffentlichkeit als Spiegel, der das grandiose Selbstbild unbeschädigt zurückwirft: durch Lob. Dies macht es so unangenehm, über den ›Liebhaber des Vulkans‹ zu urteilen. Da der Roman fast ausschließlich ein Fall von Selbsttherapie ist – weshalb sagen, er sei schlecht?

Weil es gesagt sein muß. Aber etwas Indiskretes haftet dem Urteil an, etwas Ungebührliches auch, weil man nicht die geringste Lust verspürt, mit dem Buch auch eine Lebensentscheidung zu tadeln, und Susan Sontag überdies das endlich erlangte psychische Gleichgewicht von Herzen gönnt. Allein, so entschlossen wie sie hat selten ein Autor die Qualität seiner Literatur mit der Wirksamkeit einer Therapie verknüpft. Man muß hoffen, daß sich Frau Sontag irrt – und ihr schwacher Roman eben ein schwacher Roman ist und sonst nichts.

Die Geschichte des Altertumsforschers Sir William Hamilton, der seit 1764 als englischer Gesandter in Neapel seinen Dienst versah, bei den Ausgrabungen von Pompeji und Herculaneum zugegen war, aus Leidenschaft und wissenschaftlichem Interesse oftmals den Vesuv bestieg und als bedeutender Sammler antiker Vasen galt: diese Geschichte ist bekannt. Noch bekannter ist die seiner zweiten Frau, die sich Emma Hart nannte, aus einfachsten Verhältnissen ins Rampenlicht der oberen Stände geriet, ihrer außerordentlichen Schönheit wegen gerühmt wurde und zum vielbegehrten Modell der Maler avancierte. Gut dreißig Jahre jünger als ihr Mann, verliebt sie sich in Englands Seehelden Horatio Nelson: Die Verbindung lieferte viel Gesprächsstoff für die europäischen Salons im Zeitalter der Französischen Revolution.

Was Geschichtsschreiber beschrieben und Kolportageautoren ausgemalt haben, was Vorlage für Kinoschnulzen ebenso bot wie für Gesellschaftsanalysen: das erzählt Susan Sontag noch einmal und erschreckend breit. Natürlich kennt sie sich aus, und natürlich hat sie sich ein eigenes Bild von den neapolitanischen Angelegenheiten zu Hamiltons Zeit gemacht. Also nimmt sie uns nicht nur mit in die Privatgemächer ihrer Hauptfiguren, läßt uns nicht nur teilnehmen an ihren Festen und Geschäften, ihren Reisen, Empfindungen und *spleens*. Sie stellt darüber hinaus überlieferte Deutungen zur Debatte, wertet etwa die romantische Lesart des hohen Paares Emma Hamilton und Horatio Nelson deutlich ins Menschlich-Allzumenschliche um oder ergreift, zumal bei den Auseinandersetzungen zwischen Royalisten und Republikanern im Königreich Sizilien, die Partei der kleinen Leute, die von beiden Kontrahenten rücksichtslos den jeweiligen Interessen geopfert werden.

Nicht zu bestreiten, daß dem Roman auf weit über fünfhundert Seiten Szenen gelingen, die ihrer drallen Komik, ihrer atmosphärischen Prägnanz oder realistischen Genauigkeit wegen für sich einnehmen. Der König beider Sizilien bewirft seine Untertanen von der Opernloge aus mit Makkaroni und kochendheißer Fleischsoße, Hamilton findet Gefallen an einem Affen, bei der Flucht des Hofs von Neapel nach Palermo auf Nelsons stolzem Schiff zollen Besatzung wie Passagiere den Stürmen und den Wellen schrecklichen Tribut. Ja, es finden sich schon Passagen, in denen das Leseeinerlei plötzlich doch zum Vergnügen wird oder zumindest Aufmerksamkeit erheischt. Das gilt zunächst auch für jene reflektierenden Einschübe, in denen sich die Autorin direkt zu Wort meldet, Verbindungen herstellt zwischen der Epoche, in der ihr Roman spielt, und unserer Gegenwart. Bemerkungen über den Typus des Sammlers, über das Witzeerzählen, über die Gewaltbereitschaft, selbst über die Rolle der Frauen einst und jetzt: immer intelligent, oft interessant. Allerdings werden solche Abschnitte rasch geschwätzig, weil sich Susan Sontag gern wiederholt.

Unter den vielen prominenten Figuren, die den Roman bevölkern, trifft man auch auf Goethe. In der ›Italienischen Reise‹ hat er das Verhältnis von William und Emma hellsichtig auf den Punkt gebracht: »Der Ritter Hamilton hat nun nach so langer Kunstliebhaberei, nach so langem Naturstudium den Gipfel aller Natur- und Kunstfreude in einem schönen Mädchen gefunden.« Klar, daß sich die

Autorin dieses Zitat nicht entgehen läßt. Aber sie hat Goethe auch den denkwürdigsten Satz ihres Romans vorbehalten: »Es ist die Aufgabe der Kunst«, läßt sie ihn im Gespräch mit Emma sagen, »die Mühen ihrer Ausübung zu verbergen.«

Susan Sontag verbirgt nichts. An allen Mühen der Ausübung läßt sie uns teilnehmen. Ihr hartnäckig Detail an Detail reihender Stil, der zudem streng der Chronologie der Ereignisse verpflichtet bleibt – er ist's, der die Mühen des Lesens beinahe unerträglich macht. Strenggenommen ist ›Der Liebhaber des Vulkans‹ gar nicht erzählt, sondern referiert. Daß sich kaum Dialoge finden, daß Gespräche lieber in indirekter Rede wiedergegeben werden, ist nur ein Indiz für die Aufzählmanie, der hier gehuldigt wird.

Auch der Vesuv wird der Autorin zum Verhängnis. Als gar nicht so heimlicher Held in der ersten Hälfte des Romans eignet er sich ganz gut für manche vulkanische Metapher: für das unter der Oberfläche brodelnde Unbehagen etwa, das kennzeichnend war für die Jahrzehnte vor 1789, ebenso jedoch für die Glut von Leidenschaft und Liebe oder für eine tödliche Bedrohung. Als unmittelbarer Gegenstand des Erzählens indes wird der Vesuv rasch langweilig: Obwohl sich seine Gestalt nach jedem Ausbruch ändert, lädt er nicht unbegrenzt zu Landschaftsschilderungen ein. Also steigen Hamilton und sein Diener eben einfach nochmals hinauf. So war es wirklich. Aber als Wiederholung des Immerähnlichen gehen die Bergtouren doch sehr auf die Nerven.

Auf den letzten achtzig Seiten ändert Susan Sontag ihre Strategie. Der allwissende Erzähler dankt ab zugunsten von fünf Monologisten, die auf dem Sterbebett oder schon aus dem Jenseits ihre Taten Revue passieren lassen, ihre Gefühle schildern, ihr Leben auf den Nenner bringen. Ganz verschiedenen Ständen gehören sie an, auch als Individuen könnten sie unterschiedlicher nicht sein. Aber sie reden alle gleich. Und so werden auch diese Schlußkapitel bald ein ununterscheidbarer Teil jener zähen und schließlich ganz erstarrenden Sprachlava, unter der ein Roman begraben ist.

Das Deprimierendste, was sich über den ›Liebhaber des Vulkans‹ sagen läßt, stammt ausgerechnet von einem Opfer des Vesuvs. Im Jahre 79 nach Christi war Plinius der Ältere bei einem Ausbruch ums Leben gekommen. Er ist einer der wichtigen Gewährsleute der Susan Sontag. Was er über den Vesuv geschrieben hat, sie kennt es. Ob sie auch um die Anekdote weiß, die Plinius über Apelles, den Hofmaler

Alexanders des Großen, erzählt? Der wurde zornig, als ein Kritiker seiner Bilder plötzlich das Genre wechseln wollte, seine Autorität als Kritiker verwechselte mit den Fähigkeiten des Malers. *Ne sutor supra crepidam*, soll Apelles ausgerufen haben. Zu deutsch: Schuster, bleib bei deinem Leisten.

Die Schrecken der Welt am Tage Null

Über Gert Hofmanns Roman ›Unsere Eroberung‹

Gert Hofmanns Buch ›Unsere Eroberung‹ war der dritte Roman eines Autors, der auf die Frage, ob er sich für einen Romancier halte, kurz und bündig geantwortet hat: »Bestimmt nicht.«

War es also nur ein Mißverständnis, wenn sowohl ›Die Fistelstimme‹ als auch ›Auf dem Turm‹, die beiden ersten 1980 und 1982 veröffentlichten Romane, durchaus respektable Kritiken erhielten und ihrem Verfasser überdies zwei angesehene Literaturpreise eintrugen? Oder ist Hofmanns Aussage bloß eine Harlekinade, die ein weiteres Mal zur Vorsicht mahnt beim Umgang mit den Selbstkommentaren der Schriftsteller? Gut beraten ist, wer bei diesem Autor das Paradox für den Normalfall nimmt. Denn Gert Hofmann, der 1993 im Alter von neunundfünfzig Jahren starb, hatte schon recht: Er schrieb Romane, ohne wirklich Romancier zu sein.

Auch in ›Unsere Eroberung‹ gelang dieses Kunststück auf eine Weise, die Respekt verlangt. Der Roman nämlich hielt, spielend und spielerisch zugleich, das Niveau der beiden Vorgänger. Er bewies zudem die Fähigkeit des Verfassers, einem fast schon zu geläufigen literarischen Thema der letzten Jahre neue und überraschende Perspektiven zu eröffnen. Und er verstand es schließlich, einen persönlichen, autobiographischen Stoff in eine poetische Parabel zu kleiden, die vor allem ästhetisch zu überzeugen wußte.

Gert Hofmann war ein Spezialist des Schreckens. Was immer seinem Protagonisten widerfährt, dicht überm Abgrund spielt es sich ab, kurz vor oder gleich nach einem Zusammenbruch. Dem »neuen Lektor« aus der ›Fistelstimme‹ begegnet man, einen Tag erst nach seiner Ankunft in Ljubljana, bereits wieder auf der Rückreise nach Deutschland, im Gepäck ein gründlich gescheiterter Berufs- und Lebensplan. Den Ich-Erzähler im Roman ›Auf dem Turm‹ begleitet man bei seinem Weg zur dörflichen Touristenattraktion in die diversen Vorhöllen menschlicher Verkommenheiten, die nicht zuletzt als Spiegel seiner eigenen Verfassung dienen.

Was Wunder also, wenn auch die Hauptfiguren von ›Unsere Eroberung‹ sich von Anfang bis Ende in Lebensgefahr befinden, wenn sie keine Chance haben, mit heiler Haut davonzukommen. Einen Vorteil freilich nennen sie ihr eigen: sie sind Kinder noch, ein wenig altklug zwar, gleichwohl mit jenem Maß an Torheit und Naivität ausgestattet, das ihnen sogar in ausweglos erscheinenden Situationen die Tür ins Freie einen Spaltbreit öffnet. Ein ebenso unsentimentales wie entwaffnend altkluges Gerede und die mit scheinbar so leichter Hand entworfene Darstellung von Torheit und Naivität dienen dem Autor denn auch als Stilmittel, mit deren Hilfe er das Entsetzliche zugleich immer grotesk, das Grauen im Stil einer Humoreske und den Zusammenbruch wie eine Komödie zu inszenieren vermag.

Die fortgesetzten Schrecken mit skurriler Heiterkeit zu paaren war allemal ein Kennzeichen des Schriftstellers Gert Hofmann. Beim Verhör im Schlachthof, dem artistischen Höhepunkt des Romans ›Unsere Eroberung‹, erlangt dieses Vermögen gelegentlich virtuose Qualität. Der scharfrichtende Schlachthofdirektor und sein Gehilfe haben die kindlichen Eindringlinge in ihrem Geheimnis- und Gewaltlabyrinth gefangengesetzt. Diese aber unterlaufen mit durchaus angsterfüllter Arglosigkeit ein ums andere Mal die gespenstisch-brutale Szene und kehren sie schließlich um.

»Entschuldigen Sie, aber besteht denn die Gefahr, daß wir hier nicht mehr rauskommen?« fragen die Kinder, denen als Angeklagten das Fragen verboten wurde, im Augenblick der höchsten Bedrohung. Damit ist das Schlimmste auch schon vorüber. Der in Frage gestellte Direktor verliert als Richter und Tyrann jedwede Autorität und wird seinerseits zum lächerlichen Bittsteller: »Also dann, sagt er, gestattet ihr, daß ich weiterrauche? Aber selbstverständlich, sagen wir.«

Die Kehrseite solchen Kunstgewinns ist freilich der drohende Verlust der eigenen Sprache. Eine gewisse Nähe zum Vorbild Thomas Bernhard hat Gert Hofmann nie geleugnet. Wenn er aber nun die gezielte Umständlichkeit von Bernhards Idiom zum Prinzip erhebt und, ein Beispiel nur, seine Protagonisten »statt in die von uns so geliebte Zimmerdämmerung, in die von uns so gefürchtete Zimmerdunkelheit« versetzt, dann wird aus Nähe Abhängigkeit, aus Ironie Nachahmung und aus dem Zitat die bloße Kopie.

Daß dieser Autor andererseits mit dem Vorgefundenen auf höchst originelle Weise umzugehen versteht, zeigt das Thema seines Romans. Da gab es in jüngster Zeit, von Klaus Stillers ›Weihnachten‹ bis zu Hanna Johansens ›Die Analphabetin‹ und von Gerd Fuchs'

›Stunde Null‹ bis zu Monica Streits ›Joschi‹ eine Reihe von erzählerischen Versuchen, die den Augenblick des Zusammenbruchs des Dritten Reiches, das Ende des Zweiten Weltkriegs und den Neubeginn in Trümmern als Kindheitserinnerung der Autoren und also auch mit möglichst unverstellten Kinderblicken festzuhalten suchten. Genau dies geschieht bei Hofmann auch.

Aber bereits die wohlerwogene Zweideutigkeit des Titels legt die Vermutung nahe, daß es in diesem Buch mit einer literarischen, subjektiven Chronik des Vergangenen sein Bewenden nicht hat. ›Unsere Eroberung‹: Bis zum Schluß bleibt in der Schwebe, was damit gemeint sein könnte. Eine Inbesitznahme, der »wir« unterworfen sind oder die »wir« selbst in Angriff nehmen? Der Beginn »unserer« Besatzungszeit durch eine der Siegermächte oder ein erstes Erproben »unserer« nun möglich scheinenden Freiheiten? Sicher ist immerhin, daß da am Tag nach dem Einmarsch der Amerikaner mehrere Kinder der mütterlichen Obhut entweichen und, von furchtsamer Neugier vor allem auf die »Schwarzen« getrieben, ihre Stadt durchstreifen.

Eines dieser Kinder besitzt sogar einen Namen, »Edgar« heißt der Junge, und nicht zuletzt der Name verleiht ihm Macht gegenüber den Begleitern. Den Begleitern? So scheint es, denn Hofmann läßt sie ja fortwährend als (namenlose) Wir-Erzähler auftreten, die mit dem besitzanzeigenden Fürwort »unser« auch alles für sich in Beschlag nehmen: von »unserem Villenkeller« bis zu »unserem Fabrikhof«, von »unseren Erkundungsgängen« über »unseren leicht angerußten Mittelgebirgsboden« bis zu »unseren Flausen im Kopf«.

Im Schlachthof waren sie schon, auf der gefahrvollen Suche nach etwas »Butterschmalz«; einige Male hat Edgar, der seit Tagen nichts gegessen, schon bedrohlich »geschwankt« und an seinem »Hungerstein« geleckt; sie haben »Frau Kohlhund« getroffen, die vogelscheuchenartige Kassandra des Ortes, haben sich im »Amselgrund« wegen einer ebenso schweren wie unaussprechlichen »Schuld« »sechs Wunden« zugefügt auf Edgars Geheiß und mit Edgars Messer. Sie werden noch in die »Kirche« gehen, und sie werden noch »Herrn Schellenberg« treffen, den Angestellten in Vaters Peitschenfabrik, der sich dann allerdings das Leben nimmt, weil er ein Nazi war und im Auftrag des Vaters einen tschechischen Fremdarbeiter umgebracht hatte.

Nun aber sind sie erst mal bei »Frau Henne« angelangt. Die schenkt ihnen nach langem Hin und Her den Anzug ihres gefallenen Mannes. Nicht Edgars, nein: »unser Anzug«, sagen sie – und ziehen ihn an. Ein Anzug für zwei? Und sie sagen auch: »unsere Mütze« – und setzen sie auf. Eine halbe Mütze für jeden?

Eine rätselhafte Erzählperspektive jedenfalls. Zusammen mit der ausschließlich in der Gegenwartsform, im Präsens, geschilderten Handlung bewirkt sie indes jene kaum nachlassende Faszination, die sich beim Lesen des Buches schnell einstellt. Die Welt am Tage Null, von der Vorzeit schrecklich geprägt, bedrohlich deshalb und zugleich auf grundlose Weise heiter, hoffnungslos und ohne jeden Ernst, Schatten werfend zudem auf eine vielleicht mögliche Zukunft: dieses Panorama, diese Atmosphäre hat Gert Hofmann in seiner Geschichte über »Unsere Eroberung« festgehalten. In ihren besten Passagen wird daraus eine lakonische Parabel über die Schuld der Väter, die auf die Söhne kommt – gerade die Amoralität ist ihre Stärke.

Die Schwäche des Romans liegt im dramatischen Talent des Verfassers. Gute Sätze wolle er fabrizieren und gute Szenen zustande bringen, hat er einmal geäußert. Seine Lust an der Szene geht denn auch zu Lasten epischer Schlüssigkeit. So manches Motiv scheint allein des Effektes wegen aufgenommen. Und wenigstens ein Kapitel, das allerdings fast ein Viertel des Buchumfangs beansprucht, könnte überall spielen und zu jeder Zeit: Mit dem Thema des Romans hat es nichts zu schaffen. Daß es ausgerechnet vom Theater handelt und die Komödientragödie eines knabenliebenden Provinzschauspielers zum eher beliebigen Inhalt hat, verwundert mithin nicht.

»Frau Imbach« heißt die Mutter der rätselhaften Wir-Erzähler. Auf der vorletzten Seite des Romans gibt sich der Ort als die »Stadt L.« zu erkennen. Von geplanten, nie verwirklichten Ausflügen nach »Hohenstein-Ernstthal« ist des öfteren die Rede, der Schlachthof-Direktor gibt zu, erst vor kurzem aus »Chemnitz« gekommen zu sein.

Kaum ein kühner Schluß ist deshalb die Vermutung, daß der verschlüsselte Ort des Geschehens jenes sächsische Städtchen Limbach ist, in dem der bei Kriegsende gerade dreizehnjährige Autor geboren wurde. Sein voller Name lautet Gert Kurt Karl Hofmann. Ob hier des Rätsels Lösung liegt? Und das erzählende Wir, also die Geschichte berichtet von Gert und Kurt und Karl, von Ich und Ich und Ich? Und ob da als Vierter noch einer mit im Bunde war – der Schriftsteller Gert Hofmann, der bis zu seinem Tod in Erding bei München lebte?

Das Medium verneigt sich

Über Joyce Carol Oates' Roman ›Im Zeichen der Sonnenwende‹

Sie kannte die Buchstaben noch nicht und wollte doch nicht länger warten. Deshalb, so hat Joyce Carol Oates Jahrzehnte später erzählt, habe sie als kleines Mädchen ihren ersten Roman auch nicht geschrieben, sondern gemalt. Eine hübsche Anekdote aus der Kindheit, Zeichen für eine frühe Passion. Im Falle dieser Schriftstellerin jedoch ungleich mehr. Denn in der Anekdote deutet sich bereits beides an: der Segen, aber auch der Fluch, der auf ihrer Arbeit liegt.

Einmal im Besitz der Buchstaben, war Joyce Carol Oates nicht mehr zu bremsen. Was immer ihr andere Menschen erzählten, was immer sie las, sah oder hörte – es wurde sogleich zum Stoff. Und aus jedem Stoff wurde ein Anlaß zum Schreiben, aus jedem Schreibanlaß garantiert ein Buch. Joyce Carol Oates hat sich darüber in eine literarische Hochleistungsathletin verwandelt, mit der niemand mehr so recht Schritt zu halten vermag, weder Verleger noch Übersetzer und Kritiker, von den Lesern ganz zu schweigen.

In den Vereinigten Staaten sind also bei verschiedenen Verlagen bislang mehr als vierzig Bücher der nun sechsundfünfzig Jahre alten Autorin erschienen. 1970 stellte sie, mit vier Titeln, einen persönlichen Rekord auf. Drei Veröffentlichungen pro Jahr sind nicht außergewöhnlich, zwei normal, mindestens eine ist Pflicht. Hierzulande wurden in den vergangenen zweieinhalb Jahrzehnten fünfzehn ihrer Bücher publiziert, nicht einmal ein Drittel des bisherigen Werks mithin und gleichwohl mehr als von nahezu jedem seriösen deutschsprachigen Schriftsteller im selben Zeitraum.

In einer Art Resignation vor dem statistischen Befund haben sich die Kritiker der längst weltberühmten Erzählerin weltweit und wohlwollend darauf geeinigt, daß sie eben eine manische Vielschreiberin sei, der man manch Fragwürdiges nachzusehen habe, weil es auch die Bedingung für Kostbares bilde, das man ihr verdanke.

»Ihre Arbeit ist ihr Leben, ihre Seele, ihr Schicksal«, heißt es von einer der Figuren im Roman ›Unheilige Liebe‹ (1979, deutsch 1984). Man darf in diesem Fall ohne Scheu vom Text auf die Autorin schließen. Ihr Alltag ist ganz auf die Arbeit abgestimmt: In der Literatur findet ihr eigentliches Leben statt. »Der Gebrauch der Sprache«, hat sie einmal gesagt, »ist alles, was wir gegen den Tod und die Stille aufzubieten haben.« Das ist gewiß wahr – bis auf die Verallgemeinerung. *Wir* können schon eine ganze Menge gegen den Tod und die Stille aufbieten – *sie* aber ist ausschließlich auf die Wörter angewiesen, die zu ihr und von ihr kommen.

Autorin, Urheberin also, ist Joyce Carol Oates erst in zweiter Linie. Zuallererst ist sie eine Art Medium, das Signale von außen empfängt, sammelt, ordnet und wieder nach außen sendet. Und als Medium scheint sie perfekt. Bewundernd hat man deshalb immer wieder auf ihre umfassende Bildung verwiesen, auf die Genauigkeit ihrer Beobachtungen und die Sicherheit ihres Stils. Zu solcher Bewunderung besteht Anlaß. Zumal in ihren Kurzgeschichten, ihren Erzählungen und auch in jenen Romanen, die nicht den Ehrgeiz haben, sich zu Saga und Epos auszuwachsen, vermag sie etwas zu bieten, was eher selten als selbstverständlich ist: literarisches Handwerk auf hohem, ja höchstem Niveau. Auf wirklich große Literatur indes – und das ist der Fluch, der auf dieser mit so vielen Gaben gesegneten Schriftstellerin lastet – hat man bei jedem neuen Buch und bislang stets vergeblich gewartet. Weshalb?

Wenn Leben und Literatur identisch geworden sind, macht man Erfahrungen nur noch im Kopf und aus zweiter Hand. In manchem ihrer früheren Bücher, vorab in den Erzählbänden ›Grenzüberschreitungen‹ und ›Letzte Tage‹ sowie in den Romanen ›Im Dickicht der Kindheit‹ und ›Unheilige Liebe‹, die alle auf deutsch erschienen sind, bildete die Erinnerung an eigenes Erleben außerhalb der Wörter noch einen Fundus, aus dem Joyce Carol Oates Motive und Motivationen bezog. Dieser Fundus freilich scheint in ihrem Fall nicht groß genug. Denn seit sie selbst alles nur noch mittelbar und medial erlebt, sind ihre Arbeiten, ungeachtet der Perfektion, fast zwangsläufig steril geworden: soziologische und psychologische Fallstudien, erstellt mit den Mitteln der Literatur.

Das Medium Joyce Carol Oates verneigt sich: »Dies Buch ist für S., die alleinige Urheberin«, lautet die Widmung ihres Romans ›Im Zeichen der Sonnenwende‹. Aus der gelebten, erlittenen Geschichte einer Frau hat Joyce Carol Oates ein Buch gemacht, in dem auf den ersten Blick alles stimmt. Das Leitmotiv und die Symbole geschickt gesetzt, die Atmosphäre der Handlung präzise und sinnlich vermittelt, die Unverwechselbarkeit des Ortes und der Zeit beachtet, einige Szenen glanzvoll inszeniert, die Dialoge meisterhaft, alle Geschwätzigkeit vermieden, die Technik der Aussparung virtuos gehandhabt. Zudem ein aktuelles Thema, das psychologisch überaus plausibel intoniert und mit Raffinement bis zum ebenso schrecklichen wie offenen Ende auch durchgeführt wird.

Monica Jensen und Sheila Trask heißen die beiden Hauptfiguren, an denen Joyce Carol Oates die Freuden und die Fährnisse einer Frauenfreundschaft auf erotischem Grund, aber ohne sexuelle Erfüllung anschaulich zu machen versucht. Monica Jensen, Ende Zwanzig und Lehrerin von Beruf, hat eine Scheidung hinter sich und will, fern von New York, in pennsylvanischer Provinz ein neues Leben beginnen. Sheila Trask, Mitte Dreißig und Malerin aus Leidenschaft, hat sich nach dem Tod ihres berühmten Mannes allmählich aus dessen Schatten befreit, arbeitet nun wie besessen an den Bildern einer ihr gewidmeten Ausstellung, die in Kürze eröffnet werden soll.

Gegensätze scheinen sich anzuziehen: die zurückhaltend höfliche Monica und die herausfordernd burschikose Sheila begegnen sich auf einer Party. Beide sind eigenständig und einsam zugleich. Bald leben sie ganz jener Freundschaft, »die insgeheim aufgekeimt und gediehen war, ohne ihrer beider Wissen und Zutun«. Die Gespräche, die sie miteinander führen, sind »ausnahmslos intensiv«, drehen sich ebenso selbstverständlich um das Verhältnis zwischen Literatur und Malerei wie um das amerikanische Steuersystem und das Problem des Selbstmords. Jede nimmt Anteil an der Arbeit der anderen, man zieht gemeinsam durch Kneipen und telefoniert sich den Katzenjammer von der Seele.

Von Anfang an indes sind in dieser Beziehung auch die Rollen verteilt. Sheila ist die Überlegene – und zugleich abhängig von Monicas Warmherzigkeit und Fürsorge. Gleichwohl entzieht sie sich oft grundlos, hält die daran leidende Freundin auf Distanz – um bedingungslose Nähe zu fordern, wann sie es will. Gleichrangigkeit und Gleichberechtigung zwischen den Frauen sind jedenfalls nicht möglich, eine Krise deshalb unausweichlich: pünktlich zu Weihnachten setzt sie dramatisch ein. Monate danach ein neuer Versuch mit den besten Vorsätzen, alles anders und alles besser zu machen. Er endet mit Monicas Flucht in eine lebensbedrohende Krankheit. Und lebensnah endet der Roman: »Unsere Freundschaft wird noch lange, lange währen«, sagt Sheila bei der Fahrt in die Klinik und fügt hinzu: »sofern nicht eine von uns stirbt.«

Große Kunstwerke, so Adorno, hätten Glück an ihren fragwürdigen Stellen. In diesem Roman jedoch gibt es gar keine fragwürdige Stelle, an der er Glück haben könnte. Kein falscher Ton, kein falsches Bild, kein Makel weit und breit. Aufs neue bewundert man pflichtgemäß die Kunstfertigkeit der Joyce Carol Oates – und bleibt von der Geschichte völlig unberührt. Weshalb aber läßt dieses Buch der emphatischen Innigkeiten und leidenschaftlichen Exaltationen den Leser unbeteiligt und kalt? Vor allem, weil diese so offenkundig neurotische Beziehung mit eherner Lehrbuchlogik ihren Gang geht, weil die Handlung an keiner Stelle über sich hinaus weist, weder Gleichnis wird noch Modell. Joyce Carol Oates instrumentiert ihren Stoff, aber sie verwandelt ihn sich nicht an, kurz: sie lebt nicht in ihm. Und macht ihn deshalb nicht wirklich erlebbar für uns. Man registriert lediglich das zu Erwartende: die Beziehungskatastrophe zwischen einer hochgradig hysterisch und einer sehr depressiv veranlagten Frau.

Menschenvögel, Menschenfische

Über Andrzej Szczypiorskis Roman ›Nacht, Tag und Nacht‹

Gegen den Roman ›Nacht, Tag und Nacht‹ des 1924 geborenen polnischen Schriftstellers Andrzej Szczypiorski läßt sich manches einwenden. So ist die in der unmittelbaren Gegenwart spielende Rahmenhandlung nicht immer überzeugend: Was als »Gespräch« zwischen einer jungen Journalistin aus der Schweiz und einem älteren Herrn aus Warschau ausgegeben wird, ist oft nur ein Vorwand für längere Monologe des Autors über Polens Geschichte und das Desaster des Kommunismus. Selbst wenn das Gesagte richtig oder berechtigt ist, haftet diesen Passagen etwas altväterlich Betuliches, etwas aufdringlich Belehrendes an.

Der Neigung zum Leitartikel und zum Traktat können auch die im eigentlichen Sinne erzählenden Kapitel nicht widerstehen. Ein nächtliches Verhör zu Anfang der fünfziger Jahre etwa: Angehörige des polnischen Sicherheitsdienstes, ein Aufpasser aus Moskau und ein geheimnisvoller Unbekannter nehmen einen ehemaligen SS-Offizier in die Mangel. Sehr präzis, sehr beklemmend wird das zunächst geschildert. Aber bald, so scheint es, hat Szczypiorski die Energie dazu verloren: nach wenigen Absätzen läßt er seinen Erzähler lieber über Voltaire, die rationalistische Philosophie und deren zynische Indienstnahme durch den kommunistischen Unterdrückungsapparat dozieren. Darüber verschlägt es dem Buch die Sprache. Zum Verhör zurückkehrend, in dem nun das früher erpreßte Geständnis eines alten Juden eine Rolle spielt, kann der Erzähler, gefangen im Jargon, nur noch akademisch raunen: »Vom Gesichtspunkt der Rationalität dieser Fiktion aus war indessen Knollers Aussage von vor Jahren erst das Prolegomenon zu einer Philosophie der Unwirklichkeit.«

Das Gespenst der Abstraktion geistert bisweilen durch diese Prosa. Doch auch gegen das andere Extrem ist sie nicht ganz gefeit: gegen das triviale Klischee. Die schöne Frau Czarnocka wird beschrieben – und kein Adjektiv aus der Welt der Arztromane bleibt ausgespart: in »große, tiefe, braune Augen« also sehen wir, »breite, feuchte und glänzende Lippen« lächeln uns verführerisch an. Die »Brüste«, die die »faszinierende Frau« ihr eigen nennt, können demzufolge nur

»üppig« sein und müssen sich »deutlich unter dem Kleid« abzeichnen. O edles Weib: dein Name ist Kitsch.

Man vergißt diese Fehltritte nicht. Aber merkwürdigerweise nimmt man sie dem Autor im Verlauf des Buches kaum noch übel: läßliche Sünden, mehr nicht. Woran liegt das? Vor allem an der szenischen Phantasie, an der unverbrüchlichen Humanität und am letztlich bezwingenden Charme des Erzählers Andrzej Szczypiorski. An eben jenen Eigenschaften mithin, die man in reichem Maße bereits im Roman ›Die schöne Frau Seidenman‹ finden konnte, der hierzulande 1988 erschien und den fast völlig unbekannten Autor gleichsam über Nacht berühmt und erfolgreich machte. Einen Bilderbogen aus dem von den Nazis besetzten Warschau bot dieses Buch, ein Panorama des Verbrechens und des himmelschreienden Unrechts, indes auch ein Zeugnis für Anstand und Mut in den schlimmsten Zeiten des Zweiten Weltkriegs.

›Nacht, Tag und Nacht‹, der neue Roman, schließt zeitlich direkt daran an. Sommer 1945: Die Deutschen sind besiegt, die Waffen schweigen, für einen kurzen Moment gibt man sich dem Gefühl der Freiheit, dem Glück des Friedens hin. Aber diese Idylle zwischen Trümmern und Toten ist trügerisch. Denn sogleich stellt sich die Machtfrage in Polen neu – und rasch wird sie entschieden: gegen die bürgerlich-konservative Exilregierung in London, gegen die ihr verbundene »Heimatarmee« und zugunsten von Stalins polnischen Statthaltern. Wie diese Nachkriegswirklichkeit aufgebaut und zementiert wurde: dies ist das Thema des Romans. Am Ende der kommunistischen Epoche also legt Szczypiorski ein Buch vor, das deren Anfang im polnischen Teil des Satellitensystems schildert. Keine Abrechnung ist darüber entstanden, sondern eine epische Analyse, keine Anklage, sondern eine poetische Auskunft über all die Hoffnungen und Enttäuschungen, die sich damit verbanden. Die finale Bilanz allerdings könnte bitterer nicht ausfallen: »Ich denke«, antwortet der Erzähler auf die selbstgestellte Frage nach dem Ertrag des Kommunismus, »Millionen von Menschen wurde das Leben gestohlen, ganz einfach.«

Anders als im Roman ›Die schöne Frau Seidenman‹ ist Warschau dieses Mal nicht Ort der Handlung. Eine namenlose, nur für Kenner polnischer Stadtpläne identifizierbare Kulisse bildet den Rahmen; Lodz vielleicht, Krakau oder Kattowitz. Wie auch immer, ganz wohl hat sich Andrzej Szczypiorski, der geborene Warschauer, in der geborgten Szenerie offensichtlich nicht gefühlt. So schickt er eine seiner Figuren von »jener Stadt« aus auf Reisen, läßt sie aber bei der Rückkehr ausdrücklich »in Warschau« ihr Zuhause finden. Auch ein Gebäude, das sich, der Logik der Handlung gemäß, nie und nimmer in der Metropole befinden kann, wird ebendort lokalisiert. Bloß Flüchtigkeitsfehler? Mag sein. Zugleich jedoch ein charakteristisches Indiz für eine beabsichtigte und entscheidende Qualität dieses Buchs: Es versteht eindrucksvoll, die Atmosphäre der Ungewißheit, der bangen Erwartung und der schleichenden Angst darzustellen, die sich bald nach Kriegsende auszubreiten beginnt, eine Atmosphäre, die Mißtrauen lehrt selbst gegenüber Tatsachen, die direkt vor Augen liegen.

Diese unheimliche Stimmung fängt Szczypiorski unvergleichlich genau in einer kleinen Szene ein, in einem einzigen, über zwei Buchseiten reichenden Satz. Ein Café zur Mittagszeit im Sommer 1945. Man trinkt Limonade und unterhält sich über Alltägliches, der Krieg ist kein Thema und dauert doch in den Menschen fort. Einzigartig wie die Geschichte, der sie unterworfen waren, ist ihre Situation: »solche Menschen hatte die Welt nie zuvor gesehen, Menschen im Schlaf, an der Grenze von Schlaf und Wachsein, Menschenfische, die im Aquarium der Unwirklichkeit schwammen, Menschenvögel, die unter einem unwirklichen Himmel schwebten, Abgebrannte und Wanderer.«

Durch die Hölle ihrer Erinnerungen schickt Szczypiorski diese zufällige Gesellschaft, läßt sie deutsche Kriegsgefangene beobachten, die am Café vorüberziehen, und russische Sieger, die in die Gegenrichtung marschieren. Die Zurückbleibenden aber, »wunderbar gerettet und würdelos verlassen im Brandschutt«: sie kommen sich vor wie »Figuren aus einem wahnwitzigen Traum, den Polen und Juden die vergangenen Jahre hindurch geträumt hatten, als die Juden vergast und in Krematorien verbrannt wurden, die Polen aber erschossen, beraubt und gemartert auf dieser geduldigen Erde«. Im Fieber oder in Trance geschrieben scheint diese Szene, die emphatisch Beobachtung an Beobachtung, Bild an Bild reiht. Sie belegt das große stilistische Vermögen des Autors: daß man es selbst im Deutschen deutlich wahrnehmen kann, ist ein Verdienst des Übersetzers Klaus Staemmler.

Szczypiorskis sprachlicher Impressionismus bewährt sich auch sonst. Mitten im Gespräch sind seine Figuren; zugleich ist eine von ihnen bereits in Gedanken abgeschweift, vertieft in die eigene Kindheit und verzweifelt beschäftigt mit der Frage, warum alles so kam, wie es jetzt ist. Wie sich das Netz der politischen Intrige und der geheimdienstlichen Machenschaften um seine meist ganz unschuldigen Opfer unentrinnbar zusammenzieht: dies zu zeigen, genügt dem Roman ein kaum wahrnehmbarer Wechsel im Tonfall der Täter, eine minimale Veränderung ihrer Gesten und Gebärden. Nein, dieser Schriftsteller braucht das Theater nicht, denn er macht sein Buch zur Bühne: man sieht lesend vor sich, füllt ganz von selbst mit eigenen Bildern, was er beschreibt.

Aber Andrzej Szczypiorski, der Artist des Atmosphärischen, der inneren Landschaften also und der politischen Tableaus, ist zugleich ein höchst bemerkenswerter Porträtist. Ob er zwei ganz gegensätzliche jüdische Devisenhändler beschreibt, die als Häftlinge zusammen Auschwitz überstanden haben, um im Nachkriegspolen dann doch bei einer antisemitischen Teufelei ihr Leben zu verlieren; ob er polnische Geheimdienstler oder russische Sicherheitsoffiziere skizziert; ob er idealistische Kommunisten und Karrieristen wider Willen Revue passieren läßt oder die Geschichte seiner Hauptfigur Antoni Rudowski erzählt, des jungen Polen, der 1944 am so verlustreichen wie vergeblichen Warschauer Aufstand teilnimmt, nach dem Krieg nur noch der Liebe leben will und ungeachtet dieser privaten Utopie zehn Jahre lang ins Gefängnis wandert, weil man ein Bauernopfer braucht: stets hat man unverwechselbare Individuen vor sich. Sie allesamt aber, ob schuldig werdende Drahtzieher und Handlanger oder bloße Statisten des Leids, sind ihrerseits auch Marionetten in einer höchst realen Tragödie, auf deren Regeln sie nur sehr bedingt Einfluß nehmen können – der im Roman bloß beiläufig erwähnte Genosse Stalin und seine polnischen Satrapen haben sie eisern in der Hand.

Wie gerecht – er selbst würde wohl sagen: wie barmherzig – der Erzähler Szczypiorski ist, mag man daran ermessen, daß er justament dem mörderischen Despoten im Kreml versuchsweise historische Gerechtigkeit widerfahren läßt. Noch im enttäuschten Rückblick ruft eine seiner Romanfiguren aus, im Angesicht Hitlers und im Namen des zivilisierten Europa habe es keine Alternative gegeben: »Wer die gotischen Kathedralen und Rembrandt, Mozart und Goethe liebte, betete für Stalins Gesundheit... Denn es gab keinen anderen Weg zur Freiheit.« Was aber für Stalin gilt, gilt auch für die SS. Und so gewinnt der Offizier Arens, schuldig der grausamsten Verbrechen, in diesem

Buch seine Menschlichkeit zurück. Er ist eine beschädigte, vielfach verwirkte Existenz – und doch hat er nach fündundzwanzig Jahren in polnischen Gefängnissen ein Anrecht auf Zuwendung: »damit auch ein sehr böser Mensch Trost finden kann...« Aus Polen, von Andrzej Szczypiorski, stammt dieser Satz. In der deutschen Literatur seit 1945 hat es dergleichen nicht gegeben. Unsere Autoren waren, was nicht ganz unverständlich ist, überfordert damit.

›Tag, Nacht und Tag‹: der gegenüber jeder Veränderung gleichgültige Rhythmus des immerwährenden Gefängnisalltags prägt dieses Buch. Die Erfahrung vollkommener Absurdität ist ihm vertraut. Und doch wehrt sich der Autor dagegen: durch die literarische Form des realistischen Romans, durch ein beharrliches Erzählen ohne extreme Ausdruckmittel. Zu sagen, was war, sich zu erinnern, wie es dazu kam: das ist auch ein Bollwerk gegen Szczypiorskis eigene Enttäuschungen, gegen seine Anfälle von Verzweiflung über so viel gestohlene Zeit.

Die Menschen änderten sich nie, sagt einer der gnadenlosesten Offiziere des Staatsapparats gegen Ende des Romans, vom ersten Augenblick ihres Lebens an seien sie verführt und verführbar wegen ihrer Angst vor dem Tod – nur deshalb bauten sie ihre ganze politische und soziale Welt und schreckten dabei nicht zurück vor Betrug, Haß, Grausamkeit und Verachtung. Ganz jovial ist dieser zynische Herr: er plaudert bei einem Staatsempfang mit einem seiner ehemaligen Opfer. Dieser alte und seinem Glauben gegenüber überaus skeptische Katholik ist eine Sekunde lang in der Versuchung zuzuschlagen. Dann jedoch rennt er weg, in die Kirche auf der anderen Straßenseite. Von seinem Gott, der abwesend war, als die Öfen in Auschwitz arbeiteten, der wegschaute, als die kommunistischen Kerker sich öffneten, erbittet er ein letztes Mal Gehör: »Ich flehe Dich an«, ruft er unterm Kreuz, »mach, daß dieser Mensch nicht recht hat.« Auf dieses Flehen baut auch der Autor seine vielfach enttäuschte Zuversicht, seine Hoffnung gegen die Wiederkehr des Totalitären in neuer Gestalt. Auf mehr nicht.

Der gemeine Sinn, die gemeine Sense

Über Oskar Pastiors Lesebuch ›Jalousien aufgemacht‹

Wenn mehrere Texte eines Autors gebündelt und vom Verlag dann mit dem Etikett »Ein Lesebuch« versehen werden, ist allemal Vorsicht am Platz. Bei berühmteren Poeten nämlich plündert man zu diesem Zweck einfach die Gesammelten Werke und speist das Publikum nach Art des ›Reader's Digest‹ mit einigen sicheren Nummern ab. Bei weniger bekannten Schriftstellern bietet sich das umgekehrte Verfahren an: Ohne nennenswerten philologischen Aufwand wird das Lesebuch aus verschiedenen Einzelveröffentlichungen meist lieblos zusammengebastelt und bietet nicht mehr als die eilfertige Schmalspurversion einer ordentlichen Werkausgabe, für die der Verleger nicht mutig genug oder einfach zu geizig ist.

Im Falle des Dichters Oskar Pastior aber ist zum Glück wieder einmal alles ganz anders. Im Dezember 1987 hat er seinen sechzigsten Geburtstag gefeiert – und das Lesebuch, das Klaus Ramm aus diesem Anlaß mit großer Sorgfalt und sinnlichem Gespür zusammengestellt hat, ist wahrhaft ein famoses Geschenk geworden, an den Jubilar ebenso wie an seine Leser. Wenn deren Zahl in Zukunft steigen sollte, wäre dies nicht zuletzt Ramms Verdienst. Als Herausgeber jedenfalls hat er das Seine getan, um den als schwierig geltenden, selbstgenügsam vor sich hin experimentierenden Denkbildner und Wortingenieur auch jenen näherzubringen, die an Pastiors Forschungsgegenstand, dem »sprachlichen Molekularbereich«, bestenfalls vorübergehend Interesse finden. Lesern mithin, denen auf Dauer die sichtbareren, handfesten poetischen Einheiten lieber sind: Texte also, die sich dem einigermaßen gesunden Menschenverstand nicht fortwährend zu entziehen suchen.

Dem gesunden Menschenverstand übrigens hat der friedliebende Pastior mit Bedacht seinen bislang bösesten Satz vorbehalten: »wer common sagt muß auch sense sagen«, heißt es in einer kleinen Abhandlung von 1977, die sich ansonsten so ernsthaft wie verquer mit dem »Zeichnen von Auberginen« befaßt. Der gemeine Sinn und die gemeine Sense jedenfalls gelten diesem Autor als durchaus wahlverwandt und im Zweifelsfall todbringend. Was wunder, wenn er es vorzieht, statt dessen unsinnig anmutenden Eigensinn aufs Papier zu bringen.

Daß dies mit Witz und Methode geschieht, wußte man hierzulande seit dem Band ›Vom Sichersten ins Tausendste‹, den er 1969, unmittelbar nach seiner Übersiedelung aus Rumänien, veröffentlichte. Allenfalls ahnen konnte man, welch hohes Maß an Reflexion, an autobiographischer Erfahrung und praktizierter Moral sich in seinen Texten verbirgt. Dank der Hebammendienste seines Herausgebers sieht man nun vieles genau und vor allem – zum ersten Mal. Es scheint demnach gewiß, daß das liebgewordene Bild vom kauzigen Sprachspieler, vom Klangmagier und Lautakrobaten Pastior wenn schon nicht einer radikalen Korrektur, so doch einer erheblichen Erweiterung bedarf.

Im eigenen Archiv gesammelt und dem Dichter abverlangt hat Ramm eine Vielzahl von bislang unveröffentlichten oder nur an entlegenen Orten auffindbaren Zeugnissen, Ausschnitte auch aus Hörfunksendungen, die wohl nicht selten zu nachtschlafender Zeit und lediglich vor einer Handvoll von Zuhörern über den Äther gingen. Diese Selbstkommentare, poetologischen Erläuterungen und augenzwinkernden Lesehilfen machen den eigentlichen Reiz des Bandes aus.

Nein, Pastiors Gedichte restlos erklären können und wollen sie nicht. Aber sie geben ihnen in nachvollziehbarer Weise etwas von jener Plausibilität, von jener Folgerichtigkeit, die sich bisher bloß bei öffentlichen Lesungen des Dichters und dort auf eher geheimnisvollen Wegen einstellen wollte. Wer daran einmal teilgenommen hat, kennt die Erfahrung einer plötzlichen Evidenz, weiß, daß er im Augenblick des Hörens verstand, was ihm beim Nachlesen wieder als böhmisches Dorf erschien.

Pastiors literarische Urlaute finden sich in dem Band ›Der krimgotische Fächer‹. Er erschien 1978. Fast zehn Jahre lang also mußten sich die Interpreten mit der Erklärung zufriedengeben, das Krimgotische sei eben Pastiors poetische Privatsprache, spiegele die »levantinisch-balkanische Sprachlust« des im siebenbürgischen Hermannstadt geborenen Autors wider, stelle seine Form des Merseburger Zauberspruches dar. »Bei allem, was ich schreibe«, so liest man nun, »ist etwas wie Alchimie im Spiel« – wahrscheinlich könne er nicht umhin, sich in gewissem Sinn als »Mystiker« zu sehen. Seine Wortketten und Lautreihen seien deshalb eine Möglichkeit, gegen die »binäre, bipolare Art des Denkens und Sprechens anzugehen... ja, der Digitaldenker, der soll ausgetrieben werden, diese Binärpulsare, Bösendorfer, Ja-Nein-Asketen«. Es ist nicht von der Hand zu weisen, daß Pastiors Poetik der Privatsprache und des Geheimjargons durch solche Hinweise zugänglicher wird, daß man begreift, weshalb man bisweilen Gedichte liest, ja lesen will, die eigentlich unlesbar sind. Pastior allerdings ist an der Rolle des poetischen Gurus nicht im geringsten interessiert. Deshalb fällt es nicht schwer, in seiner krimgotischen Sehnsucht nach einer grenzlosen Sprache auch die eigene zu erkennen.

Am Beginn dieser Sehnsucht stand für Pastior ein makabres Erlebnis. Als kleiner Junge schaute er zu, wie sein Vater, ein passionierter Sonntagsjäger, den Hasen das Fell abzog. Aber der Vater, von so etwas Unverständlichem wie Geld redend, sagte eines Tages auch über sich selbst: »Man zieht es mir ab.« Für den Knaben war die Sache klar: »Ich sah den Vater an der grauen Haustür hängen, sah ein Waidmesser an der Innenseite seines Fells die Häutchen trennen.«

Autobiographische Themen und Sujets wird man in seinen Gedichten vergeblich suchen. Aber wie die Anekdote aus der Kinderzeit sind auch die übrigen autobiographischen Prosatexte des Lesebuches beileibe nicht nur informative Zutat, menschliches Dekor. Ganz unaufdringlich illustrieren sie jeweils einen Aspekt, einen Grundzug des Werks. Im Fall des Fells etwa den vom doppelten Boden der Sprache, von Wortwörtlichkeit und übertragener Bedeutung: ein Widerspruch, von dem sich Pastiors Witz bis heute gerne nährt – *nimes und reimes* lautet einer der nur vorläufig letzten Versuche. Er huldigt offenkundig den französischen Städten Nîmes und Reims und enthält zudem eine aufmunternde Selbstermahnung: »Nimm es und reim es.« Wen? Das Wort.

Die Summe der autobiographischen Notizen aber ergibt in der Tat auch ein Porträt – das eines Poeten der freiwilligen Selbstbeschränkung. Wann immer Pastior Karriere zu machen drohte, trat er den Rückzug an: als Redakteur im Rumänischen Rundfunk, als geförderter und gefeierter Dichter der deutschen Minderheit, hierzulande als Repräsentant des Exils oder als gefragter Übersetzer, der von seinen Aufträgen wohl komfortabler leben könnte als von seiner Poesie. »Man kann«, so hat er diese Haltung einmal kommentiert, »im Geistigen nicht weltoffen sein, ohne die Existenznöte in der Welt auch als Maßstab für die eigene Existenz zumindest anzulegen.« Das war durchaus im materiellen Sinne gemeint und ist gleichwohl auch ein hochmoralischer Satz über die Pflichten des Dichterberufs. Sie für andere verbindlich zu machen liegt Pastior fern – daß er sich ihnen unterwirft, scheint keines Aufhebens wert. Wirklich nicht?

Die Selbstverständlichkeit, mit der er sich an das Allernotwendigste hält, gilt naturgemäß auch für sein Schreiben; daß hierbei »spezielle, begrenzte Fähigkeiten optimal eingesetzt werden, und sei es für Teilbereiche, in denen die soziale Anerkennung schmal ist«, ist ihm wichtig – bekräftigend spricht er vom »lyrischen Bereich, auf den ich mich beschränke«. Das ist nun zwar ein wenig steif ausgedrückt, beschreibt indes genau den ehrbaren Boden der Pastiorschen Kunst. Der zügellos in die Sprache verliebte Autor als rigoroser Moralist in eigener Sache – auch dies eine Entdeckung, die das Lesebuch erlaubt.

Und es ermöglicht Blicke in eine wunderliche Werkstatt. 1983 veröffentlichte Pastior unter dem Titel ›33 Gedichte‹ Annäherungen an die Sonette Francesco Petrarcas, die, wie es in einem Leserbrief an die F. A. Z. hieß, »allen anständigen Übersetzern Unrecht« zufügten. Aber hatte Petrarcas kecker Nachfahr überhaupt die Absicht, anständig zu übersetzen? Was in aller Welt mag ihn etwa dazu bewogen haben, den Vers *S'Amor non è, che dunque è quel ch'i' sento?* mit dem Satz wiederzugeben: *Wenn aber, was in der Mitte zu wachsen anfängt, ›nicht ist‹ – was / bleibt mir ›zu finden‹?* Trotz eines allgemein gehaltenen Nachworts gab Pastior damals keine Antwort, ließ seine Leser beim einzelnen Gedicht ohne Anleitung und demnach mit ihren Spekulationen allein. Klaus Ramm hat nun verschiedene Vorstufen der endgültigen Fassung aufgenommen und zeigt auf diese Weise, wie Pastior von einer beinahe wörtlichen Übersetzung – *Wenn es Liebe nicht ist, was also (zum Teufel!) ist das was ich fühle* – allmählich in die freien Gefilde des philosophischen Räsonnements gelangt, um von dort aus mit Petrarcas Text über Anschauungen von Liebe und Leben, Sein und Nichtsein zu rechten.

Das Lesebuch also legt vor allem Spuren wieder frei, die der Dichter nur zu gerne verwischte. Aber natürlich bleibt im Band trotz aller löblichen didaktischen Bemühungen des Herausgebers um die Leser seines Autors noch genügend Raum für Pastiors poetische Perlen. Lediglich das frühe, in Rumänien entstandene Werk kommt dabei etwas zu kurz, den jungen, keineswegs glühenden, dafür um so sprachforscheren Kommunisten hatte man uns nicht vorzuenthalten brauchen.

Von ›Oh, Magdalena‹ jedoch über das ›Protokoll von El‹ bis zur ›Ballade vom defekten Kabel‹, von ›Kannitverstan‹ übers ›Molekül Tinnitius‹ und den ›Klumpatsch‹ bis zur schon klassischen ›Zugspitze‹ sind die Glanzstücke von Pastiors Kunstfertigkeit vollständig versammelt – die handwerklich soliden Mitläufer aus den mittlerweile vierzehn Gedichtbänden kommen hinzu. Sie alle können für sich selber sprechen.

Können sie das wirklich? Oder bedürfen sie doch erst der Fürsprache von außen, zum Beispiel durch die Literaturkritik? Pastior hat auf diese Fragen in einem kleinen Aufsatz geantwortet, der jetzt erstmals zu lesen ist und in etwa zu dem Ergebnis kommt, daß es vorab nicht die Literatur sei, die der Fürsprache, sondern daß es die Fürsprache sei, die der Literatur bedürfe – denn ohne die Literatur habe sie ja nichts, wofür sie auch dann sprechen könne, wenn sie sich dagegen äußere. So ist es.

Hausväterliche Gefühle

Über Siegfried Lenz' Roman ›Die Klangprobe‹

Diese Biederkeit, diese Beschaulichkeit, diese durch nichts zu irritierende Sanftmut. Diese lieben, guten und netten Leute, diese verständnisvollen, wohlmeinenden, noch im Irrtum, im Streit und in der Selbsttäuschung überaus sympathischen Zeitgenossen. Diese nützlichen Lebensweisheiten, diese schüchternen Liebeleien, diese menschliche Güte, diese bemerkenswerte Haltung noch im größten Leid. Nein, er ist kaum auszuhalten, dieser Roman von Siegfried Lenz.

Schuld daran hat vor allem ein gewisser Jan Bode, den man, er ist »ziemlich füllig«, auch »Pummel« nennt. Mitte Zwanzig mag er sein, hat vor kurzem seine »Junglehrerprüfung« zwar mit »gut« absolviert, landete aber gleichwohl »auf dem Bahnsteig für arbeitslose Pädagogen«. Nun macht er den »Hausdetektiv« in einem großen Hamburger Warenhaus, ist im Wechsel mit seinem Kollegen Willi zuständig fürs elektronische Überwachen der Lebensmittelabteilung. Ein Beruf offenkundig, der ihm genügend Zeit und Muße läßt, seine Lebensgeschichte zu erzählen.

Nichts gegen eine Lebensgeschichte. Aber alles gegen den Erzähler, den uns Siegfried Lenz präsentiert. Dieser Jan Bode ist eine Katastrophe. Statt uns zu sagen, was er zu sagen hat, fällt er sich andauernd selbst ins Wort: »Ich möchte nicht zuviel sagen«, sagt er dann. Sagt er aber doch etwas mehr, macht er uns sogleich aufmerksam, daß er es nur deshalb sage, »um auch das mal zu sagen«. Seine Beobachtungen, Einsichten und Kommentare zur Lage federt er, bescheiden sich anbiedernd, so häufig mit der Formel »Falls das jemand interessiert« ab, daß das Interesse an ihm und seiner Weltsicht rasch schwindet. So oft sagt er »ehrlich«, »wirklich«, »im Ernst« und »um die Wahrheit zu sagen«, daß man ihm bald nichts mehr glaubt. Vollends unerträglich jedoch macht ihn seine Neigung, noch das banalste Geschehen, noch die kleinste Abweichung vom täglichen Einerlei mit einem »Das warf mich um« in den Rang des sensationell Besonderen zu hieven – »kippte ich fast vom Stengel« lautet eine Variante dafür.

Siegfried Lenz sucht für seine umgängliche Hauptfigur einen Erzählton ganz dicht an der Umgangssprache. Je besser ihm dies gelingt, desto schlimmer wird es für das Buch. Jan Bode nämlich, der nette junge Mann von nebenan, entwickelt sich zu einem Monstrum an Biederkeit. Er scheint Stan Laurel und Oliver Hardy mühelos in einer Person zu vereinen, ist dann freilich weder dick noch doof genug, um wenigstens hanebüchen, dabei hellsichtig oder gar witzig zu sein. Ein ganz normaler Langweiler und freundlicher Umstandskrämer eben, der brave Sohn einer herzensguten Mutter zudem, der folgerichtig auf seine Mutter nichts, aber auch gar nichts kommen läßt.

Womit wir bei der Familie Bode wären. Opa, Mutter und Vater, eine Tochter und zwei Söhne leben am Stadtrand von Hamburg gemeinsam in einer ehemaligen Schule, auf deren ehemaligem Hof Vater Hans seinem von Großvater Hinrich übernommenen Gewerbe nachgeht: »Grabsteine – Grabdenkmäler«. Die alte Schule beherbergt auch noch einen Hund, der »Hund« heißt, eine Art Arche Noah für krankes Kleingetier im Zimmer von Tochter Jette und das Faktotum Nikolas, dem man unter anderen Namen schon in manch anderem Roman von Siegfried Lenz begegnen konnte.

Allerhand passiert. Ein berühmter Bildhauer kommt zu Besuch und entfacht am Beispiel von Vater Hans, früher ebenfalls Bildhauer, eine Debatte über das Verhältnis zwischen Handwerk und Kunst sowie über das Recht, in Würde zu scheitern. Ein reicher Professor stellt sich ein, um ein Grabmal für seine früh verstorbene Tochter in Auftrag zu geben – Anlaß, über »die Beschaffenheit des Schmerzes, die wir Trauer nennen«, zu räsonieren, über die »Unversöhnlichkeit« gegenüber dem Tod und »die Gleichgültigkeit des Schicksals«. Dann hat Mutter Betty Geburtstag.

Daß bei alldem die Entfernung zwischen Hamburg und Lübeck, zwischen den Bodes und den Buddenbrooks ins Unendliche wächst: dafür sorgt wiederum Jan, der mißliche Erzähler. Nicht genug, daß er uns berichtet, was geschah und geschieht. Er läßt es sich auch nicht nehmen, jedes Mitglied der Familie ganz persönlich anzureden: »Ach, alter Steinmetz«, so beginnt das Loblied auf den Großvater, »nie werde ich den Sonntag vergessen, an dem du uns alle hierherschlepptest.« Alle auch nur einigermaßen wichtigen Figuren des Romans müssen durch diese Gefühls- und Bekenntnisfolter: »Ach, Ernie«, »Ach, Jette«, »Ach, mein Alter«, »Ach, Onkel Armin«, »Ach, Betty«, »Ach, Lone«.

»Lone«, die Heldin des Buchs, bleibt geheimnisumwoben bis zum Schluß. Wird sie, die junge Übersetzerin mit dem »kleinen festen Busen«, zu Jan Bode zurückfinden? Zwar hat sie, als Mieterin zweier Räume im Schulhaus, nie mit ihm zusammen, aber immerhin bereits unterm selben Dach gelebt und ihn im Schwimmbad mit einem »Knallkuß, den man wohl bis zum Rathausmarkt hörte«, ermutigt – allein, nach dem tragischen Tod ihres Pflegekindes Fritz verläßt sie die Bodes und zieht sich ins Schweigen zurück. Namen, so Thomas Mann, seien »ein Stück des Seins und der Seele«. Lone: das klingt, als hätte Lenz *loneliness* und *The Only One* miteinander verbunden, um Einsamkeit und Einmaligkeit dieser schönen Seele schon in ihren Namen zu bannen.

Man gelangt, keineswegs nur die Liebesszenen betreffend, beim Lesen des Romans oft an die Grenze zum Trivialen und, was eher noch schlimmer ist, jenseits von ihr ins Land der puren Harmlosigkeit. In welche Schwierigkeiten diese Familie auch gerät, was immer einzelnen Figuren widerfährt: die Welt bleibt heimelig, sauber und heil. »Es besagt wohl alles, wenn ich erwähne, daß das Zimmer besenrein war«, sagt der Erzähler voll Lob und ganz ernst, nachdem die Frau, die er auf seine naive Art gewiß liebt, weggegangen ist. Ja, ein solcher Satz besagt schon manches. Bevor eine Familie wie die der Bodes verfällt, so dürfen wir uns am Ende trösten, werden eher die Steine zerfallen.

Der Titel ›Die Klangprobe‹ spielt auf den Zerfall der Steine an. Sie klingen nicht mehr nach dem Schlag mit dem Hammer, wenn sie innerlich faul, von Bakterien und Mikroben zerfressen sind, belehrt uns Jan Bode – und Meister Hans schlägt in seiner herben Heiterkeit vor, die Klangprobe auch »für gewisse Leute« einzuführen, »dann bekäme man zeitig genug zu wissen, was in ihnen steckt«. Auf die Ewigkeitsqualitäten seines Materials vertrauend, übersieht er hartnäckig die Schreckenszeichen der Zeit. Allerdings nicht der Roman, der es jedoch zum Glück unterläßt, das Menetekel vom Sockel stürzender Denkmäler und in sich zusammensinkender Häuser allzu grell und apokalyptisch auszumalen. Die eher beiläufigen Szenen illustrieren unsere Umweltsünden beklemmender, als jeder plakative Appell es vermöchte.

Auf ein melodramatisches Ende wird gleichwohl nicht verzichtet. Noch einmal scheint dem alten Bode ein großes Werk zu gelingen – das Grabmal für die frühverstorbene Tochter des schon erwähnten Professors. Und dann geschieht das Unglück doch. Man sitzt gerade wieder einmal um den Familientisch, als der frisch behauene Stein den kleinen Fritz erschlägt. Ein etwas üppiges Symbol, eine etwas konstruiert wirkende »Erinnerung an die Gefährdung aller Lebensverhältnisse«. Indes, man sähe dies dem Autor und seinem Erzähler wohl nach, hätte man vorher nicht schon sehr gelitten.

Siegfried Lenz, dessen Kurzgeschichten und Erzählungen man allemal und meist zu Recht gerühmt hat, der auch durch seine Essays und sein besonnenes politisches Engagement zu einem der wichtigsten Repräsentanten der deutschen Gegenwartsliteratur wurde, begegnete als Romancier schon vor über vierzig Jahren – damals erschien ›Es waren Habichte in der Luft‹ – erheblicher Kritik. Seinem Erfolg hat solche Skepsis spätestens seit der ›Deutschstunde‹ von 1968 keinen Abbruch mehr getan. Ein neuer Lenz-Roman wird in großen Auflagen gedruckt und verkauft sich gewissermaßen von selbst.

Woran das liegt? Die Leser haben offensichtlich jenen »wirkungsvollen Pakt« mit dem Autor angenommen, den Lenz bereits vor nahezu drei Jahrzehnten vorgeschlagen hatte. Auf Provokation und »Brüskierung« seines Publikums hat er auch seither verzichtet und somit seinen Teil der Abmachung zu dessen Zufriedenheit erfüllt. Obwohl ›Die Klangprobe‹ ganz und gar mißlungen ist, hat sich daran vermutlich nichts geändert.

Selten zuvor hat Siegfried Lenz so viele schiefe Bilder verwandt, so viele niedliche Kulissen entworfen – und eine so rührselige Geschichte wie Hans Bodes Märchen von »Vaterstein« und »Mutterstein« wird sich in seinem Werk kein zweites Mal finden. Um das Desaster zu erklären, verwiesen manche Kritiker auf jenen Jargon der fünfziger Jahre, den Lenz nie überwunden habe und mit dem er deshalb auch ungerührt der unmittelbaren Gegenwart zu Leibe rücke. Andere vertraten die Ansicht, Lenz habe immer Mühe, wenn er sich als Autor von *seiner* Zeit, von Krieg, Kriegsende und Nachkrieg, entferne. Zu befürchten ist aber vor allem, daß Siegfried Lenz auch moralisch ernst nimmt, was er uns erzählend darbietet. Daß sich hinter der nahezu kindischen Redeweise seines Jan Bode mithin eine Vorstellung verbirgt, die er als Zeitgenosse nie direkt aussprechen würde, seinem Roman jedoch zumindest atmosphärisch als Botschaft mitgegeben hat: Schluß mit der Emanzipation, zurück in den Schoß der Großfamilie.

Entrüstung des Erzählers also über den zuvor höchst klischeehaft erwähnten Fall einer »Selbstsuche«, Beifall für den Verzicht der Schwester, wie angekündigt das warme Nest zu verlassen und in eine eigene Wohnung zu ziehen. Von einer »Art zufriedenen Hausvatergefühls« ist einmal die Rede, freilich auch davon, daß es »für unsere Gefühle« nur »beschränkte Möglichkeiten des Ausdrucks« gibt. Nicht nur das Hausvatergefühl betreffend hat es Siegfried Lenz in der ›Klangprobe‹ die Sprache verschlagen.

Angriff auf das Weltbild der Dichter

Über die Gedichtbände ›Seit Tagen kein Wunder‹ von Hans-Ulrich Treichel und ›Das englische Fenster‹ von Jürgen Becker

Die Lyriker Jürgen Becker und Hans-Ulrich Treichel gehören verschiedenen Generationen und literarischen Richtungen an. Becker, 1932 in Köln geboren und seit mehr als eineinhalb Jahrzehnten auch wieder dort lebend, ist ein treuer Verfechter der beträchtlich in die Jahre gekommenen sprachkritischen Avantgarde. Treichel hingegen, 1952 im Westfälischen geboren und seit geraumer Zeit in Berlin, ist ein Nachfahr der urbanen Gebrauchslyrik etwa eines Erich Kästner oder des frühen Bertolt Brecht. Bis vor kurzem also hatten beide Autoren außer dem Verlag, der ihre Bücher publiziert, nichts miteinander gemein.

Das hat sich nun geändert. In ihren neuen Gedichtbänden zollen Becker wie Treichel der außerliterarischen Wirklichkeit Tribut: die deutschen Ereignisse des Jahres 1989 werden zum Anlaß fürs Gedicht. Machtvoll genug also war die Einigung des Landes, um zwei so unterschiedliche Poeten auf ein Thema zu vereinen. War sie auch mächtig genug, um Einstellungen zu verändern, Aufbrüche zu provozieren, alte Schreibweisen in Frage zu stellen?

Es hat zunächst den Anschein. Eben noch hatte Jürgen Becker in sein lyrisches Tagebuch notiert: *es gibt nichts zu sehen, was / nicht schon zu sehen war* und damit aufs neue jenes leicht melancholische *déjà-vu* bekräftigt, das für die Atmosphäre seiner Poesie so charakteristisch ist. Nun aber nimmt er *eine Bewegung / so vieler vergessen gemachter Gefühle* wahr, wird mitgerissen vom *Sog, der die aufgerissenen Ränder des Landes zusammenzieht*. Ein rascher Entschluß zu einer Reise. Leipzig ist plötzlich ganz nahe gerückt, die Grenzen sind offen: »Unbegrenztes Verlangen« spürt der Dichter in sich, ein für den bedächtigen Becker außergewöhnlich emphatisches Bild.

Aber schon bei der Rückfahrt bricht die Euphorie zusammen. Man steht im Stau, und »Ute«, die den Dichter chauffiert, bemerkt an einer Autobahntankstelle etwas so unendlich Banales und Ernüchterndes, daß sie am Steuer »schrie«: *die / stehn nach Benzin Schlange*. Auch Jürgen Becker zügelt seine Begeisterung, er weiß: *Aber auch dieser Herbst hat / seine Frist*. Und ihn hat der Alltag wieder: *es ist völlig / in Ordnung, weiter den Holzzaun zu streichen.* In der letzten Verszeile des Bandes antwortet den geöffneten Grenzen schließlich ein zögerliches Symbol: an einer »Stalltür« rüttelt der Wind, dann jedoch steht sie still – »halb offen«. Die ganze »Sehnsucht« indes bekommt ihren alten Namen zurück: Es ist die *Sehnsucht / nach Rom.*

Hans-Ulrich Treichel war sich noch vor wenigen Jahren vollkommen sicher: *Die Mauer steht noch ein paar hundert Jahre*, schrieb er im Gedicht ›Mythos Berlin 1987‹, das er, selbstbewußtes Bekenntnis zum Irrtum, auch in den neuen Band aufnahm. Zuerst veröffentlicht wurde es, 1987, übrigens in der F. A. Z.; Treichels Prognose hielt man damals keineswegs für unwahrscheinlich, nicht nur im Bewußtsein des Dichters hatte die Mauer Ewigkeitswert. Auf das Unerwartete reagiert Treichel im Herbst 1989 sofort – indem er den Angriff der Wirklichkeit auf sein Weltbild entschieden abwehrt. *Alles eins nur ich gespalten* notiert er ›Am Brandenburger Tor‹.

Auch zu Utes Schreien gibt es eine Entsprechung. Treichel nämlich *brüllt* seine ganze Not mit der geöffneten Mauer vom Balkon seiner Berliner Wohnung in die *lärmende Tiefe: Wie schreib ich / nun meinen zementharten meinen / stacheldrahtklirrenden Vers?* Die aufwallende Ratlosigkeit jedoch weiß sich bald Rat. Treichel bricht zu einer Reise auf, natürlich in den Süden, verbringt eine ›Sommernacht am Arno‹ und besucht das ›Mezzogiorno‹. Auch seine Sehnsucht führt – nach Rom: ein ›Römischer Lobgesang‹ findet sich, fern von Deutschland und Berlin, am Ende des Bands.

Bestätigt sehen die Dichter schließlich nur sich selbst. Sie führen keine neuen Schreibweisen, wohl aber symptomatische Reaktionen vor: Jürgen Becker die Skepsis jener Generation, die man die skeptische nennt, und Hans-Ulrich Treichel den linken Jammer mit der Einheit, der 1989 über jene Generation hereinbrach, die von der Studentenbewegung geprägt wurde. Nicht die deutsche Einheit eint die deutschen Intellektuellen, sondern, wen könnte dies überraschen, der Jahrhunderte alte Topos der Italiensehnsucht. Was Wunder, wenn die beiden Gedichtbände auch sonst Vertrautes bieten.

Hans-Ulrich Treichel schätzt Sinnsprüche, kleine Bilanzballaden und lyrische Großstadtnotizen mit bissiger Pointe. Seine besten Miniaturen haben gegenüber dem Debütband ›Liebe Not‹ von 1986 nichts an Prägnanz eingebüßt. Die Not mit der Liebe und die liebe Not mit dem Leben sind als zentrale Themen freilich nicht mehr unumstritten – lyrische Landschaftsskizzen, Familienszenen und Porträts von Dichterkollegen kommen nahezu gleichrangig hinzu. Vorsichtig Neuland betritt Treichel mit Versuchen über mythologische Figuren und biblische Gestalten: seine sechs ›Variationen über Kain‹ ergeben ein scheues Plädoyer für einen Außenseiter.

Gleichwohl sind Liebesgedichte seine eigentliche Domäne. Mal eine ironische Hommage an den Morgen danach, mit »Zeitung«, »Kaffee« und »schnellem Adieu«, mal die Aufforderung zum erotischen »Komplott« –, *Daß du mich / mit mir betrügst* – mal die poetische Kürzestgeschichte einer Nähe, die möglich wurde, weil sie nahezu körperlos blieb. Unbedingtes Begehren zu beschreiben, will Treichel nur in Gegensatzpaaren riskieren, Emphase nur zulassen im Spiegel der Enttäuschung. Trotz oder gerade wegen der resignativen Schlußzeilen in beiden Strophen aber entwerfen die Verse des Gedichts »Schöner Traum« ein Versprechen, das im Scheitern nicht endet:

Daß wir zu zweit vergehen
Vielleicht mein schönster Traum
Daß wir uns stumm verstehen
Wir schreien – und hören uns kaum

Daß wir zu zweit vollenden
Was man allein nicht kann:
Selbstbildnis mit vier Händen
Wir fangen nicht mal an

Über die Tücken der Dauer, nicht über die Emphasen des Beginns oder des Endes weiß die Liebe in Jürgen Beckers Gedichten Bescheid: *erst wenn du weg bist, krieg' / ich wieder 'ne Ahnung von dir.* Ein Brief von seiner Frau hat den Lyriker in England erreicht. Es sind fast immer indirekte, über ein Medium – neben Briefen vor allem Fotos – bereits vermittelte und von den Reflexionen kontrollierte Wahrnehmungen, die Becker sammelt und in Sprache verwandelt. Alles ist meldenswert und alles hat gleichen Rang in seinem Tagebuch aus Versen: das Blättern in alten Kirchenbüchern, Seminardiskussionen und Kantinengespräche, der einsame Reisende und das funktionierende Funkgerät, die Erinnerungen an Kindheit und Krieg.

Damit *eine Verständigungsspur entstehe, quer über Zonen / hinweg*, werden ungezählte Augenblicke und Gegenstände archiviert.

Vollständiges Aufzeichnen wäre Beckers Ideal. Weil es unerreichbar ist und dennoch Ideal bleibt, wird Schreiben zum endlosen Prozeß: jedes Gedicht geht auf die Suche *nach einem nächsten, / das es fortsetzt.* Bruchlos setzt der Band ›Das englische Fenster‹ also etwa ›Fenster und Stimmen‹ (1982) oder ›Das Gedicht von der wiedervereinigten Landschaft‹ (1988) fort, mehrmals angespielt wird auf ›Frauen mit dem Rücken zum Betrachter‹ von 1989.

Zwischen das titelgebende ›Englische Fenster‹ und die ›Vorbereitungen im Herbst‹, das zweite ›Langzeit-Gedicht‹ des Bands, aber hat der Autor »Ausschnitte« eingefügt: Kleine Versszenarien, die ihn auf der Höhe seiner Möglichkeiten zeigen – *... ich dachte, du hättest gesagt, du riefest / nie wieder an. Nun gut*, so lakonisch beginnt das schönste, bitterste Poem dieses Bands. Das einzelne Bild, der einzelne Gedanke und das einzelne Erlebnis bewahren hier jene Eigenheit, die der Mahlstrom der langen Arbeiten bisweilen einzuebnen droht.

Zwei Bände, zwei deutsche Dichter. Für einen Augenblick hatte der Aufbruch der Geschichte ihren Schreibtisch erreicht. Davor ging das Leben so hin, danach ging es weiter. Die Gedichte zeichnen auf, was davon bemerkenswert bleibt. Unbestritten sind die handwerklichen Fähigkeiten, unbestritten ist die Sensibilität von Jürgen Becker und Hans-Ulrich Treichel. Unbestreitbar aber auch, daß ihre Sensibilität merkwürdig saturiert erscheint. Ob das auch am Leser liegt? An einer Erwartung, die er insgeheim an sich selbst stellt, von den Dichtern aber erfüllt sehen will? An der Erwartung also, daß außergewöhnliche Zeiten ihren Widerhall finden im Alltag, zumindest aber in den Arbeiten jener, die seine Seismographen sind.

Die Ereignisse des Jahres 1989 haben die Gedichte von Becker und Treichel zwar berührt, ihre Poesie letztlich aber nicht zu irritieren vermocht, jedenfalls nicht produktiv. Vielleicht sind diese beiden Bände gerade deshalb typisch, nicht fürs deutsche Bewußtsein insgesamt, wohl aber für seine westdeutsche Filiale, die sich immer noch für den Stammbetrieb hält.

Elsi lächelt leise

Über Friedrich Dürrenmatts Roman ›Durcheinandertal‹

Am Ende der 1986 erschienenen Novelle ›Der Auftrag‹ erzählt Friedrich Dürrenmatt von einem freudigen Ereignis: Tina Lambert, die totgeglaubte Gattin eines berühmten Psychiaters, ist nicht nur lebendig wie eh und je, sie hat auch »einem gesunden Knaben das Leben geschenkt«.

Am Ende seines neuen Romans ›Durcheinandertal‹ gibt es ebenfalls gute Gründe für die frohe Botschaft: Weihnachten ist, und die Heldin ist schwanger. »Sie lächelte«, notiert der Erzähler und fügt zu unserer Rührung an: »Das Kind hüpfte vor Freude in ihrem Bauch.«

Eine Geschichte, so hat Dürrenmatt in den vielen Jahrzehnten seiner Schriftstellerei ein ums andere Mal verkündet, sei erst dann zu Ende gedacht, wenn sie ihre »schlimmstmögliche Wendung« genommen habe. Sucht er jetzt, von großväterlicher Milde beseelt, nach dem bestmöglichen Ausgang und findet dabei das *Happy-End*?

Im Gegenteil, er ist noch ein bißchen böser geworden. Schwangerschaft und Geburt: sie scheinen ihm nun wirklich die allerschlimmsten Möglichkeiten, um eine Geschichte zu beenden. Denn solange geschwängert und geboren wird, dreht sich erbarmungslos auch die Katastrophenspirale unserer Gattung immer noch ein Stückchen weiter – das wiederum nötigt Dürrenmatt, immer noch einmal zu wiederholen, was er in seinen Stücken und Romanen, Erzählungen und Essays schon unzählige Male diagnostizierte: daß die Welt schrecklich und sinnlos sei, die Historie ein ungeheurer und blutiger Witz, der Mensch aber ein hoffnungsloser Irrtum, gerade weil er nicht aufhört, strebend auf einen Sinn zu hoffen. Die Freude ist dabei ein großer Verführer: vor allem sie täuscht Lebenssinn vor. Und deshalb erscheint das Freudige, wenn Dürrenmatt von ihm erzählt, auch als eine besonders perfide Fortsetzung des Furchtbaren.

In der Novelle ›Der Auftrag‹ also gingen der Nachricht von der glücklichen Entbindung zahlreiche sinnlose Morde, wenigstens ein Staatsstreich, ein Grenzkrieg und die Explosion einer Atombombe voraus. Im ›Durcheinandertal‹ geht es da vergleichsweise zivil dem Untergang entgegen: ein Wald steht in Flammen, ein Kurhaus brennt ab, dessen Gäste kommen dabei ebenso jämmerlich ums Leben wie die Bewohner eines ganzen Dorfes – übrig bleibt allein die Heldin, die auf den Namen Elsi hört und das Inferno von sicherer Warte aus beobachtet, leise lächelnd dabei und versonnen auf die vorgeburtlichen Glücksregungen ihres Babys achtend.

Bei Elsi wacht Mani, der Hund. Mani ist ein schwarzes Ungetüm mit weißer Brust und mächtigem Kopf. Niemand weiß, »woher das Vieh stammte«. Mani also ist ein mythischer Hund – »wie Mephistopheles als Pudel«, bemerkt prompt der Lehrer Adolf Fronten, den Dürrenmatt als die ziemlich platte Karikatur eines naturgemäß versoffenen, mal Hölderlin und meist Goethe zitierenden Schriftstellers durch die Geschichte torkeln läßt. Als Mythentier aber ist Mani auch die Verkörperung eines Dürrenmattschen Urmotivs: der treue Begleiter, der plötzlich zur todbringenden Bestie werden kann, dient seinem Werk als Symbol für sprachlose Nähe und sprachlosen Schrecken zugleich. Frauen übrigens, Elsi ist da keine Ausnahme, kommen bei Dürrenmatt stets besser mit dem ambivalenten Getier zurecht.

Dürrenmatts erster literarischer Hund taucht bereits in einer 1945 entstandenen Geschichte auf. Sie trägt den Titel ›Der Alte‹ und ist für das ›Durcheinandertal‹ auch sonst von einiger Bedeutung. Denn in diesem Roman geht es fortwährend um »den großen Alten« und eben auch ums alte Thema des angeblich ungläubigen Pfarrerssohnes Dürrenmatt: um Gott. Immer vermag dieser Autor dem ja nicht mehr ganz taufrischen Sujet noch etwas abzugewinnen. Ist Gott in der frühen Erzählung aber eine ganz eindeutige Figur, die für die Leiden der Menschen verantwortlich gemacht wird, so dient er im ›Durcheinandertal‹ zunächst einmal nur als Anlaß für allerlei Wort- und Verwirrspiele.

Mindestens zwei Protagonisten dürfen sich dort mit dem Titel »Großer Alter« schmücken: der »Gott mit Bart« und der »Gott ohne Bart«. Den Bärtigen vermuten wir irgendwo in himmlischen Gefilden, er ist uns vor allem aus der Sonntagsschule vertraut. Den Glattrasierten präsentiert Dürrenmatt als umgänglichen, etwas ratlosen und gelangweilten Chef eines weltweit operierenden Verbrechersyndikats: Er sei, erfährt man, demzufolge »mächtiger als der Gott mit«. Der Stellvertreter des Bartlosen heißt »Belial« – das hebräische Wort für Satan, den Verderber. Offen bleibt, ob der Chef und sein Vize nicht am Ende doch ein und dieselbe Person sind. Kommen die Mißverständnisse hinzu im Dialog zwischen Theologen und Verbrechern

– und dieser Dialog wird im ›Durcheinandertal‹ wenigstens versucht: wer meint wen, wenn er vom »Großen Alten« redet, und versteht ihn der jeweils andere nur richtig, wenn er das Falsche denkt?

Nun hat Friedrich Dürrenmatt stets Wert darauf gelegt, nicht zu den Selbstdarstellern, zu den »Exhibitionisten unter den Schriftstellern«, gezählt zu werden, und sich lieber den »Gedankenschlossern und -konstrukteuren« zugesellt. Zugleich aber darauf bestanden, nichts geschrieben zu haben, das nicht in irgendeiner Beziehung zu etwas ganz Persönlichem, »zu etwas von mir Erlebtem« stehe. Fruchtbar gemacht wurde dieser Widerspruch durch eine Grundentscheidung: Dürrenmatt hat, auch hier seinem christlichen Erbe verpflichtet, seine Einfälle und Stoffe nur bearbeitet und weiterverfolgt, wenn sie ihm die Chance zum Gleichnis boten, die Möglichkeit zur Parabel und also zur Weltdeutung mit den Mitteln der Literatur. Dann aber war und ist er hartnäckig bis zum Exzeß – es gibt unter den Gegenwartsautoren wohl keinen zweiten, der so häufig zu bereits fertiggestellten Arbeiten zurückkehrte, sie wieder und wieder umschrieb und revidierte.

Mancher Text verlor dabei an Überzeugungskraft, was er an Umfang gewann. In den besten Fällen aber stand die Lust am Gleichnis dem Verlauf der Handlung nicht hemmend im Weg – diese Geschichten beförderten die gedankliche Botschaft sehr wohl, benötigten sie aber nicht, um als Geschichten auch für sich allein glaubwürdig zu sein. Unter den Prosawerken sind dies vorab die Kriminalromane, ›Das Versprechen‹ (1958) zuallererst, aber auch die Kurzgeschichte ›Der Tunnel‹ (1952; Neufassung 1978) und die Erzählung ›Abu Chanifa und Anan ben David‹ (1975 und 1978), die in die ›Zusammenhänge‹ Eingang fand, Dürrenmatts Essay über Israel (1976), der sein ›Prinzip Hoffnung‹ wurde.

Der Roman ›Durcheinandertal‹ gehört wohl kaum in diese Reihe. Sein Titel ist nahezu genial und einige Einfälle ebenso gut wie grotesk – daß sich für einen Schweizer Autor der auch in der Schweiz beheimatete Behördenwahnwitz dabei als besonders ertragreich erweist, nimmt freilich so recht nicht wunder. Um seine Geschichte auf der Höhe ihres Titels zu halten, versucht Dürrenmatt auch sonst allerlei. So bringt er es auf den knapp hundertachtzig kleinformatigen und mit großen Buchstaben bedruckten Seiten fast auf ein Dutzend Orte der Handlung, wechselt bedenkenlos zwischen so exotischen Stationen wie dem »Hundertbungalowhotel auf einer der Jungfern-Inseln«

oder dem »König-Haakon-Plateau in der Antarktis« und eher bodenständigen Räumen wie dem Emmental und der Zürcher Minervastraße hin und her.

Auch an handlungsstarken und symbolträchtigen Geschehnissen herrscht kein Mangel. Man begegnet einem Theologen vor dem Herrn, der ein Serviermädchen vergewaltigt und erwürgt, seine drei reichen Ehefrauen der Reihe nach ins Jenseits schafft, darüber unweigerlich zum Millionär wird – um nun den Millionären Armut zu predigen. Überhaupt wird viel gepredigt in diesem Roman. Unter anderem von einem Superkiller aus den Vereinigten Staaten, der sich als des Durcheinandertaler Dorfpfarrers verlorener Sohn erweist, eine Art moralischer Um- und Einkehr erfährt und die Dörfler schließlich zu jenem Brandmord an seinen ehemaligen Spießgesellen anstachelt, dem sie dann auch selbst zum Opfer fallen.

Sprechende Namen haben die Figuren, man soll nur ja nichts überhören: Moses Melker heißt der Theologe – Moses wegen der Prophetie und Melker wegen der Moneten. Die Verbrecher, »Alaska-Pint« oder »Big-Jimmy« genannt, scheinen indes ein wenig antiquiert und noch direkt aus der Dreigroschenoper zu stammen; die Erzengel tauchen auf, Agenten allesamt im Dienst des Großen Alten, des Bartlosen, versteht sich. Aber auch nur Agenten sind die anderen Gestalten des Buchs, Agenten im Dienste des Autors, der sie nur braucht, um mit ihnen seine Parabel von der verrotteten Welt zu inszenieren, sein Gleichnis von der Ununterscheidbarkeit zwischen Gut und Böse. Eine Geschichte ist darüber entstanden, die auf den ersten Blick eher hanebüchen und an den Haaren herbeigezogen erscheint, eher kasperlehaft als komisch, eher schrill als schrecklich.

»Meine Frau«, hat Dürrenmatt gesagt, »kennt ja Gott und die Welt. Ich kenne nur Gott, und auch den nicht besonders.« Unserer Kenntnis von seinem Gott, den er ja doch ganz gut kennt, fügt er wenig Neues hinzu. Angesichts des sicheren Tods in den Flammen läßt er den korrupten Moses Melker zwar zur reinen Erkenntnis des Relativen gelangen. »Der Mensch«, weiß er nun, »braucht... keinen Gott, weil nur der Mensch den Menschen begreift«; kurz zuvor hatte er, seine eigene »monströse Sinnlichkeit« auf den bärtigen Alten übertragend, noch spekuliert, ob dessen »Schöpfung« ebenso wie die »Vernichtung der Schöpfung« nicht als der gleiche, große »Orgasmus« zu verstehen seien.

Aber beides, die Zuwendung des gottsuchenden Skeptikers zu den

Menschen und die blasphemische Provokation aus verzweifelter Sehnsucht, daß doch ein rettender Gott sei, hat Dürrenmatt in anderen Arbeiten längst schon und bisweilen überzeugender formuliert. Und er borgt auch sonst aus seinem bisherigen Werk. Daß Armut reich mache vor Gott – der reiche Kaufmann Knipperdollinck etwa aus dem Wiedertäufer-Drama ›Es steht geschrieben‹ von 1947 lebt diesem Wort nach, geht in Sack und Asche, verläßt Frau und Kind. Und in der frühen Erzählung ›Der Hund‹ (1951) findet sich ein Schlußmotiv, das dem des neuen Romans sehr ähnelt.

Man hat Dürrenmatt in den letzten Jahren vorgeworfen, er zitiere sich nur noch selbst, variiere nur noch seine alten Themen. Stimmt dieser Vorwurf, trifft er aufs ›Durcheinandertal‹ zu? Einigermaßen ärgerlich über das wilde Chaos, das die erste Lektüre vermittelt, neigt man wohl dazu, eine wichtige Dimension dieses Buchs zu übersehen. Ja, Dürrenmatt zitiert und variiert. Durch Zitat und Variation hat er in diesem Roman jedoch auch ein sehr bedenkenswertes Satyrspiel in eigener Sache in Szene gesetzt.

Nun sind Satyrspiele üblicherweise Nachhutgefechte zu Tragödien, burleske Parodien aufs ernste Geschehen zuvor. Was aber soll ein Satyrspiel, wenn man, wie Dürrenmatt, davon überzeugt ist, daß wir zur Tragödie nicht mehr fähig sind, weil es so etwas wie unausweichliche, gar individuelle Schuld angesichts des von anonymen Apparaten beherrschten Weltlaufs nicht mehr gebe? Wenn also der Absurdität unserer Situation nur noch die Komödie beikommen kann – wie sieht dann das Satyrspiel eines Komödianten aus?

Es fällt auf, daß Dürrenmatt bereits mit der Novelle ›Der Auftrag‹, viel stärker aber mit dem ›Durcheinandertal‹ vorab auf seine ganz frühen Arbeiten zurückgreift. Und sie zugleich durch einen unverschämt heiteren Zynismus zu überbieten sucht. Daß er die Figuren im ›Durcheinandertal‹ wohl ganz bewußt wie ein Puppenspieler an den Fäden hält und hilflos zappeln läßt, ist ein Indiz: der literarische Weltenschöpfer und Weltenzertrümmerer Friedrich Dürrenmatt hält selbst den Ernst des Absurden für abgetan, es bleibt uns nicht einmal mehr die Komödie, sondern nur noch der Kunst-Klamauk. So schauen wir dem Satyrspieler Dürrenmatt also auch dabei zu, wie er über seine einstigen Illusionen und mithin über sich selber lacht. In diesem Sinn ist das ›Durcheinandertal‹ ein wahrhaft trostloses Buch. Es bleibt wirklich nur, gegen Dürrenmatts Gelächter auf Elsis leises Lächeln zu setzen.

Lyrischer Landvermesser, Expressionist der Einfachheit

Über Wulf Kirstens Gedichtband ›die erde bei Meißen‹

»Nirgends«, so hat die Dichterin Ingeborg Bachmann einmal gesagt, »schießt der Dilettantismus prächtiger ins Kraut als in der Lyrik.« Das ist leider wahr. Beim Übergang vom prosaischen Parlando in die Gebundenheit poetischer Rede werden Versfüße oft unversehens zu Stolpersteinen, gähnt hinterm mühsam gezähmten Silbenfall ein Abgrund von Banalität, bewirkt die Reimfolge den unauslöschlichen Eindruck von Peinlichkeit. Trotzdem ist das Bedürfnis, ein gewöhnliches Geschehen mit den außergewöhnlichen Mitteln der Lyrik ins Reich des Besonderen zu retten, ebenso weitverbreitet wie verständlich.

»Nirgends«, hat Ingeborg Bachmann hinzugefügt, »läßt sich für die meisten Leser schlechter feststellen, ob an diesem oder jenem Autor eigentlich ›etwas dran‹ sei oder nicht.« In der Tat, das ist ein anderes Dauerdilemma der lyrischen Gattung. Gefällt dem Laien, was der Dichter schreibt, erklärt's der Fachmann für schlechten Stil und schlechten Geschmack. Aber was er seinerseits empfiehlt, ist dann kaum zu verstehen – zu dunkel die Verse, zu schwierig und verschlossen. Die Verehrung, die ein bedeutender Lyriker genießt, ist nur zu oft der bloße Ausgleich dafür, daß er nicht begriffen wurde.

Wulf Kirsten ist ein bedeutender Lyriker. Weshalb? Weil ihm in seinen besten Arbeiten das Emphatische aller großen Poesie gelingt: die Verdichtung des Gewöhnlichen und Naheliegenden ins außerordentliche Wort, in den fernhintreffenden Vers. Bevor ich den Versuch unternehme, diese Behauptung durch Beispiele und Argumente ein wenig zu stützen und zu belegen, muß noch einmal von einem Dilemma die Rede sein. Von einem scheinbaren Dilemma allerdings nur, das sich bei näherer Betrachtung als höchst konsequente Haltung des Menschen und des Bügers Wulf Kirsten erweist. Wir haben es bei ihm nämlich mit einem Schriftsteller zu tun, der seit längerer Zeit kaum noch schreibt – und dies auch frank und frei bekennt.

Dabei hatte er doch zu Beginn des Jahres 1989 seinen Brotberuf als Lektor im Weimarer Aufbau-Verlag aufgegeben, um sich, ein Vierteljahrhundert nach seiner ersten Gedichtveröffentlichung, endlich ganz dem eigenen Schreiben widmen zu können. Die wahrhaft außergewöhnlichen Zeiten, die dann anbrachen, haben ihm anderes abverlangt. Als ich ihn im Juli 1989 bei einer Lesung in West-Berlin traf, war er sehr bedrückt über die Situation in seinem Land. Die herrschenden Herrn der DDR hatten das Volk neue Stadt- und Gemeinderäte wählen lassen und das Ergebnis sodann kräftig manipuliert und gefälscht. Die Stimmung in der Bevölkerung war beides zugleich: niedergeschlagen und gereizt. Bei Kirsten kam hinzu, daß einer seiner Söhne wegen der Weigerung, in der Nationalen Volksarmee den Dienst zu versehen – um das wenigste zu sagen –, großen Ärger mit den Behörden hatte.

Kirsten hat dann im Herbst 1989 keinen Augenblick gezögert, sich vielmehr aktiv an der Revolution jenseits der Elbe beteiligt. Bezeichnend für die Ernsthaftigkeit seines Engagements ist der Umstand, daß er dies keineswegs in erster Linie als Schriftsteller tat, schon gar nicht als einer, der seinen Landsleuten Ratschläge für noch einen Versuch in Sachen Sozialismus geben wollte, sondern als ein Bürger der Stadt Weimar. Bald schon wird er in den Untersuchungsausschuß gewählt, der Licht ins Dunkel der lokalen Stasi-Aktivitäten bringen soll, er kandidiert bei der demokratischen Wiederholung der Kommunalwahlen für das Neue Forum und wird Mitglied im Weimarer Stadtparlament.

Daß viele Blütenträume etwa der Leipziger Herbstdemonstrationen nicht reiften, daß sich die revolutionäre Avantgarde bei der Wahl zur Volkskammer unerwartet herb als Minderheit wiederfand und auch das Neue Forum in Weimar unter zehn Prozent blieb, registriert der realistische Kommunalpolitiker Kirsten durchaus mit ein wenig Melancholie, aber ohne jede Resignation. Zu begreifen und zu achten ist, daß er bei seiner literarischen Arbeitsweise, die Ruhe, Konzentration und die Disziplin des langen Atems verlangt, in den letzten Monaten keine Zeit für Lyrik fand. Vom Standpunkt der Literatur aus zu befürchten ist allerdings auch, daß sich Kirsten von den vielen Menschen, die nach wie vor bei ihm vorstellig werden, Bitten äußern und nach ganz konkretem Rat verlangen, wird überreden lassen zu längerer Tätigkeit im politischen Bereich, zu einer Tätigkeit möglicherweise auch, die ihm noch weitere Verantwortung aufbürdet.

Für den Bürger Wulf Kirsten sind die Veränderungen in seinem Land von großer, für den Dichter Wulf Kirsten hingegen von keinerlei Belang. Denn er gehört zu den wenigen Autoren der DDR, deren literarische Arbeit durch das Verschwinden dieses Staates überhaupt nicht berührt wurde. Gewiß, auch ihm wurde in der Vergangenheit so manche Loyalitätsprobe abverlangt. Mit die schwierigste wohl 1976, im Jahr der Ausbürgerung Wolf Biermanns, als Kirsten eine Reihe von Lesungen in der Bundesrepublik absagen mußte. Seine Themen und seine poetischen Formen jedoch hat er sich vom herrschenden System nie vorschreiben lassen, was auf unbarmherzig dialektische Weise oft gerade bei jenen Autoren der Fall war, die in der DDR mit den Mitteln der Literatur Kritik an den Verhältnissen zu üben versuchten.

In Kirstens Lyrik hingegen war alles, was an den real existierenden Sozialismus gemahnen konnte, wie ausgeblendet – es war, mit ein paar charakteristischen Ausnahmen, einfach nicht vorhanden. Dabei schrieb dieser Autor keineswegs geheimnisvolle oder gar hermetische Gedichte, weder nach innen noch ins Imaginäre führte sein Weg. Im Gegenteil, anschaulich und konkret sind seine Verse, sie gelten häufig ganz alltäglichen Geschehnissen, sie nennen Ort und Zeit und, wenn es sein muß, Roß und Reiter auch. Wie war das möglich? Wie konnte man in der DDR literarisch von der DDR handeln – und doch die herrschende Lehre und die bestehende Gesellschaftsordnung dabei fast überhaupt nicht zur Kenntnis nehmen? Kirstens poetisches Geschick wußte da allemal Rat.

Einen trefflichen Blick in seine Werkstatt gestattet ein scheinbar unscheinbares, im Bänkelton gehaltenes Gedicht aus dem Jahr 1975. ›werktätig‹ lautet sein Titel. Und dem Lieblingswort der Sprachverwalter im Arbeiter- und Bauern-Staat folgte denn auch, in zwölf Zweizeilern, das gereimte Lob der Hand- und Landarbeit. *ein schmiedefeuer mit dem blasebalg entfachen / den feldern ein schön ansehen machen* – davon weiß das erste Idyll zu berichten. Zur Arbeit des Schmieds und des Bauern gesellen sich in der Folge die Mühen und Freuden des Bäckers, des Schreiners, des Töpfers, des Weißbinders; wie selbstverständlich kommt auch der christliche Glockengießer mit aufs landproletarische Gruppenfoto. Aber kein einziges der absichtsvoll altmodischen, ja anachronistischen Wörter des Gedichts erinnert an die vielbeschworene neue Qualität der sozialistischen Arbeit. Bei Kirsten wird vielmehr immer noch der Blasebalg getreten, es werden die Dreschflegel geschwungen und das Sauerkraut getreten wie weiland zu seines geknechteten Großvaters herben Lehr- und Wanderjahren.

Das letzte Reimpaar gibt als Pointe einen Grundsatz von Kirstens poetischer Arbeitsweise preis: *eine leiter lehnen*, heißt es da, *haferstroh häckseln, / das zeitliche mit dem ewigen verwechseln*. Natürlich ist die Selbstkritik hier pure Ironie, natürlich hat es der Autor just auf jene Verwechslung abgesehen, deren er sich bezichtigt. *das zeitliche mit dem ewigen verwechseln*: Das ist nachgerade das Programm seiner Natur- und Landschaftslyrik. Stahl sich Kirsten also aus der Gegenwart in die Nostalgie und aus der DDR in ein zeitentrücktes Biedermeier davon? Keineswegs.

Kirsten schätzt die altbäuerlichen Sitten, Gebräuche und Gerätschaften. Wenn sich, wie im Titelgedicht des Bandes ›die erde bei Meißen‹, die Erwähnung moderner Traktoren *partout* nicht vermeiden läßt, so werden sie als *ungeschlachte blechvögel* beschimpft. Und die *erntemaschine* kann er gar nicht fern genug rücken, hinter den Horizont am besten, ins nächste, übernächste Dorf. Es verwundert deshalb nicht, wenn Kirstens Zorn dem systemübergreifenden *reißwolf des fortschritts* gilt. Kirstens erste Gedichte gegen die Zerstörung der Natur sind, bemerkenswert genug, bereits vor über zwanzig Jahren entstanden. Sein Lyrikband ›der bleibaum‹ erschien bereits 1977, als im Westen des geteilten Landes etwa das Waldsterben noch eine völlig unbekannte Sache und ein völlig unbekannter Begriff war. Dem *zeitlichen* mithin hat Kirsten durchaus hellsichtigen Tribut gezollt – und den Widerspruch zum *ewigen* im satirischen Gebrauch naturseliger Klassikerzitate und in der Kontrafaktur traulicher Volkslieder festgehalten: auch seine wildromantisch gelegenen Mühlen klappern nicht mehr, sind nur klapprig noch.

Seine besten Gedichte entstehen also immer dann, wenn er das Ewige im Zeitlichen besingt – und ihm zugleich mit kräftiger Stimme das Irdische zur Seite gibt. Das Irdische ist für ihn eben ›die erde bei Meißen‹, ist seine Heimat in sächsischer Provinz. Sie wurde in seinen Gedichten zwar nicht gerade zum Staat im Staate DDR, wohl aber zu einem unabhängigen, souveränen Weltwinkel mit landschaftlichen Hoheitszeichen und eigener Währung in Sprache und Stil. So ohne weiteres konvertibel ist diese Währung nicht. In manchen, zumal frühen Gedichten wirkt Kirstens einstige Tätigkeit als sprachrettender Materialsammler für das ›Wörterbuch der obersächsischen Mundarten‹ merklich nach.

Man muß sich also erst zurechtfinden in diesen Gedichten. Und das gelingt, nach anfänglichen Mühen, zusehends besser. Denn im zeitenthobenen und zugleich gegenwärtigen Sachsen waltet der lyrische Landvermesser Wulf Kirsten sicher seines Amtes und weist mit Umsicht so manchen Weg. Nicht bloß bei *kraftworten mistfuderweise* kennt er sich aus, auch jedes Dorf und jeder Landgasthof, jedes Hopfenfeld und jedes verlandete Torfloch ist ihm aufs innigste vertraut und würdig eines Gedichts deshalb. Natürlich auch das Arsenal des Ewigen: die Jahreszeiten als *zuverlässigste chronologie*, die Winde, der *eisgang*, die *grabschrift*.

den tag ausmessen, jetzt ausmessen das land im frühlicht lauten des Dichters Forderungen an sich selbst. Bis ins Detail ausgemessen und kalkuliert sind denn auch seine Gedichte. Selbst die weitgehende und bei manch anderem Autor bloß kokette Kleinschreibung hat bei Kirsten einen unmittelbar einleuchtenden Sinn: auf großen Wortbeginn haben in seiner poetischen Heimatkarte einzig die Eigennamen ein Recht. Die vornehmste Pflicht dieses Landvermessers heißt mithin: Die Menschen, die Dinge und Sachen *inständig benennen* und sie damit ein für allemal vor dem Vergessen zu bewahren.

Nun ist das emphatische Benennen immer ein probates Mittel der Naturlyrik gewesen: dadurch »dem Auge Freude zu bereiten und dem Ohr nicht minder«, empfahl schon die antike Rhetorik. Für unser Ohr und sein Bestreben, *aus wortfiguren standbilder* zu machen, hat sich Kirsten nur in wenigen Fällen des Endreims bedient, ansonsten sehr bewußt die im Deutschen älteste Form der Sprachbindung gewählt: den Stabreim, die Alliteration. *im spinnwinkel hinter schattenmorellen* also dämmert *als sinnbild grausiger säkula* der alte Gerichtsplatz des Dorfes nun dahin. Naturgemäß kann darüber nicht jede stabende Zeile zum *schartigen sinnspruch* werden. Im ganzen jedoch wird da eine unverkennbar originelle, stimmige und bisweilen brillante ›Dorfmusik‹ intoniert, die ihre Herkunft von Johannes Bobrowskis gleichnamigem Gedicht gerade deshalb nicht verbergen muß. Neben Johannes Bobrowski hat sich Wulf Kirsten überdies auch zu Zeiten, in denen dies in der DDR nicht eben förderlich war, zu Peter Huchel als poetischem Lehrmeister bekannt.

Seinen ersten Schreibversuch datiert der 1934 geborene und in einer Arbeiterfamilie aufgewachsene Kirsten auf den Sommer 1954: »Ich litt«, hat er später bekannt, »unter blanker Einsamkeit. Ich habe mich hingesetzt und ein Gedicht geschrieben, ein Stimmungsbild.« Mit dem Rad fährt er gelegentlich abends aus seinem Dorf Klipphausen nach Meißen zu einer Dichterlesung. Der erste Schriftsteller, der ihm wirklich wichtig wird und mit dem er, der völlig unbekannte junge Mann vom Land, auch korrespondiert, ist Oskar Maria Graf, in dessen Büchern er seine eigene Welt wiedererkennt. Kirsten macht zu Anfang der fünfziger Jahre eine kaufmännische Lehre, arbeitet dann als Bauarbeiter und als Buchhalter einer Konsumgenossenschaft. 1960 holt er das Abitur nach, studiert Deutsch und Russisch in Leipzig, verbringt eine kurze und leidvolle Zeit als Lehrer in Freiberg, wird 1965 Lektor und lebt seit 1966 in Weimar.

In der alten Bundesrepublik wurde man recht eigentlich erst 1987 auf ihn aufmerksam, als Kirsten im badischen Staufen den Peter-Huchel-Preis erhielt und in Frankfurt am Main die ›erde bei Meißen‹ erschien. Auch dies eine Fußnote zur deutsch-deutschen Geschichte: in der DDR hatte er damals bereits so etwas wie ein Lebenswerk vorgelegt, hatte vier Lyrikbände publiziert, den Prosaband ›Die Schlacht bei Kesselsdorf‹ veröffentlicht, sich als Essayist und Herausgeber einen Namen gemacht.

›herkunft‹ – so ist der letzte Abschnitt des Bandes ›die erde bei Meißen‹ überschrieben. Hier finden sich die schönsten Gedichte von Wulf Kirsten, die Verse mit dem Titel ›kindheit‹ etwa, das Poem ›kirschallee‹ oder das Gedicht ›zur ebnen erde‹, in dem Kirsten eine ganz reale und zugleich magische Atmosphäre beschwört, in dem ohne weitere Deutung offenkundig wird, was sein spezifischer Expressionismus der Einfachheit zu leisten vermag:

gelebt zur ebnen erde weißtdunoch.
im sonnenrauch die wohnsitze,
die landstufen mit brotrumpen gepflastert
gekalkte kilometersteine
wie stichworte zum lebensabriß
quer durch die goldene hufe,
von muttersprache eingeschwärzt die erde,
wo das weizenmeer aufschäumt,
eine leiter geschultert, die gärten hinab,
vom grad der hügel zogen die herden,
der herbst war versiegelt
mit heftfäden von langer hand.
gelebt zur ebnen erde weißtdunoch,
wo gunderlunze wuchs
im frühlingsschaum.

Zeitliches und Ewiges: Auch in dieser Hommage an den sächsischen Weltwinkel, die zugleich eine Liebeserklärung an die Provinz des Menschen ist, sind Zeitliches und Ewiges nicht verwechselt, sondern kunstvoll vereint.

Im Bann des Mythos

Über Gertrud Leuteneggers Roman ›Der Gouverneur‹

Göttin des Krieges war die sagenhafte Semiramis, Göttin der Liebe und der Lust zugleich. Sie erbaute Babylon, ließ Gebirge durchbrechen, um Straßen anzulegen, künstliche Berge und Felsen wurden auf ihren Befehl in den Ebenen errichtet. Dem epigrammatischen Bericht des Antipatros von Sidon zufolge gehörten die hängenden Gärten der Semiramis zu den sieben Weltwundern der Antike. Weniger bekannt allerdings sind die Schattenseiten dieser göttlichen Frau, rätselhaft blieb ihr Ende. Sicher ist jedoch, daß sie all die Männer, die zuvor ihre Liebe genossen hatten, heimlich umzubringen befahl.

Allzeit waren die alten Mythen Steinbrüche der Poesie. Der gegenwärtige Heißhunger nach den Stoffen der Sage jedoch ist, emphatischer vielleicht als je, zugleich eine Flucht vor der Kälte der Vernunft und den Monstren, die sie gebahr. Monstren mehr als Menschen bevölkern auch den Roman ›Der Gouverneur‹ der Schweizer Autorin Gertrud Leutenegger. Da trifft man zum Beispiel auf eine Gruppe von Inspektoren, die, scheinbar versehen mit einem ganz konkreten Auftrag, recht undurchsichtig zu Werke gehen und schließlich, man weiß nicht warum, verschwinden ins Numinose einer kafkaesken Welt. Da begegnet man vagabundierenden Schauspielern, die über ihren Rollen ihre eigentlichen Namen vergessen haben, da taucht plötzlich ein Messerverkäufer auf und eine Wirtin vom Land endlich in der Hauptstadt unter. Fast schon tröstlich wär's, ließe sich hinter all diesen Marionetten ein Puppenspieler vermuten, der die Fäden zieht. Es gibt ihn nicht. Und auch die Autorin selber überläßt die Figuren dem ebenso monoton wie phantastisch anmutenden Rausch ihrer sprachlichen Rituale – an psychologischer Wahrscheinlichkeit ist sie kaum, an realistischer Handlung ist sie überhaupt nicht interessiert. Schicksal vielmehr waltet mächtig und blind.

Viel Blut wird dabei vergossen. Kinder kommen zu Tode, mehrmals werden Vergewaltigungen angedeutet, allenthalben herrscht innere Not. »Alles«, sagt einer, »alles ist aus dem Gleichgewicht, verheerend aus dem Gleichgewicht.« Ganz offensichtlich wird ein Krieg vorbereitet, Panzer rollen an. Dazwischen wie Schnappschüsse kleine

Momente aus dem Alltag. Frühstücksbrote wollen geschmiert sein, Bauern spielen Karten in der Wirtschaft. Eine Endzeitkulisse also wird entworfen, an fernhindeutenden Symbolen besteht kein Mangel. Auch hausen die Personen in Räumen, die mit jeder genaueren Beschreibung größere Platzangst erzeugen. Und ein Bus, der ständig und sinnlos Leute zwischen Stadt und ländlichem Hochplateau hin und her befördert, täuscht Bewegung vor mitten im Erstarren.

Gertrud Leutenegger wählt dieses Ambiente für den Auftritt einer ins Heute verpflanzten, einer in die Gegenwart verschlagenen Semiramis. Mit Ausnahme jedoch von zwei, drei knappen Andeutungen am Ende des Buches wird jeder direkte Bezug vermieden, ja, der Name der Göttin selbst bleibt unausgesprochen, namenlos überhaupt muß die neue Heldin bleiben: ein nacktes, bloßes Ich, das seine verwirrte Geschichte in dreiundfünfzig Erzählabschnitten protokolliert. Wie weiland in Babylon soll ein Berg von Menschenhand entstehen, wie weiland in Babylon sollen hängende Gärten das Wunder vollenden. Aber von Babylon führt kein Weg ins schweizerische Irgendwo. Zwar sind die Pläne fertig und mit den Arbeiten ist begonnen worden. Längst allerdings treten sie auf der Stelle.

Ein zweites der sieben Weltwunder dient als Gegenbild zum Hoffnungszeichen der hängenden Gärten. Aus dem Mausoleum zu Halikarnass nämlich macht die Autorin das geheimnisvolle Grabmal in der Domäne des Gouverneurs. Es beherrscht die Szene. Nun sind Domänen bekanntlich Staatsgüter, Gouverneure oberste Regierungsbeamte und Mausoleen Todesräume. Womit die Gleichung aufgehen darf und aus verschlüsselten Symbolen offene Botschaften sprießen. Ein endlich freies Volk auf endlich freiem Grund, so lautet die politische Lesart dieses prosaischen Exerzitiums, vermag der drohenden Zerstörung Einhalt zu gebieten, wenn es den Herrschenden trotzt. Ein wenig gewaltsam versucht das vorletzte Kapitel, diese Möglichkeit wenigstens anzudeuten: Trotz Stillstand und Rückschlag feiert man Richtfest am Rohbau des menschlichen Bergs. In den Fluten des Sees wird zugleich die ursprüngliche Idee des hybriden Projektes versenkt, bildlich wie gehabt. Denn die anonyme Semiramis der Gertrud Leutenegger hatte die Gärten geplant als Ersatz für die verlorene Liebe des Gouverneurs. Phantasmagorien darüber bestimmen und überwuchern Sprache, Form und Inhalt dieses Buchs. Keine Pflanze bleibt ungenannt und unbeschworen, die mythenträchtig auf die Versöhnung von Eros und Thanatos, von Liebes- und Todestrieb verweist.

Quittenbäume sollen wachsen auf den Hügeln, Lorbeer und Agave, Rhododendron und Schwertlilie. »Ich will... nur den Liebesberg«, wiederholt sie stets aufs neue, »auf diesem Berg will ich den Gouverneur küssen.« Die Kehrseite solcher Emphase heißt Selbsterniedrigung, heißt Selbstverstümmelung, heißt Fetischismus, Qual und Gewalt aus verschmähter Leidenschaft. Kapitel um Kapitel, Abschnitt um Abschnitt martert Gertrud Leutenegger sich selbst und ihre Leser, um das Unaussprechliche des unbedingten Begehrens einzukreisen und in neuer Sprache erstmals zu sagen.

Entstanden ist darüber ein hochmaniriertes Prosastück, eine recht überstrukturierte Parabel um Weltlauf und Liebesleid. Nicht Arbeit am Mythos leistet der ›Gouverneur‹ – alptraumartige Mythenschwelgereien führt er vor. Je kürzer die Sequenzen, die man sich lesend zumutet, desto lockender der Sog aus stets parataktischen, Hauptsatz an Hauptsatz reihenden Perioden. Ohne Zweifel ein großes dichterisches Talent, weiß Gertrud Leutenegger nicht hauszuhalten mit ihren Mitteln. Angst und bange will einem werden beim Blick auf das noch schmale Werk der 1948 geborenen Autorin. Denn seit ihrem 1975 erschienenen Romandebüt ›Vorabend‹, einer auf subtile Weise tastenden Selbstsuche am Beginn des politischen Engagements, entfernt sich Gertrud Leutenegger mit beharrlicher Konsequenz aus den Niederungen präziser Beschreibung. ›Ninive‹, der zweite Roman, legt dafür Zeugnis ab, mehr noch das Poemdrama ›Lebewohl, Gute Reise‹ von 1981. Der ›Gouverneur‹ setzt das begonnene Spiel mit sämtlichen Weltaltern fort und versteigt sich absichtsvoll ins Hochgebirge der hehren Wörter. Wer da ohne Redundanzen schreibt, gerät in Atemnot. Und vielleicht gibt es dann kein Zurück mehr. Aber vielleicht ist das auch das Los einer Schriftstellerin, die ihre prägenden Eindrücke in Schwyz, ganz in der Nähe des Vierwaldstätter Sees erfuhr. Auch diese kleine Stadt nämlich wird beherrscht von ihrem Berg. Er heißt: Der Große Mythen.

Das Dschungelbuch von heute

Über Hanif Kureishis Roman ›Der Buddha aus der Vorstadt‹

Mit Stendhals 1830 erstmals erschienenem Buch ›Rot und Schwarz‹, notierte der Romanist Erich Auerbach, sei »ein ganz neues Phänomen« in die Geschichte der Literatur gekommen. Nie zuvor jedenfalls habe ein Autor die Existenz eines Menschen niederen sozialen Ranges so konsequent und grundsätzlich in die konkreteste Zeitgeschichte eingebaut und aus ihr entwickelt. Für Auerbach war Stendhal deshalb der Begründer der »modernen ernsten Realistik«.

Solch ernste Realistik sei heute im Roman gar nicht mehr möglich, meinte vor kurzem der englische Schriftsteller Anthony Burgess, weil das Leben in den westlichen Industrienationen viel zu kompliziert und zu abstrakt geworden sei: Kein Autor besitze mehr genügend Welterfahrung, um dieses Geflecht durchschauen oder gar darstellen zu können.

Eine Hintertür ließ Burgess offen: von Autoren aus der dritten Welt dürfe man den großen realistischen Roman noch erwarten. Denn die dramatische Heftigkeit des Existenzkampfes mache das Leben dort zwar nicht eben angenehm, aber überschaubar, verleihe ihm zudem kräftige Farben und eine Atmosphäre voller Sehnsüchte und Begierden.

Gleich mit seinem ersten Buch ist einem 1954 in England geborenen Autor das paradoxe Kunststück geglückt, einen großen realistischen Roman aus unseren Breiten vorzulegen – und Burgess dennoch zu bestätigen. ›Der Buddha aus der Vorstadt‹ spielt im London der siebziger Jahre. Das Schicksal seines Helden, wie Stendhals Julien Sorel ein junger Mann niederen Standes, wird eingebettet in konkrete Zeitgeschichte, ja es ist undenkbar ohne sie. Und doch ist die Atmosphäre dieses Buchs auch geprägt von jenen Elementen, die Anthony Burgess der dritten Welt zuschreibt.

Das kommt nicht von ungefähr: Der Autor Hanif Kureishi gehört beiden Sphären an. Seine Mutter ist Engländerin, sein Vater stammt aus Pakistan, aufgewachsen ist er im südlichen London, dort, wo die Stadtpläne enden und der Dschungel beginnt. Und dort, im Außenbezirk Orpington, beginnt auch der Roman. Bereits auf der ersten Seite wird ein Tempo angeschlagen, das staunenswert ist, wird ein Ton gefunden, der bis ans Ende hält und Gehör verlangt. Einfachheit: das ist das Hauptmerkmal dieses Buchs und seine Qualität zugleich. »Ich sehe nur eine Regel«, hatte Stendhal einst erklärt, »der Stil kann gar nicht klar und einfach genug sein.« Daran hat sich Kureishi gehalten. Alles in diesem Roman erscheint so selbstverständlich, so logisch aufeinanderfolgend und so klar erzählt – man vergißt überm schieren Lesevergnügen schlichtweg, daß man es mit Kunst, mit artistischem Raffinement zu tun hat. Wenn es stimmt, daß das Einfache besonders schwierig ist, so hat Hanif Kureishi seine Schwierigkeiten perfekt vor uns verborgen.

Sein Held und Ich-Erzähler heißt Karim Amir. Siebzehn Jahre alt ist er zu Beginn und stets »auf Ärger aus«, da ihn das öde Leben in der Vorstadt ebenso langweilt wie seine schlaffe Familie. Bevor man ihn, fünf, sechs Jahre später, am Ende des Buchs aus den Augen verliert, fühlt er sich »zugleich glücklich und unglücklich«. Glücklich, weil seine keineswegs mehr schlaffe Familie um ihn ist und er, inzwischen Schauspieler von Beruf, einige Erfolge aufzuweisen hat. Unglücklich, weil er »Sinn und Zweck« seines Lebens immer noch nicht zu finden wußte, eine große Liebe in die Brüche ging und überhaupt alles irgendwie »chaotisch« ist.

Ein Erziehungs- und Bildungsroman also mit offenem Schluß. Wobei Karim Erziehung und Bildung weniger in der Schule und im College findet, die er beide ohne Abschluß verläßt, sondern im Umgang mit seinesgleichen, auf den Straßen, in den Kneipen, im Bett, auf der Bühne, bei den Konzerten und auf den Schallplatten der Pop-Stars: Es dürfte keine auch nur einigermaßen bekannte Beat-, Rock- oder Punkgruppe der siebziger Jahre geben, die im Roman nicht wenigstens genannt wird. Ganz Kind seiner Zeit ist dieser Held – und gleichwohl ohne seine literarischen Vorbilder nicht zu denken.

Parzival zunächst, der ahnungslose, naive, staunende Parzival am Anfang des Epos von Wolfram von Eschenbach. Ihn hat der Germanist Peter von Matt vor kurzem erst als höchst aktuelle Chiffre der zeitgenössischen Literatur wiedererkannt. Mit Parzival teilt Karim nicht nur die leidenschaftliche Suche nach einem eigenen Weg, sondern auch die Obsession für die richtigen Kleider zur richtigen Zeit. »Das Gewand«, so Peter von Matt, werde schon bei Wolfram »zur Metapher... für die zurechtgeschneiderte Lebens-Rolle«. Fortlaufend also informiert uns Karim über sein *Outfit*, läßt wissen, daß er für die richtige Wahl »eine Ewigkeit« brauche; ob und wann er sich für eine »türkisfarbene Hose mit weitem Schlag«, für eine schlichte »Levis« oder für mit Rasierklingen aufgeschlitzte Klamotten aus dem Kaufhaus entscheidet, davon hängt alles ab. »Ich hatte keine Arbeit, keine Ausbildung und keine Aussichten, aber ich sah ziemlich gut aus«: Das Glaubensbekenntnis des Selbstverliebten hat Kureishi mit zahlreichen, durchaus ironischen Kleider-Szenen illustriert und dabei auch den Narzißmus als Lebensform einer Generation anschaulich gemacht: »In London sahen die Kids einfach irre aus; sie zogen sich an wie kleine Götter und gingen und redeten auch so.«

Stendhals Helden Julien Sorel wählt sich Karim ausdrücklich selbst zum Vorbild. Und wie dieser ist auch er bereit, Demütigungen zu ertragen, um nach oben zu kommen. Was für Julien dabei der Weg aus der Provinz nach Paris, ist für Karim der Weg aus der Vorstadt in die City von London: Zeichen gesellschaftlichen Aufstiegs im Wissen um die eigene Besonderheit. Feine Fäden hat Kureishi auch zwischen Holden Caulfield aus J. D. Salingers ›Der Fänger im Roggen‹ (1951) und seiner eigenen Hauptfigur gesponnen: »Allie« etwa heißen beide, Holdens und Karims Bruder. Und Holdens sarkastischer Selbstkommentar – »ich bin ganz ungebildet, aber ich lese sehr viel« – könnte auch über Karims wildem Lektürepensum stehen. Vor der lakonischen Verzweiflung des ›Fängers im Roggen‹ aber schützt Kureishi seinen Helden durch ein nicht minder lakonisches *understatement* und durch einen ganz und gar englischen, nicht selten an Charles Dickens erinnernden Humor.

›Der Buddha aus der Vorstadt‹ ist ein ungemein witziges Buch. Das beginnt mit einer kleinen, aber bedeutsamen Manipulation. Sehr viel hat Karim mit der Biographie des Autors gemein: Er ist dessen anderes Ich. Gleiches Geburtsjahr, gleiche Umgebung, ähnliche Karriere mithin – nicht als Schauspieler, wohl aber als Drehbuchschreiber konnte Hanif Kureishi auf sich aufmerksam machen; sein Skript zu Stephen Frears Film ›Mein wunderbarer Waschsalon‹ wurde 1985 für einen ›Oscar‹ nominiert. Ja, auch eine englische Mutter hat Karim Amir, im Gegensatz zum Autor allerdings keinen pakistanischen, sondern – einen indischen Vater. »Ich habe keine Vorurteile«, sagt prompt ein Inder in Kureishis Roman, »höchstens gegen Pakistanis, aber das ist normal.«

Der Witz dieses Autors bewährt sich vor allem beim Thema Sex. Ständig ist davon die Rede, dauernd wird überlegt, wer bald mit wem schlafen werde, wer mit wem wie »gevögelt« habe. Ganz beiläufig entsteht darüber so etwas wie eine Sittenchronik der siebziger Jahre, in denen die Freiheit im Umgang mit den Trieben und der Lust zum sozialen Gemeingut wurde – von der »Sexualisierung der Gesellschaft« haben die Psychologen gesprochen. Kureishi findet dafür Beispiele zuhauf und, bis auf eine ziemlich trostlose und trostlos beschriebene sadomasochistische Szene gegen Ende des Buchs, auch stets den rechten Ton.

Sehr zustatten kommt ihm dabei, daß er seinen Figuren einen sogenannten »Prahl-Quotienten« zugesteht, um den ihre Leistungsmeldungen zu reduzieren sind. An Karim, der gerne mit seiner Bisexualität protzt, führt er das exemplarisch vor. Ganz großartig sei es, daß er »von einer Party mit jedem, gleich welchen Geschlechts, nach Hause gehen« könne, läßt uns der jugendliche Erotiker wissen – um in aller Unschuld anzufügen: »Nicht, daß ich auf besonders viele Parties ging, eigentlich ging ich auf gar keine.«

Karims Vater hat eine Geliebte. Sein orgiastisches »O mein Gott, o Gott, o Gott« kommentiert der Sohn sehr sarkastisch als das »Geheul eines christlichen Fluches aus dem Munde eines abtrünnigen Moslems, der sich als Buddhist verkleidet hatte«. Die Verkleidung allerdings bringt den Erfolg. Denn Vater Haroon, ein kleiner, schlecht bezahlter Regierungsbeamter, bessert sein Gehalt, sein Ansehen und sein Selbstvertrauen durch spirituelle Sitzungen auf. Er ist jener ›Buddha aus der Vorstadt‹, der dem Roman den Titel leiht. Auf den »Pfad der Erleuchtung« führt er seine gläubigen Jünger, was Karim auf den Gedanken bringt, »daß Dad nicht mal den Weg nach Beckenham finden würde«.

Aller Ironie, allem saloppen Sarkasmus zum Trotz: Keine einzige Figur dieses Romans wird auf Dauer dem Gelächter preisgegeben oder der Scharlatanerie überführt. Auch hinter Vater Haroons komischen Ekstasen und mystischen Ergüssen steckt ein ernster Kern, eine weder vom Autor noch von seinem Erzähler je denunzierte Sehnsucht nach einem anderen, besseren Leben. Wie Kureishi die Schwebe hält zwischen Witz und Wehmut, zwischen Ironie und Inständigkeit: das verrät weit mehr als Talent. Es spricht, nicht wenig erstaunlich bei einem Debüt, für sicheres literarisches Können ebenso wie für ein untrüglich humanes Gespür.

Aus dem Bildungsroman wird eine Familiengeschichte, aus der Familiengeschichte ein Stadtpanorama. Eine wundersame Figurenfülle bevölkert die Seiten: Karims englische und Karims indische Verwandtschaft tritt auf, die Geliebte des Vaters und ihre Sippe, die kleinen Leute in den Vorstadtstraßen, Theaterregisseure und Schauspielervolk, die Kids von London. Ehen gehen auseinander, Hochzeiten werden gefeiert, Wohngemeinschaften bilden sich, Fußballschlachten werden geschlagen und Demonstrationszüge gegen die neofaschistische *National Front* organisiert.

Zwischen allem und allen Karim Amir, der bald fünf Plätze hat, an denen er übernachten kann, aber kein Zuhause mehr. Mit seiner Cousine spielt er Lebensrollen durch: sie identifiziert sich mit Simone de Beauvoir, er teilt ihre Begeisterung für Angela Davis und den Befreiungskampf in den Metropolen. Weshalb die erborgten Identitäten? »Das Problem war, daß wir eigentlich Engländer sein wollten, aber für Engländer waren wir nur Ausländer und Nigger und Pakis und was weiß ich noch.«

Erfolg hat der Mischling, der erwachsen werden und Engländer sein will, dann ausgerechnet als indischer Knabe. In einer Theaterfassung von Rudyard Kiplings berühmtem ›Dschungelbuch‹ spielt er den »Mowgli«, der den heimtückischen Tiger Shere Khan besiegt. Im Lendenschurz, mit braunem Make-up und mit antrainiertem Akzent überzeugt er Publikum und Kritiker. Indem er das Klischee des lieben, kleinen, und »ganz süßen« Exoten verkörpert, verschafft er sich Eintritt in die besseren Kreise der englischen Kastengesellschaft.

Auch diese im Grunde sehr bittere und sehr traurige Episode erzählt Hanif Kureishi mit leichter Hand. Er entläßt seinen Helden danach ins scheinbar liberale, ziemlich zynische Milieu der Londoner Künstler und Intellektuellen, schickt ihn in die dünnen Höhen trotzkistischer Theoriedebatten, verhilft ihm zu einer hinreißenden und hochneurotischen Freundin aus der *upper class*, die er liebt, die ihn betrügt und die er unter Qualen verläßt. Ein Fernsehvertrag als Serienheld am Ende: Karim hat es geschafft.

Hanif Kureishis Roman ist ein Dschungelbuch ganz eigener Art. Es beschreibt, voll erstaunlicher Einfälle, voller glaubwürdiger Figuren und in wunderbar skurrilen Szenen, die große Stadt als den eigentlichen Urwald unserer Zeit. Gut und böse, Herrscher und Beherrschte, Opfer und Täter sind nicht mehr eindeutig auszumachen. Aber der Existenzkampf hört nicht deshalb auf, weil die Stadtverwaltung von der *Labour Party* dominiert wird oder weil es Sozialhilfe gibt.

Bei einem Gang durch Süd-London schwärmt ein vor kurzem eingewanderter Inder über die Freundlichkeit der Engländer. »Sie sind wahre Gentlemen«, sagt er zu Karim und fügt hinzu: »Besonders die Frauen.« An grauen Reihenhaussiedlungen kommen die beiden vorbei, an Abfallhaufen, an schäbigen kleinen Läden. »Vielleicht«, meint Karims Begleiter, »fühle ich mich hier zu Hause, weil es mich so sehr an Kalkutta erinnert.« Nur weg von Kalkutta, wo immer es liegt, lautet hingegen Karims Devise. Er hat Indien nie gesehen, er wird nie Engländer sein. Er gehört »zu einer neuen Rasse, die aus zwei alten Kulturen hervorgegangen ist«. Hanif Kureishi ist ihr Chronist.

Ganz ist, wo Leute sind, nichts
Über Werner Söllners Gedichtband ›Kopfland. Passagen‹

Werner Söllner lebt seit 1982 in Frankfurt am Main. Aber er stammt aus dem Banat, ist 1951 im rumänischen Horia geboren: *Ein Junglehrerhaus mitten im Junglehrersozialismus, in einem Dorf / mit Kneipe und Kirche. Dies war die Welt, in die man mich stieß.* Seßhaft wurde er darin nicht. Dafür sorgten der Staat und die Eltern gleichermaßen. Der Staat, seiner Verfassung nach seit 1948 eine Volksrepublik, durch *den Rausschmiß der Leute, die es zu genau / nehmen mit der neuen Gesellschaft.* Und die Eltern, eine Gott sei Dank *heftige Mutter* und *ein versponnener Junglehrervater, der das weite Herz des Sozialismus im Kopf* hat, machen es durch ihre teils wohl verordnete, teils auch selbst gewählte Ruhelosigkeit dem Sohn nicht eben leicht, *heimisch zu werden*, zu Hause zu sein. *Dann wieder ein Umzug*, lautet der Refrain von Söllners frühen Jahren.

Trotzdem betont er im autobiographischen Erzählgedicht ›Eine Entwöhnung‹, *keine Elendskindheit* erlebt zu haben in der Friedenszeit des kalten Kriegs. Dabei allerdings ist, obgleich oder gerade weil *unser Wohlbefinden* eine von Staats wegen *beschlossene Sache* war, eher Schmalhans der Küchenmeister – das Wirtschaftswunder findet weiter nördlich statt. *Kartoffeln! Ihr Heiligenbilder dieser Kindheit!* ruft Söllner gut zwanzig Jahre später mit jener melancholischen Emphase aus, die für seine ersten Gedichte kennzeichnend ist – und er fügt, Pablo Nerudas ›Elementaren Oden‹ jugendlich nacheifernd und das scheinbar Erhabene mit dem scheinbar Banalen gleichberechtigt verbindend, den Kartoffeln gleich das zweite kulinarische Grund- und Hauptereignis hinzu: *O große Hoffnung! du Freßpaket aus dem Schweinestall in den fernen Bergen.*

Stadtkind im Dorf, Landpomeranze in der Stadt: Nirgends gehört Söllner so richtig dazu – außer zur deutschsprachigen Minderheit im rumänischen Staat. »Mitwohnende Nationalität« nennt man die Rumäniendeutschen in der beschönigenden Behördensprache – sie sind, nach den Ungarn, die zweitgrößte Minorität im Land. *Zweisprachig fast, mit gespaltenem / Bewußtsein, ratlos, / aber gefaßt*: ein junger Poet stellt sich seine Visitenkarte aus. Und spricht doch, wenn er von sich schreibt, auch sogleich für andere, mit denen er sich verbunden weiß durch Freundschaft und literarischen Ehrgeiz. Mit ihnen diskutiert er in seinen Gedichten gar *die brennenden Fragen unserer Bewegung*, sich und seinesgleichen dabei wohl in dem Maße überschätzend, das bisweilen nötig scheint, wenn man etwas werden will – und wohl auch noch ohne Wissen um die fürchterliche Vergangenheit des Wortes Bewegung.

Freilich, schon wenige Zeilen nach dieser bombastischen Formel findet Söllner das Maß: *ein kleines Häufchen, uns an den Händen haltend, / um nicht zu versinken*, nennt er die jungen Schreiber nun. Naturgemäß haben sie ein unumstrittenes Idol: Paul Celan, den Dichter aus dem rumänischen Czernowitz. Vom *schwarzen Blick* also ist auch bei Söllner die Rede und, in direkter Anspielung auf den ersten, wie wenige mächtigen Vers der ›Todesfuge‹, von *meiner schwarzen Muttermilch im Leib*. Celan: Er verkörpert für diese jungen Leute, die während der zweiten Hälfte der siebziger Jahre in politisch, ökonomisch und moralisch bedrückenden Verhältnissen und irgendwo an den Rändern Rumäniens ihre ersten Wörter finden, so etwas wie *das ganz andere Leben*, dem nachzustreben sie sich mühen. *wir alle könnten / anders sein*, liest man folglich im ›Schneeballgedicht‹ – und wenn es schon nicht gelingt, Celan zu entsprechen, dann muß es wenigstens der Rilke des ›Archäischen Torso Apollos‹ sein; vielleicht, schlägt Söllner seinem Freund Rolf Bossert fragend vor, sollten *wir* nicht versuchen, *andere* zu sein, *sondern nur unser Leben / zu ändern?* Nur?

Man sieht, da ist, wie meist bei Aufbrüchen, eine Menge Hybris im Spiel. Aber sicher ist auch: Es hat sich dort und damals eine kleine mehr oder weniger eng verbundene Gruppe gefunden, die entschlossen war, das Erbe der Czernowitzer Trias in der deutschen Literatur – Paul Celan, Alfred Margul-Sperber und Rose Ausländer – anzutreten. Ob das gelingen kann, wird man sehen. Immerhin haben manche dieser Autoren mit Büchern oder Zeitschriftenbeiträgen gerade hierzulande aufhorchen lassen: Neben Werner Söllner vor allem Herta Müller, Richard Wagner, William Totok, Klaus Hensel und Rolf Bossert. Der Preis ihres literarischen Engagements war in jedem Falle das Verlassen der Heimat, die Ausreise in die Bundesrepublik – und für einen von ihnen, für Bossert, war dieser Preis zu hoch: wenige Tage nach seiner Ankunft nahm er sich das Leben.

Gerade an Söllners frühen, bis 1980 verfaßten Gedichten kann man erkennen, wie das Entstehen eines gemeinsamen Bewußtseins und die Suche nach einer jeweils individuellen, poetischen Signatur Hand in Hand gehen. Die Sprachskepsis etwa eint diese Autoren, auch wenn sie anfangs nicht selten zur klischeehaften, bloß rhetorisch bekundeten Attitude wird – Söllners Zeile *Denn hörte ich, was ich spräche, ich wäre stumm*, ist davon nicht frei. Eine Bereitschaft zudem ist ihnen gemein, den verordneten marxistischen Fortschritts-Maximen eine ernüchterte, ja nihilistische Weltsicht entgegenzusetzen – *Nirgendwärts, nichtswärts* sind Chiffren, die Söllner dafür einsetzt und die er, bezeichnend für diese Phase, durch übersteigerte, pathetische Bilder und Vergleiche bisweilen um ihre Glaubwürdigkeit bringt: *Wie eine dunkle Vogelkralle hakt sich / das Nichts in mir fest...*

Sprachskepsis und Nihilismus – es liegt nahe, daß sich die jungen Dichter deshalb auch an die dunkle, die hermetische Tradition der deutschen Lyrik anschließen, sich die unglücklichen, verzweifelten, die früh verstorbenen Autoren der Vergangenheit zum Vorbild nehmen. Den *Herren Kollegen* Heine und Brecht mithin wird sich Söllner erst später nähern und auch dann mit keineswegs überwältigendem Resultat. Auf merkwürdige Weise verbunden indes ist die Vorliebe für die Dunkelheiten Celans von Anfang an mit dem *Bedürfnis nach Präzision*, nach *mehr Klarheit – nicht elegisch* klingen soll das Gedicht zudem.

Auf zwei Wegen versucht Söllner, diese Widersprüche und Entgegensetzungen für sich fruchtbar zu machen. Zum einen bevorzugt er als literarische Form das lange, erzählende Gedicht, zum anderen will er Klarheit und Eindeutigkeit mit Hilfe eines zeitgenössischen Gewährsmannes erreichen: Mit dem Furor eines Rolf Dieter Brinkmann. Beide Wege freilich führten in die Irre. Das lange Gedicht konnte, trotz manch geglückter Zeile, manch prägnantem Bild, im ganzen wenig überzeugen – zuviel Stroh, zuwenig Korn. Gleichwohl ist Werner Söllner dieser Form treu geblieben – bislang hat sie es ihm noch nicht gedankt. Von den kraftmeierischen Sprachübungen in Brinkmanns Heftigkeitston hingegen hat er alsbald und sehr zum Vorteil seiner Verse wieder Abstand genommen.

Ästhetisch also lassen die Gedichte, die Söllner bis zum Anfang der achtziger Jahre schreibt, manche Wünsche offen. Aber er war nicht schlecht beraten, sie dennoch als ersten Teil in seine Sammlung aufzunehmen. Denn was sie bergen an biographischer Fracht, was sie mitteilen über die ersten Schritte einer jungen Gruppe von Autoren auf dem Weg zu sich selbst, gleicht den Mangel mehr als aus. Auch unter den Poemen der letzten sieben, acht Jahre finden sich *Notgesänge* in des Wortes ganzer Bedeutung: aus Not entstanden, aus Notwendigkeit vielleicht, aber auch nur möglich zur Not. Diese Arbeiten freilich bestimmen nun den Band nicht mehr. Zu ihnen treten, mehr noch, aus ihnen erwachsen und ihnen entgegen stellen sich Gedichte von erstaunlicher Sensibilität, von berückender Bildlichkeit, von ebenso kontrollierter wie emphatischer Sprachkraft. Nur eines von ihnen, freilich eines der schönsten, bedarf dabei des lyrischen Ichs als zentraler Instanz: ›Halbschlaf‹ heißt es, und es erzählt einer *halben Geliebten* vom Traum der vergangenen Nacht. *Ganz ist, wo Leute sind, nichts:* das ist der Schlüsselsatz dieses Bandes, die Grunderfahrung seines Autors. Auf Halbheiten läßt er sich deshalb nicht ein, wohl aber auf jene Zwischenzustände, die *das mehrmals zerstückelte Inland, das man sich einhandelt* im Lauf der Zeit, widerspiegeln in Stimmung und Wort: also den *Halbschlaf* etwa und die *halbe Geliebte*.

Nicht umsonst steht nur ein einziges, sehr stilles, von fern an Rilke erinnerndes Liebesgedicht im ›Kopfland‹ des Werner Söllner. Und für dieses eine Mal erlaubt er sich die poetische und zugleich reflektierte Beschreibung einer Ganzheit zwischen Menschen, eben der einzigen wohl, die uns zugänglich ist. Sie wollten nichts als sein, heißt es von den Liebenden:

Allein zu zweit,
sind sie im Einen. Was hat die Endlichkeit
zu tun mit ihrer Zeit? Und welche Welt

ist so in ihrem Sein wie jener Schlaf,
der jedem sagt, was je den andern traf?
Sie liegen nah. Sind ganz auf sich gestellt.

Das hat mit den erborgten Heftigkeiten in Brinkmanns Ton nichts mehr gemein – und ist ohne sie vielleicht doch nicht denkbar. Ebensowenig wie manch andere gelungene Gedichte des Buchs, wie das ›Märchen zur Unzeit‹ etwa, das Poem auf den blinden Seher ›Tiresias‹ und der lyrische Gang ›Durch dieses Land‹. Man ist deshalb versucht, von einem ehrlichen Buch zu reden. Denn es zeigt den Weg eines Autors nicht nur als gradlinige Entwicklung vom epigonalen Anfang zur schließlich erlangten Reife, sondern es führt auch all jene Häutungen vor, all jene Masken und Rollen, die erprobt sein wollen, ehe man schreibend erreicht, was man lebend erfahren hat und erfährt. Ein knappes Dutzend unter den etwa sechzig Gedichten legt davon Zeugnis ab.

Gelegentliche Rückfälle schließt das keineswegs aus. Besonders deutlich werden sie in Söllners Annäherungen an Hölderlin. ›Tübingen, März‹ heißt das im Stil von Hölderlins spätesten Arbeiten gereimte Poem. Nun war der Hölderlin des Tübinger Turms, war der in seiner zweiten Lebenshälfte umnachtete Dichter allemal eine Herausforderung für die Nachfolgenden – nicht zuletzt Paul Celan hat ihr zu entsprechen versucht. Gerade auch sein Gedicht ›Tübingen, Jänner‹ wollen Söllners Verse weiterschreiben. Und, erstaunlich genug, dieser Versuch kann bestehen, kann gar belegen, daß *das Maß der Welt* im glückhaften Augenblick *ein deutsches Versmaß* sein darf. Um so unverständlicher die kalauernde Variante, die uns Söllner an anderer Stelle nicht erspart: Zu Hölderlins berühmtester Zeile *Was bleibet aber, stiften die Dichter* wiederholt er den alten Schülerwitz *Was bleibet aber, / dichten die Stifter*.

Und doch, mit Werner Söllner und mit dem Band ›Kopfland. Passagen‹ stellt sich insgesamt ein ernsthafter, deshalb ernst zu nehmender Autor der noch jüngeren Generation dem Publikum vor.

Am baumgefiederten Deich

Über Sarah Kirschs Gedichtband ›Schneewärme‹

1965, mit dreißig Jahren, hat Sarah Kirsch ihren ersten Gedichtband veröffentlicht – ›Schneewärme‹ ist ihr elfter. Und mit dem Werk wuchs auch der Ruhm. Längst gilt sie als die bedeutendste deutschsprachige Dichterin der Gegenwart. Doch gegenüber jedem Superlativ ist Skepsis angebracht. Besser, man hält sich an Gottfried Benn. In seiner Rede über die ›Probleme der Lyrik‹ hat er geäußert, wir müßten uns damit abfinden, »daß Worte eine latente Existenz besitzen, die auf entsprechend Eingestellte als Zauber wirkt«. Die Wörter der Sarah Kirsch, unter denen sich stets auch ›Zaubersprüche‹ (so der Titel eines Bandes aus dem Jahr 1973) befanden, besitzen solch eine latente, eine mithin ebenso erklärbare wie letztlich geheimnisvolle Existenz. Und daß es immer mehr Leser wurden, die sich auf den Zauber ihrer Sprache eingestellt haben, hat am Ende wohl einen ganz einfachen Grund: Man kann ihre Gedichte verstehen und gleichwohl den Eindruck gewinnen, an etwas Erhabenem teilzunehmen.

Aber man soll auch nicht so tun, als verstehe man alles. Und man soll das, was man nicht versteht, nicht dadurch zu verbergen suchen, daß man es schlichtweg leugnet oder einfach für banal erklärt. Ja, manche Bilder, Vergleiche und Metaphern gerade dieses Buches sind nur mühsam zu entschlüsseln und also schwer zu verstehen – unsinnig, mit Verlaub, ist es deshalb, wenn der Kritiker Karl Corino in der ›Stuttgarter Zeitung‹ behauptet, diese Texte seien in keiner Weise »hermetisch«, sie seien, im Gegenteil, »mitunter nahezu trivial«.

Gleich das erste Gedicht des Bandes widerlegt diese Ansicht und macht mit den Schwierigkeiten vertraut, die den Leser beim weiteren Gang durch die ländlichen Verswelten der Sarah Kirsch ein ums andere Mal erwarten: ›Wegelagerei‹ lautet sein Titel. Im Text ist dann von einem *Ich* die Rede, das *durch die Sümpfe* geht. Man begegnet den Dichterschwestern Charlotte, Emily und Anne Brontë, die, mit *Hüten wie Eisentöpfen*, auf einem Fluß dahinfahren. Ein Mann ohne Namen *Wirft den Brunnen an im / Zerfallenden Haus*. Von ihm heißt es: *das goldene Licht / Machte ihn närrisch.*

Recht Merkwürdiges also geschieht, nur: aufgelauert wird niemandem. Wieso dann der Titel? Und geht das überhaupt – einen Brunnen *anwerfen*? Woher kommt goldenes Licht in einem düsteren Haus? Und wie hängt das alles mit den Brontës zusammen, mit dem Ich in den Sümpfen, mit den Natur- und Landschaftsbildern am Anfang und Ende? Zugegeben prosaische und etwas ratlose Fragen an einen poetischen Text: Kann sein, daß es irgendwo einen Schlüssel gibt, der dieses gerade fünfzehn Zeilen umfassende Gedicht aufzuschließen vermag, der Rezensent hat ihn nicht gefunden. Was von diesen ersten Versen bleibt, sind deshalb vor allem jene Rätsel, denen, so Goethe, das Wort noch fehlt, »das die Bedeutung verwahrt«. Es fehlt auch in einigen anderen Gedichten.

Üblicherweise und meist sehr zu Recht empfehlen gute Lektoren den Lyrikern das Streichen von Beiwörtern, von Adjektiven zumal: Statt, wie beabsichtigt, Atmosphäre zu erzeugen, machen sie Gedichte meist nur geschwätzig. Um solchen Rat hat sich Sarah Kirsch nie gekümmert – sie wurde darüber zur Virtuosin des Attributs. Wohlgelungene Beispiele dieser seltenen, von ihr mit großer Selbstverständlichkeit geübten Kunst bietet auch der neue Band. Zugefroren ist der Fluß im Lauf des Winters, seine Oberfläche zum bevorzugten Medium, ja zur Dichterinnenmuse geworden: *ein schöner / Glatter gottergebener Spiegel für schwarze Bilder.* Kein Wunder, wenn sich der *verdammte* Eisbrecher ihren so ohnmächtigen wie selbstironischen Zorn zuzieht, wenn sie ihn dämonisiert und ihm *donnernde Hufe* verpaßt. *Baumgefiedert* nennt sie, wundersam leicht, den Deich, *gabelförmige Wesen* die Menschen. Sie sieht *gemauerten* Wolken nach und fragt sich, ein eindringliches, ganz lakonisches Bild des Andenkens und der Trauer, wie der Freund in seinem ersten *be- / Grabenen* Winter ausschauen mag.

Allein, mit der Neigung zum dunklen, verdunkelnden Gedicht scheint die Lust an der sprachlichen Opulenz Hand in Hand zu gehen – nie war Sarah Kirsch verschwenderischer und deshalb auch sorgloser im Umgang mit den Attributen. Nicht zuletzt eine wahre Invasion der Farben hat dies zur Folge, vorab ein ganz unpolitisches, dafür *unvergeßliches* Grün beherrscht die Szene: *grünbewachsene Spiegel, dunkel / Grünes Traumzeug, Sommertage mit grünen Augen, grünes Meer, grüne Binse, hellgrüner Stern*... – skeptische, trotzige, in jedem Fall etwas zu häufig gesetzte Hoffnungszeichen gegen die ebenfalls üppig vorhandenen Todesfarben Schwarz und Weiß.

Das Wort, das die Bedeutung verwahrt, ohne sie auszuplaudern – in den besten Gedichten des Bandes weiß es Sarah Kirsch zu finden. ›Rungholt‹ gehört dazu: wenige Verse nur, scheinbar einer Idylle mit und am Spinnrad gewidmet. Anders aber als im Poem ›Wegelagerei‹ ergibt hier die extreme Spannung zwischen Titel und Text ein prägnantes, beklemmendes Sinn- und Schreckensbild. Rungholt, das war ein Hafenort des alten Nordstrand, wohl um die Mitte des vierzehnten Jahrhunderts in einer Sturmflut untergegangen. Beschwört der Titel demnach ein längst versunkenes Atlantis des Nordens, so gibt sich der Text selbst ganz gegenwärtig: In der Spinnstube sitzen die *Fraun* zusammen und *zwirnen / Lachen und Weinen wie es in diesem Winter modern ist.* Was aber, fragt das Gedicht, indem es die Frage kunstvoll ausspart, wenn auch Rungholts Untergang noch oder wieder aktuell wäre – und nur die Sturmfluten sich verändert hätten seither, ihre verheerenden Auswirkungen statt in Windstärken und Wellenhöhen nun in Rem und Becquerel gemessen würden?

Wie kein anderer Autor, wie keine zweite Dichterin unserer Literatur versteht sich Sarah Kirsch auf den Ewigkeitston und die Unvergänglichkeitsthemen. *Kirchspiel* schreibt sie und meint ihre Ortschaft – schon vor hundertzwanzig Jahren hielt das ›Grimmsche Wörterbuch‹ diesen Ausdruck für »ziemlich merkwürdig« und verstaubt. Unverzagt geht sie mit den Jahreszeiten und der Natur, schenkt dem *März*, dem *April* ein Gedicht, betrachtet das *Pflanzenleben*, vergißt den *Heumonat* nicht, läßt für dieses Mal nur den Herbst aus, ist aber bei *Winteranfang* wieder pünktlich zur Stelle.

Im Gedichtband ›Erdreich‹, der 1982 erschien, hatte sie der Stadt noch einmal gehuldigt – und ihr dann höflich, aber bestimmt *Valet* gesagt, weit oben in Schleswig-Holstein lebt sie dörflich seither. *Daß ich etwas mit meinem Norden prahle* – diese Zeile am Ende von ›Schneewärme‹ ist ihr Motto schon lange. Denn Sarah Kirsch, kein Zweifel, arbeitet an einer poetischen Enzyklopädie des Landlebens. Wie jeder Enzyklopädist benötigt sie dazu allerlei Gewährsleute: Kaum ein Dichter also vom Barockpoeten Simon Dach bis zu Günter Eich, von der Droste bis zur Bachmann, von Brockes bis Liliencron, von Stifter bis Rilke, mit dem man sie nicht in Beziehung gesetzt, den sie nicht insgeheim oder ingeniös zitiert hätte. Ingeniös, das heißt in ihrem Fall: die Tradition sich einverleiben, um das ganz Eigene zu gewinnen. Gerade weil sie so viele Ahnen hat, kann sie niemals Epigonin sein.

Zur lyrischen Beschreibung des einfachen Lebens ist Sarah Kirsch nicht nur als Landfrau und Dichterin befähigt – sie ist auch studierte Biologin und hält, wenn sie es für nötig erachtet, mit Fachwörtern nicht hinterm Berg. Noch lieber sind ihr, ohne Scheu und Sentimentalität werden sie benannt, die Sonne, der Mond, die Sterne, das häusliche Getier. Aber auch die vielfach beschädigte Außenwelt bricht immer wieder ein ins heimatliche Idyll – es zeugt für die hohe Kunst der Autorin, daß sie dafür die geläufigen Begriffe nicht braucht; *Ölpest* kommt ein einziges Mal vor, sonst kein Wort aus dem üblichen Umweltjargon.

Bezeichnend auch, daß eines der ganz wenigen, unmittelbar politischen Gedichte zu den verschlossensten des Bandes gehört – aus seiner Hermetik bezieht es seine Radikalität. Vom *Falschen Dimitri* gibt es Kunde und zielt damit vordergründig auf russische Ereignisse an der Wende vom sechzehnten zum siebzehnten Jahrhundert: Dmitrij Iwanowitsch, Sohn Iwans des Schrecklichen, war ermordet worden, zugleich jedoch wurde das Gerücht gestreut, man habe an seiner Stelle einen anderen getötet. Mehrere falsche Dmitrijs beanspruchten daraufhin, die einzig legitimen Thronfolger zu sein, einer vermochte gar wirklich als Zar in Moskau einzuziehen, um zwölf Monate danach selber erschlagen zu werden. *Gezinkt war seine Rede*, kommentiert das Gedicht, *jetzt / Ist er am Ende*. War nur die Rede des angeblichen Demetrius gezinkt? Das Gedicht meint mehr – es setzt dem zeitbedingten, als korrupt empfundenen politischen Sprechen den Gesang des Dichters entgegen, der *wie ein Pirol* in den Bäumen lebt, und zwar *ewig*. So anmaßend können, so anspruchsvoll müssen Poeten sein.

Man darf den ›Demetrius‹ auch als Fortsetzung lesen – etwa zum Wiepersdorf-Zyklus von 1977. Und als Fortschreibung eines lyrischen Lebensprogramms darf der Band ›Schneewärme‹ insgesamt gelten. Bruchlos allerdings fügt er sich nicht zum bisherigen Werk, denn noch nie waren die Verse und Strophen der Sarah Kirsch so düster, so pessimistisch und menschenscheu. *Auch in diesem Winter / Bin ich nicht verrückt geworden*, liest man im Gedicht ›Die Insel‹. Fast als Triumph wird das vermeldet und barsch hinzugefügt: *die Einsamkeit / Erfreut mich schon lange. / Das Gewese der Menschen / ist mir zuwider.*

Gewiß, auch in früheren Gedichten war die Trauer um das Ende einer Liebe, um den Verlust des Geliebten ein oft variiertes Thema, und doch waren Trauer und Verlust nie mächtig genug, um jene Gewißheit zu brechen, die Sarah Kirsch einst in ihren vielleicht übermütigsten Zeilen formuliert hatte: *Lieber zu Zweit verhungern als Einzeln / In goldenen Wagen spazieren fahren.* Den übermütigsten scheinen nun die bittersten zu antworten, ›Wintermusik‹ ist angesagt:

Die vier Enden der Welt
Sind voller Leid. Liebe
Ist wie das Brechen des Rückgrats.

Die Utopie des Paars

Über Klaus Theweleits Studie ›Buch der Könige. Orpheus (~~und~~) Eurydike‹

Von zehn Paaren, die man kennt, sind vier in der Krise. Drei leben nur noch nebeneinander her, zwei trennen sich gerade, eines darf man vielleicht glücklich nennen – wahrscheinlich ist es erst seit kurzem zusammen. Kennt man aber überhaupt noch zehn Paare, die den Namen verdienen?

Klaus Theweleit hat sich umgesehen unter den Angehörigen der »68er Generation«, unter seinesgleichen mithin. Er ist dabei zu »Mittelwerten« gelangt, über die Bindungsfähigkeit etwa, über die Dauer intensiver Gefühle, über das »Paarungsverhalten der meisten Leute, die man kennt«. Einen Zyklus von etwa zweieinhalb Jahren hat er auf diese Weise ausgemacht und dessen schlimmstmöglichen, also gar nicht so seltenen Verlauf beschrieben: »Die sog. ›Beziehungen‹ haben ihren Honeymoon, ihre Cracking Phase, ihre paranoide Zusammenbruchsphase, und dann knallt es: im Beziehungsblackout«, aus dem ein Teil als gerade noch oder als triumphal Überlebender hervorgehe, »das andere als klinikreifer Klumpen... auf der Suche nach neuer Verbindung«.

Das ist mit Absicht rüde formuliert. Denn Theweleit ist offenkundig angewidert von der Art, in der gerade diejenigen miteinander umgehen, die sich als fortschrittlich oder alternativ begreifen. Bemerkenswert, was er dagegen fordert. Geduld zunächst, »eine Art von Konstanz ...im Umgang mit dem, was einem lieb ist und wert«. »Scham« sodann, denn nur sie erlaube »einen Zugang zu dem, was wirklich ablief unter Leuten«. Es wundert dann nicht, wenn Theweleit den Ehen, die auch nach dem verflixten siebten Jahr mehr als nur halten, allmählich »Kunstwerkcharakter« zuzubilligen beginnt. Noch eine Bußpredigt also gegen die sexuelle Freizügigkeit, noch ein Traktat für die Rückkehr zur Treue? Bei aller Ironie, mit der Theweleit solche Tendenzwenden und Umwertungen kommentiert: ganz frei ist das Buch davon nicht. Aber es plädiert nicht gegen die Lust, sondern für eine Erneuerung, mehr noch: für eine Utopie des Paars.

Mit sinnlicher Phantasie und gelassener Gelehrsamkeit weiß Theweleit dies zu begründen. Und es wirkt nicht aufdringlich, wenn er dabei auch vom eigenen Erleben, von eigenen Erfahrungen erzählt. Ist das Buch also eine Mischung aus Autobiographie und psychologischem Leitfaden für gelingende Partnerschaft? Mitnichten. Aber Theweleits Versuche über die gegenwärtigen Chancen und Gefährdungen des Paars sind auch nicht bloße Zutat zum eigentlichen Thema. Worum geht es aber wirklich in diesem Band?

Wer nach einer Utopie des Paares sucht, hält dessen bisherige Geschichte für höchst unvollkommen. Und er hält – Stichwort: Gleichberechtigung – die gegenwärtige, historisch ganz neue Situation zwischen Männern und Frauen für aussichtsreich genug, um sie ein wenig weiterzudenken. Freilich entwirft Theweleit kein künftiges Traumland der neuen und neu Liebenden. Was sich aber erreichen ließe, davon erzählen die vergangenen Geschichten sehr viel – wenn man sie nur zum Sprechen bringt, wenn man vor allem ihr Scheitern zu verstehen sucht, ihre Brüche und Defizite.

Warum etwa dreht sich Orpheus wider das Göttergebot nach Eurydike um, die er kraft seiner Liebe fast schon dem Totenreich entrissen hat? Weil er sie zu sehr liebt? Oder weil er nicht warten kann, seine Größe, seinen Glanz im Blick auf ihren Körper wiederzufinden? Braucht er die tote Eurydike gar, um noch schmerzensreicher – und das heißt ja auch: noch schöner – dichten und singen zu können? Braucht er sie am Ende gar nur als Medium seines Gesangs, weil ihm ein anderes Paar im Grunde bedeutsamer ist, das Paar nämlich, das er zusammen mit seiner Leier bildet?

Ein für alle Male / ists Orpheus, wenn es singt, wird Rainer Maria Rilke in den ›Sonetten an Orpheus‹ sagen – berühmt gewordene Formel dafür, daß die historischen Nachfolger der mythischen Figur auch deren Gabe für sich beanspruchen: als Dichter, Sänger und Komponist zu rühren, zu erfreuen und zu erlösen durch die Schönheit ihrer Werke. Brauchen deshalb auch sie die »Opferdämpfe, die von den Kunststätten aufwallen«, brauchen auch sie nicht die Frauen, sondern nur die Musen? Statt Orpheus *und* Eurydike also Orpheus *durch* oder *mit Hilfe* von Eurydike, selbst um den Preis ihres Sterbens: sehen so die Gestehungskosten für männliche Kunstproduktion aus? Orpheus, der als König im Reich der Kunst das Damenopfer fordert und bringt, um erst wirklich Orpheus, wirklich König sein zu können.

»– als ob ein *und* nicht wachsen dürfte zwischen Orpheus, Eurydike«, lautet die vielfach variierte Schlüsselthese des Buchs: »Dies

Paar, in dem ›die Liebe‹ zweierlei wäre: eine körperliche und eine mediale Verbindung. Ein Paar, in dem die Erzeugung von Kindern und die Herstellung künstlicher Wirklichkeiten & Menschen nicht in Konkurrenz zueinander stünden, sondern das gleiche wären.« Utopie, formuliert als Negation. Denn dieses Paar gab es, zumindest auf der Königsebene großer Kunst, noch nicht, sagt Theweleit. Utopie aber auch, formuliert fürs eigene Leben: »weil ich selber mich für Liebe und Schreiben interessiere und dafür, ob die eigenen Verhältnisse Liebesverhältnisse sind« – solche Art Ich-Literatur gefällt mir.

Immerhin, einen ebenso zarten wie trauernden Blick auf ein mögliches »Traumpaar des lyrischen Gesangs« gestattet sich Theweleit. Einen Blick auf Else Lasker-Schüler und Gottfried Benn. Sie hat sich, 1912, in ihn verliebt, ihn »Giselheer« genannt – und in ihrem Buch ›Der Malik. Eine Kaisergeschichte‹ geschrieben: »Seit ich Giselheer verlor, kann ich nicht mehr weinen und nicht mehr lachen.« Er sei geflüchtet, meint Theweleit und fragt: »Sang sie zu schön, hätte sie seine Stimme erstickt? Fürchtete er ihr 17 Jahre Ältersein?« Und er deutet eine Richtung an, in die sich Orpheus immer wieder begibt, wenn er sich von Eurydike entfernt: hin zur Macht. In Sachen Benn und Lasker-Schüler heißt das: »Das Gedicht, mit dem sie sich 1933 von Deutschand verabschiedet und aus Deutschland – er hat es in der Hand und wendet sich Hitler zu.«

Gottfried Benn war man in diesem Buch schon zuvor begegnet – im ersten Kapitel, in dem sich Theweleit als formidabler Interpret von Lebensläufen und von Lyrik erweist. Landsberg an der Warthe, Sommer 1944. Der Oberstabsarzt Benn, er hat seit 1936 Publikationsverbot, sorgt sich angesichts des Vormarsches der Roten Armee um das Überleben seiner Texte, die seine Frau Herta in die Maschine tippt. Im Frühjahr 1945 bereitet er ihre Flucht nach Neuhaus an der Elbe vor und schreibt an den Bremer Kaufmann Friedrich Wilhelm Oelze, er werde »versuchen, nachzukommen«.

Er hat es nicht versucht und nie einen Grund dafür genannt. Herta Benn nahm sich im Juli 1945 das Leben. Benn hat Schuldgefühle wegen ihres Tods, beschließt, nie mehr zu schreiben, schlägt aber zugleich in den Briefen an Oelze einen neuen Ton an: Er spricht zu ihm »wie von Liebhaber zu Liebhaber«, promoviert ihn zum »Partner seiner Produktion« – ein »*male couple*« entsteht, statt des Liebespaars ein »*männliches Produktionspaar*«, das Theweleit »für das Zentralgeheimnis jeder orpheischen Produktion« hält und dessen

Wirkungsweisen er in vielen anderen Kapiteln, an anderen Personenkonstellationen und Epochen immer wieder beschreibt.

Hat Orpheus Benn seine Eurydike geopfert? Frappant jedenfalls eine jener Verwandlungen von Leben in Kunst, die Theweleit an dem 1946 entstehenden Gedicht ›Orpheus' Tod‹ entdeckt. Es beginnt mit der die tatsächlichen Verhältnisse umkehrenden Zeile *Wie du mich zurückläßt, Liebste* – und es zeigt im weiteren, »wie in der vorgetäuschten ›mythologischen Unverständlichkeit‹ verborgen der Tod von Benns Frau als eine Art Mord die ästhetische Produktion neu begründet«. Eine halsbrecherische Deutung fürwahr. Und doch eine durchaus mögliche.

Mit dem Benn-Kapitel ist das Muster geliefert – Theweleits Lust am Erzählen von Geschichten und am Deuten von Texten allerdings erst so richtig geweckt. Er kommt in Fahrt und nimmt uns auf die Reise mit. Der Hof zu Mantua am Beginn des siebzehnten Jahrhunderts ist die nächste Station. Man erlebt das Entstehen von Claudio Monteverdis Oper ›L'Orfeo‹ – und liest zugleich eine anregende Kulturgeschichte der Zeit, vom Aufkommen des Starruhms für Sängerinnen und Sänger bis zu den Gebärleiden der Töchter europäischer Dynastien. Die Liebesleiden von Monteverdis Orpheus-Figur indes werden schon bald nach Eurydikes Rückkehr in den Hades zu Leiden an seiner Kunst: Er hat niemanden mehr, den er mit seinem Gesang preisen, der ihn ob seines Gesanges bewundern könnte. Aber er hat, Not macht erfinderisch, eine rettende Idee: Er wird fortan der fernen Toten seine Lieder immerhin »weihen« – und er nimmt das Angebot des Gottes Apollon an, ihn in den Olymp zu erheben. Zwei Paare also sind es, »die am Ende triumphieren; Paar aus Mann und seinem Instrument, Paar aus Künstler und Macht«, das Liebespaar Orpheus und Eurydike ist endgültig den Schatten überantwortet.

Von Mantua nach Dänemark und Moskau. Man trifft Bertolt Brecht im Exil, auf dem Weg nach Amerika, und hört aufs neue – ein Lieblingsthema der Germanisten seit einiger Zeit – über den Gebrauch, den er von Frauen machte, über den Verbrauch, dem sie Vorschub leisteten. Spannend an diesem Abschnitt sind nicht Theweleits moralische Bemerkungen über die Moral von Brechts Gedicht ›Nach dem Tod meiner Mitarbeiterin M. S.‹, spannend sind vielmehr einige wenige Sätze der Dramatikerin Marieluise Fleißer, die er zitiert: »Schauspielerin mußte man sein, daß er (Brecht) sich unmittelbar durch eine Frau ausdrücken konnte... Wenn eine bloß schrieb, die war bald abgefieselt, das war kein ewiges Werk. Das machte er sich allein.« Dieser Orpheus, er benötigte die Eurydiken zu manchem – daß er sie gleichberechtigt auf keinen Fall mochte, davon machte er nie Hehl und es Theweleit deshalb viel zu leicht.

Der freilich reist nun ins Norwegen des Jahres 1878 und schreibt ein schlichtweg brillantes Kapitel über Knud Hamsun, dessen Erzählerstling ›Björger‹ und die Ehe mit Marie Andersen: das Beste des Buchs überhaupt. Gespenstisch zu lesen vorab, wie Hamsun seine Frau, Theaterschauspielerin von Beruf, verwandelt in eine Bäurin, die seinen Landsitz besorgt – und die ihm gleichgültig wird, als diese Verwandlung scheinbar erfolgreich beendet ist. Allein, diese Eurydike wird nicht sterben, sie wird »übergehen aus der Position des Opfers in die Position der Rache« – sie wählt sich ein anderes Idol, wird Hitlers erste Propagandistin in Norwegen.

Zwei Drittel des Wegs hat man nun hinter sich – und vor sich noch einen Sommer der Liebe im Florenz von 1283 und mit Dantes Debüt ›Das neue Leben‹, vor sich noch ein etwas farbloses Kapitel zu Rilkes ›Sonetten an Orpheus‹ und ein etwas kniefälliges über Kafkas Briefe an Felice Bauer. Hilda Doolittle und Ezra Pound zum Schluß, wieder ein Sich-Verfehlen von Orpheus und Eurydike, wieder der Anschluß des Mannes an die Macht, an die Ideologie des Faschismus.

Dies die Hauptstationen des Buchs. Auch nur einige der vielen Exkurse noch zu nennen hieße die Zumutung verlängern, die das über zwölfhundert Seiten dicke Buch für seine Leser zweifellos darstellt – eine Zumutung indes, die uns aufs ganze zumutbar ist. Bei aller Neigung zum Größenwahn und also zum Erklären der Welt in einem Band – selbst Theweleits Einführung in die Lehren des Immanuel Velikovsky, die, wie manch anderes auch, in keinerlei Bezug zum Hauptstrom des ›Buchs der Könige‹ mehr steht, kann den Leser nicht richtig ärgern. Zu reich ist, was er sonst vorfindet – und was er zu sehen bekommt. Die Illustrationen jedenfalls, die, wenngleich bisweilen in bejammernswerter Druckqualität wiedergegeben, den Text begleiten, ihn optisch ergänzen, ihn witzig kommentieren oder, warum nicht, einfach auflockern: sie tun das Ihre, uns bei der Stange zu halten – Augenschmaus, wenn auch manchmal etwas frugal.

Kommt hinzu, daß Klaus Theweleit, gelernter Germanist und Adept der französischen Psychoanalyse-Schule, insgesamt sehr undogmatisch denkt und schreibt. Dogmatismus herrscht nur in einem Fall: in der Gewißheit, daß es ausschließlich die Männer sind, die das schöne Paar vereiteln – ein für allemal ist's Orpheus, wenn es scheitert. Das Idealisieren der Frau hat ihm deshalb eine Rezensentin vorgehalten, eine Form der Verkennung durch Verehrung, die sehr begreiflich ist – aber Verkennung gleichwohl. Weniger begreiflich bei diesem in der Geschichte der technischen Medien so beschlagenen Großessayisten ist hingegen ein altbacken anmutender Affekt etwa gegen das Medium Fernsehen, dem man sich als Geistesmensch zu verweigern habe, und gegen das veröffentlichte Foto von sich selbst. Der Verlag unterstützt die Geheimnistuerei des Autors und verweigert auf dem Umschlag auch jede Angabe zu seiner Person. Schon vor mehreren Jahren überdies wurde das Erscheinen des Buchs angekündigt und dann immer wieder verschoben. Das ist kein Unglück, uns hat es rechtzeitig erreicht. Aber gerade weil man sich mit Bedacht Zeit ließ, stören nun die Fülle der Druckfehler und das Fehlen zahlreicher Fußnoten im Anhang um so mehr.

Klaus Theweleit, als »freischwebender Gelehrter« in Freiburg lebend, hat mit seiner ähnlich voluminösen Studie ›Männerphantasien‹ erstmals Aufsehen erregt und Anerkennung erfahren. Letztere auch dem ›Buch der Könige‹ zu zollen, besteht Grund.

Vom Größenwahn der Intellektuellen

Über Robert Menasses Roman ›Selige Zeiten, brüchige Welt‹

Ob Maler oder Musiker, Dichter oder Philosoph, Regisseur oder Kritiker: das Virus des Größenwahns schlummert in jedem. Solange aber das intellektuelle Immunsystem einigermaßen intakt ist, kommt es nur zu läßlichen Äußerungsformen der Krankheit: zu intensiven Erhabenheitsgefühlen etwa und zu mehr oder weniger heftigen Anfällen von Eitelkeit. Naturgemäß auch zu melancholischen Malaisen, zu Schüben von Depression. Sie pflegen aufzutreten, wenn die Mitwelt nicht gebührend bemerkt, wie ungewöhnlich auch das eben erschienene Buch wieder war, wie originell die jüngste Premiere oder die vor kurzem eröffnete Ausstellung. Bleibt es bei solchen Reaktionen, ist noch alles in bester Ordnung.

Aber wehe, das Virus gerät außer Kontrolle: Wer die Welt allemal vergeblich mit der Einzigartigkeit seines Werks zu beglücken trachtet, wird sie am Ende zerstören wollen. Wem dazu die Massen und das Material fehlen, verkriecht sich in Rachegedanken und Tötungswünsche oder nimmt Zuflucht zu einer symbolischen Tat. Besonders beliebt ist dabei die Vernichtung anderer, allgemein anerkannter und bewunderter Werke.

Mit der Erinnerung an einen solchen Fall beginnt der Roman ›Selige Zeiten, brüchige Welt‹ des vierzig Jahre alten Österreichers Robert Menasse: Ein Attentäter hatte im Februar 1959 den ›Höllensturz der Verdammten‹ von Peter Paul Rubens in Münchens Alter Pinakothek mit Säure schwer beschädigt. Vor Gericht bekannte er, es lohne schon den Verlust eines Bildes, wenn dadurch sein eigenes, bisher schmählich ignoriertes philosophisches System zur Rettung der Menschheit endlich bekannt werde. Über das verzweifelte Fanal diskutieren in einem Wiener Kaffeehaus des Jahres 1965 Judith Katz und Leo Singer, die beiden Hauptfiguren des Romans. Judith, ganz auf der Seite des gesunden Menschenverstandes, findet es schlichtweg absurd, wenn jemand glaubt, »ganz allein und nur durch seine Ideen die Welt verändern zu können«. Leo hält ihr, durchaus in Kenntnis der Geistesgeschichte, mit entwaffnender Lakonie entgegen: »Wieso? Das ist doch immer so gewesen!«

Dieser Satz beendet die Exposition des Romans: Auf den wenigen Seiten zuvor hat Menasse, knapp und genau, die Themen und Motive angeschlagen, die ihm wichtig sind, hat Zeiten und Orte benannt, von denen er handeln wird, und das Personal im Zentrum des Geschehens vorgestellt: neben Judith und Leo noch dessen Onkel Josef Löwinger, einen Bankdirektor aus Brasilien und Besitzer »einer der größten Kunstsammlungen seiner Zeit«.

An verblüffenden Variationen reich ist die Durchführung: Wenn der Roman im Jahr 1983 und gut dreihundert Seiten später mit einer Katastrophe schließt, hat man teilgenommen an einer souveränen Erzählbewegung, die sich zwar einige überflüssige Abstecher in Irrwege und Sackgassen gestattet, ansonsten jedoch mit unbeirrbarer Folgerichtigkeit und stilistischer Bravour ihrem Ziel entgegenstrebt. Man hat Anteil genommen an der Entwicklung von Ereignissen und Gestalten, die sich mit traumwandlerischer Sicherheit auf jenem schmalen Grat bewegen, der Erhabenes vom Lächerlichen trennt. Eine schrecklich schwierige Liebesgeschichte hat man miterlebt, ja miterlitten. Vor allem jedoch hat man ein Gleichnis über den intellektuellen Größenwahn gelesen – und dabei einen außerordentlichen deutschsprachigen Autor der jüngeren Generation kennengelernt.

Der Literaturwissenschaftler Robert Menasse, der einige Jahre lang an der Universität São Paulo lehrte, debütierte 1988 mit dem Roman ›Sinnliche Gewißheit‹, 1990 folgte der Essayband ›Sozialpartnerschaftliche Ästhetik‹. Für das Manuskript des Romans ›Selige Zeiten, brüchige Welt‹ erhielt er den erstmals vergebenen ›Doderer-Literaturpreis‹ – eine ehrenwerte Entscheidung der Wiener Jury, auf die, kaum war der Roman im Handel, Wiener Blätter prompt mit Verrissen reagierten. Sehr zu Unrecht, wie sich fern der österreichischen Händel und Intrigen unbefangen sagen läßt.

Denn die Qualitäten von Menasses neuem Buch liegen auf der Hand. Es ist sehr komisch und entsetzlich traurig zugleich. Es ist blitzgescheit, handelt etwa von einem so berühmten wie letztlich unverständlichen Großwerk der Philosophiegeschichte, von Hegels ›Phänomenologie des Geistes‹ – und bleibt dabei, keine geringe Kunst, ganz verständlich. Es wartet auf mit einer Fülle glänzender Satiren und Genrebilder aus dem bildungsbürgerlichen Heldenleben – und läßt doch keinen Augenblick lang zu, daß seine Figuren über den kabarettreifen Verrenkungen am Schreibtisch, über den Sottisen im Salon und in der Kneipe, über den nicht selten seltsamen Emphasen in Badewanne, Bett und Bordell ihre Ernsthaftigkeit, gar ihre Würde einbüßen. Wundersam in der Schwebe zu halten vermag dieser Autor die Welt, von der er erzählt.

Leo Singer, Sohn Wiener Juden, die während der Nazizeit nach Brasilien emigriert waren, ist häßlich und begabt. Weil er zu häßlich ist, hat er, obwohl am Anfang des Romans bereits neunundzwanzig Jahre alt, wenig Erfahrung mit Frauen. Weil er zu begabt ist, kommt er mit seiner Doktorarbeit nicht voran. Denn was ist schon eine Doktorarbeit? Bestenfalls die unterste Stufe eines richtigen Werks. Dies zu schreiben und einem staunenden Publikum vorzulegen ist Leos Ziel. Und eigentlich hat er den Geniestreich längst im Kopf und auf der Zunge. Wann immer er in »Rederausch« gerät, wann immer er seiner Lieblingsbeschäftigung, dem Dozieren, frönen kann, ist sein philosophisches System, das unsere Gegenwart auf den Begriff bringen soll, fast schon fertig. Nur, es will nicht aufs Papier.

Leo weiß, woran das liegt: Er ist »absolut allein«. Was er dringend bräuchte, wäre eine Frau. »Kongenial« müßte sie sein und zur »Symbiose« mit ihm bereit. Verkörpern müßte sie »jene Verbindung von Schönheit und Intelligenz..., die die Sinne erregt, aber auch den Sinn«. Der Sinn jedoch, da gibt es für Leo keine Zweifel, ist nicht das Leben zu zweit oder gar eine Familie, sondern eben »das Werk«. Kurzum, Leo braucht weniger eine Frau, er braucht eine Muse. Für diese Rolle taugt Judith nicht. Daraus entsteht das ganze Drama. Schön ist die junge Frau, intelligent, eigenständig, durchaus angetan von Leos Geist und ihm durch gemeinsame Herkunft verbunden: Auch ihre Eltern flohen vor Hitler, auch sie ist ein Kind jüdischer Emigranten. Aber statt Leo als Spiegel zu dienen, hält sie ihm den Spiegel vor, zeigt dem in Phantasien der eigenen Größe Schwelgenden seine Lebensferne, seine Lebensangst und, wenn es sein muß, auch seine schiere Erbärmlichkeit.

Spiegel und Spiegelungen: Was Menasse dem Leitmotiv seines Romans an Handlung wie an höherer Bedeutsamkeit abgewinnt, ist bemerkenswert – und mehr als das. Wenn Leo sich Judith zum erstenmal begehrend nähert, steht sie mit dem Rücken zu ihm, beobachtet ihn aber, »als hätte sie Augen im Hinterkopf«, im »Spiegeln der Fensterscheibe« – und bleibt so Herrin der Lage. Wenn Leo die kleine Porträtgalerie in Judiths Studentenbude abschreitet – ihre Idole, von Kleist bis Dostojewski, hängen im Rahmen an der Wand –, gelangt er am Ende an einen Spiegel. Aber er versteht das Zeichen nicht, Judiths

Mahnung: Erkenne dich selbst. Er interpretiert es vielmehr, berauscht von so viel Geistesgröße, völlig falsch: Leo Singer als logischer Vollender der Reihe. Einen »Zauberspiegel« wird Judith gegen Ende des Romans in die erste (und letzte) gemeinsame Wohnung der beiden bringen. Was Leo stets ersehnte, das »Verschmelzen« zweier Liebender, läßt sich damit simulieren. Leben freilich nicht: Leos Ideal entpuppt sich als ein bloßer Trick.

Das Spiegel-Motiv spielt eine entscheidende Rolle auch in jener realen und ebenfalls katastrophal endenden Liebesgeschichte, auf die der Roman anspielt: im Verhältnis des jungen Philosophen Georg Lukács zu der Malerin Irma Seidler. Er suche ein Gegenüber, vertraut Lukács seinem erst vor kurzem veröffentlichten Tagebuch der Jahre 1910 und 1911 an, »jemanden, der stark genug ist, um Spiegel zu sein (der die Strahlen nicht durchläßt), jedoch nur Spiegel sein soll«. Die Frau als Spiegel fürs männliche Genie, der schöne Körper und die empfindsame Seele als Bedingung und Entsprechung für tiefe Gedanken und weltbewegende Schriften: auch dieses Muster, von Menasse in die jüngste Vergangenheit versetzt, gehört zum typischen Krankheitsbild intellektuellen Größenwahns.

Da Judith dafür nicht zu haben ist, stolpert Leo zunächst wie blind durch die Welt. Man sieht ihn, wahrhaft ein Charlie Chaplin des Geistes, mit den Tücken seines Talentes kämpfen und mit der Unbill des praktischen Lebens. Ob bei einer Reise nach Venedig, wo er erst in einen Kanal fällt und dann über und über mit Taubendreck besudelt wird, ob in Wien, wo ihn seine Mutter in ewiger Kindlichkeit zu halten versteht, ob schließlich bei seinem Onkel in São Paulo, wohin es ihn aus familiären Gründen verschlägt: stets kommen groteske Lappalien, grobes Ungeschick oder schlichtes Pech zwischen seine Sehnsucht nach Liebe und sein Streben nach vollendeter Philosophie.

Bis er eines Tages mit Judith, ohne die er keine Zeile schreiben kann und die mit ihm nicht leben will, doch das innigste Glück erlebt: als ihm der Brief eines Bekannten aus Wien ihren Tod meldet. Von jeder Wirklichkeit befreit, kann er sie nun ebenso schmerzvoll wie grenzenlos idealisieren. Sie wird seine Adresse im Unendlichen und, am brasilianischen Schreibtisch, eine reine Quelle der Inspiration: plötzlich geht die Arbeit voran. Als Josef Löwinger mit einigen Immobilienverkäufen und finanziellen Transaktionen seinen Neffen Leo gar zum reichen Mann macht, scheint der Utopie eines jeden

Geistesmenschen nichts mehr im Wege zu stehen: ein von allen bürgerlichen Hemmnissen unabhängiges Dasein als freischwebender Privatgelehrter.

Was Robert Menasse nun unternimmt, ist üblicherweise bei Strafe des Scheiterns verboten. Am etwas verqueren *Happy-End* angelangt, läßt er seinen Erzähler mitteilen, der Roman könne jetzt eigentlich aufhören – um ihn dann noch mehr als hundert Seiten lang fortzuführen. Allein, der zunächst etwas plump anmutende Kniff, die totgeglaubte Judith so unerwartet wie lebendig in São Paulo eintreffen zu lassen, erweist sich als episches Kabinettstück. Zwar werden die beiden sofort aufs neue ihr unglückseliges Beziehungsballett beginnen. Aber jenseits des Wiederholungszwangs erhält Leos und Judiths Geschichte eine zusätzliche, bewegende Dimension.

Denn nun ist es plötzlich Judith, die bei Leo, obwohl sie ihn nicht liebt, verzweifelt Halt sucht. Eine paradoxe Bewegung entsteht darüber: Je näher sich die beiden kommen, desto weniger nehmen sie einander noch wahr, je enger sie zusammenrücken, desto fremder werden sie sich, je fremder sie sich werden, desto weniger kommen sie voneinander los. Es spricht für Menasses literarische Kunst, diesen Liebesunfall psychologisch plausibel zu schildern – und zugleich völlig frei von psychologischer Begrifflichkeit. Erzählt wird vielmehr eine nahezu klassische Tragödie, deren Unausweichlichkeit deshalb die Leser erkennen, nicht aber die Figuren. Selbst wenn sie nicht mehr ein und aus wissen, glauben sie immer noch, alles zu durchschauen und in ihren Entscheidungen frei zu sein. Auf einen Mord läuft dieser Widerspruch hinaus – und, Pointe des Romans, am Ende doch auf eine Art »Werk«.

Zwischen Slapstick und Tragödie bewegt sich dieses Buch. Daß es als Slapstick wie als Tragödie überzeugt, macht seinen Rang aus. Für die Verbindung dieser Extreme bürgt nicht zuletzt Menasses stilistisches Raffinement. Wie pathetisch etwa baut er jene Szene auf, in der sich Leo endgültig vom Schatten der gehaßten Mutter befreien will. Endlich ist sie in Wien gestorben, endlich steht die Urne mit ihrer Asche auf seinem Schreibtisch in São Paulo. Tief im Landesinneren will er sie ausstreuen: »Mehr als vier Stunden Fahrt, mit einer Urne und einem Schraubenzieher.«

Am Ziel dieser Fahrt, die in atemlosem Stakkato geschildert wird und Leos Euphorie fast körperlich spürbar macht, schlägt die Sprache um. Aus Euphorie wird Angst, ins Stakkato der Wörter mischen sich Zweifel und Fragen. Und dann doch die Tat: »Er sollte die Urne in plötzlicher Entschlossenheit hochreißen und kippen.« Wie stets aber, wenn sich eine Szene dramatisch zuspitzt, wird auch jetzt das Pathos durch Ironie unterlaufen – in diesem Fall durch den lakonischen Kommentar des Erzählers: »Man sollte Asche, die man verstreuen will, nicht hoch in die Luft werfen und schon gar nicht gegen den Wind.« Denn was war passiert? Statt sich von ihr zu befreien, hat Leo, dank seiner ödipalen Wut und seines chaplinesken Ungeschicks, nun »die Asche seiner Mutter in seinen Haaren und im Gesicht, wo sie sich mit seinem Schweiß verklebte«.

Eine Vielzahl literarischer Mittel ergibt Menasses unverkennbar eigenen Stil. Detailversessen werden Menschen und Situationen beschrieben, anschaulich wird von Abstraktem gehandelt. In wohlüberlegtem Takt schwingt das Pendel des Erzählers hin und her, mal Judiths und mal Leos Sicht der Dinge zeigend. Zustande gekommen ist darüber ein Roman, in dem, von Hegel bis Lukács, von Laurence Sterne bis Gottfried Keller, die Philosophen und Schriftsteller bald wie vertraute Hausgäste erscheinen, in dem Kunsttheorien erörtert und Lebensschlachten geschlagen werden – und der doch stets anmutig wirkt, heiter und leicht. So viel Witz bei so viel Verstand jedenfalls ist rar in unserer Literatur.

Vom Größenwahn der Intellektuellen handelnd, hat das Buch allerdings fast zwangsläufig auch den intellektuellen Verfasser in seinen Bann gezogen. »Meine fixe Idee«, bekannte Robert Menasse in einem Interview, »war der große, eine Epoche widerspiegelnde und aufhebende, der zusammenfassende Roman.« Obgleich ein legitimer Nachfolger der essayistischen Romankunst Österreichs, ein Schüler Robert Musils oder Hermann Brochs, hat Menasse dieses Buch naturgemäß nicht geschrieben. Wahrscheinlich jedoch hat er etwas viel Wichtigeres geleistet: Er hat mit dem Roman, den er schrieb, die Forderung nach dem allumfassenden Epos unserer Epoche als fixe Idee enttarnt, als größenwahnsinniges Postulat der Dichter an sich selbst. Indes: Gäbe es den Größenwahn nicht, schlummerte das Virus nicht in jedem, der sich mit literarischen, künstlerischen oder philosophischen Dingen befaßt, es bliebe nur das Mittelmaß.

Nachwort

Anfang der sechziger Jahre bot mir eine Buchhändlerin meiner Heimatstadt an, zweimal in der Woche für einige Stunden in ihrem Geschäft zu helfen. In der hinteren Stube des Ladens hatte ich Bücher zu verpacken und zu verschicken, die von den Mitgliedern eines Leserings bestellt worden waren. Die andere Aufgabe war, nicht verkaufte Zeitungen zu remittieren. Es wäre sehr unpraktisch und viel zu teuer gewesen, die liegengebliebenen Exemplare komplett an die jeweiligen Verlage zurückzusenden. Also mußte man ihnen, so die Buchhändlerin, jeweils nur »den Kopf abschneiden«, jene Titelleiste, die den Namen der Zeitung enthielt – vor allem das Datum der Ausgabe. Der Rest wanderte ins Altpapier. Aber die freundliche Frau Gebhardt erlaubte mir, die geköpften Zeitungen vom Vortag oder von der Vorwoche mit nach Hause zu nehmen. So wurde der Mittelstufenschüler zum Leser der überregionalen Journale, zumal ihrer Sportteile und ihrer Feuilletons.

Der damals für mich mit Abstand wichtigste Schriftsteller war Max Frisch. Seine Romane ›Stiller‹ und ›Homo Faber‹ hatten mir die Welt geöffnet. Nun, im Herbst 1964, erschien das Buch ›Mein Name sei Gantenbein‹. Zum erstenmal erlebte ich diese Parallelaktion: Nebeneinander las ich den Roman und die Kritiken über ihn. Ein ziemlich schmerzliches, aber auch lehrreiches Unterfangen. Denn der über alles verehrte Dichter wurde von seinen Kritikern erstaunlicherweise wie ein Mensch behandelt und sein Buch, bei allem Respekt, keineswegs wie eine Ikone. Das erschien mir zunächst als Sakrileg, dann entdeckte ich jedoch bald sportliche Elemente. Hier war, las man die Rezensionen von Rolf Michaelis in der ›Frankfurter Allgemeinen‹, von Günter Blöcker in der ›Süddeutschen‹, von Hans Mayer und Marcel Reich-Ranicki in der ›Zeit‹, ein Wettstreit im Gange, bei dem es nicht um Zentimeter und Sekunden, nicht um Tore oder Punkte ging, sondern um das richtige Erkennen von Wörtern und Sätzen, Geschichten und Gedanken. Es ging, so schien mir, wie in der eben gegründeten Fußballbundesliga, auch um den Platz auf einer Tabelle – und zwar ebenso für den Autor wie für seine Kritiker. Dem Autor jedenfalls wurde ein Rang zugemessen, entweder gleich in der großen Weltliga der Literatur oder wenigstens in der Regionalliga für die deutschsprachige Prosa jener Jahre. Und die Kritiker? Sie konkurrierten, ohne dies immer offen zu zeigen, offenkundig darum, wer das Spiel, ja den Kampf um das Buch am überzeugendsten zu führen und, wenn möglich, auch für sich zu entscheiden wisse. Das gefiel mir. Und merkwürdigerweise wurde meine Verehrung für den großen Max Frisch dadurch nicht beschädigt, wohl aber verändert. Man konnte ja, das hatte ich begriffen, durchaus etwas für einen Autor tun, wenn man seine Meinung über ihn nicht nur in der Seele barg, sondern auch öffentlich äußerte. Es fügte sich, daß just in dieser Zeit ein Deutschlehrer unseres Gymnasiums außerhalb der offiziellen Schulstunden eine Literaturgruppe ins Leben rief. Das war zwar ein kleines Forum, aber es war ein Forum. Verändert hat sich im Herbst 1964 meine Vorstellung vom Traumberuf: Ich wollte nicht mehr Sportreporter werden.

Ohne Begeisterung kann man vielleicht ein Buch referieren, aber sicher keine Kritik schreiben. Der Enthusiasmus gilt dabei keineswegs nur dem Gegenstand der Kritik, also in meinem Falle der Literatur, sondern natürlich auch dem eigenen Metier. Weshalb mir der ebenso triviale wie weitverbreitete Einwand gegen das kritische Gewerbe immer besondes töricht erschien: Durchs Richten über die Kunst anderer, lautet er, kompensiere der Kritiker nur seine eigene Unfähigkeit zum künstlerischen Werk. Obwohl dergleichen spätestens seit Lessings trefflicher Bemerkung aus dem Jahr 1767 – »Ich nenne meine Suppe versalzen: darf ich sie nicht eher versalzen nennen, als bis ich selbst kochen kann?« – hätte aus der Welt sein sollen, ist es keineswegs müßig, die Eigenständigkeit der Kritik immer aufs neue zu betonen.

Eine untergeordnete Rolle spielt dabei die alte Gretchenfrage nach ihrem Status. Ob Kritik selbst eine künstlerische Gattung sei, wie es die Romantiker und, in unserem Jahrhundert, Alfred Kerr postulierten, oder ob ihr ein vornehmlich dienender Rang gebühre – derart allgemeine Erörterungen, so fruchtbar sie im einzelnen auch sein mögen, kann man getrost einmal beseite lassen. Weit wichtiger ist es, die unterschiedlichen Fähigkeiten und Eigenschaften zu verdeutlichen, die für das Entstehen eines literarischen Werks und einer literarischen Kritik vonnöten sind. Um einen Roman, ein Gedicht zu schreiben oder ein Theaterstück aufs Papier zu bringen, bedarf es neben so altmodisch klingenden Qualitäten wie Inspiration, Phantasie und tragfähiger Idee vor allem konstruktiver Energien. Der Autor eines literarischen Werks ist ein Architekt im Reich der Sprache. Daß er zugleich auch bauen muß, was er geplant hat, daß er mithin auch sein eigener Handwerker ist, kommt hinzu.

Um hingegen einen Roman, ein Gedicht oder ein Drama begreifen und bewerten zu können, bedarf es neben so altmodischer Eigenschaften wie Bildung, Belesenheit und Sensibilität, die stillschweigend vorausgesetzt werden müssen, vorab eines analytischen Vermögens. Der Kritiker ist für die Abnahme des sprachlichen Bauwerks zuständig. Er hat den prospektiven Bewohnern, den Lesern oder Theaterbesuchern, zuallererst und begründet mitzuteilen, ob das Wortgebäude überhaupt bewohnbar sei, ob es nicht ständig einzustürzen drohe. Kurzum, er hat es für die geistige oder genußvolle, lehrreiche oder unterhaltsame Nutzung freizugeben. Im Gegensatz zum wirklichen Leben kann der Kritiker des Kunstbaus mit seinem Votum niemanden vom Betreten einer windigen und wackligen Konstruktion abhalten. Wer sich wider seinen Rat doch zum Einzug entschließt, ist aber vor dem Verlust, wenn schon nicht des Lebens, so doch von kostbarer Lebenszeit zumindest gewarnt.

Allen Vorurteilen zum Trotz, mit denen sein Gewerbe zu rechnen hat, gibt der Kritiker jedoch viel lieber von den Vorzügen des begutachteten Objekts Kunde, mehr noch: Bevor er sich überhaupt an die Arbeit macht, hofft er inständig, daß er eine herrliche Kathedrale oder ein würdiges Schloß, zumindest ein kühnes Hochhaus oder eine stilvolle Villa zu begutachten habe. Wenn es sich dann doch wieder nur um ein einfallsloses Reihenhaus oder einen protzigen Betonbunker handelt, ist er selbst am unglücklichsten. Er möchte viel lieber befürworten als bemängeln. Begeistert von seinem Tun, will er begeistert werden.

Konstruktive und analytische Fähigkeiten treten, aller Erfahrung nach, in gleicher Güte selten zusammen auf. Wohl hat es in der jüngeren Literaturgeschichte immer wieder Romanciers oder Lyriker gegeben, die auch Kritiken schrieben, Kritiker zudem, die sich an Gedichten oder Geschichten versuchten. Und es waren – von Lessing über Schiller und Heine bis zu Thomas Mann – allemal Autoren zu finden, die über enorme essayistische Potenzen verfügten. Als Idealfall ingeniöser Doppelbegabung kommt aber vor allem Theodor Fontane in Betracht: Seine Kritiken, Romane und Balladen scheinen gleichermaßen inspiriert. Indes, ein Kritiker aus Begeisterung war Fontane nicht; die oft hellsichtigen Rezensionen über Theaterereignisse blieben seinem Verständnis nach am Ende nur Brotarbeiten. Und so gilt, allen Ausnahmen zum Trotz, im Grunde doch die Regel: Wer selber auf emphatische Weise Baumeister ist, soll die Bauwerke anderer nicht beurteilen, und wer Bauwerke beurteilt, solle sie nicht auch noch selber bauen wollen.

Die meisten Bücher sind weder vortrefflich noch indiskutabel, in ihrer Mehrheit sind sie nicht ganz gut und nicht ganz schlecht. Deshalb bereiten sie dem Kritiker auch den größten Kummer. Nicht die schlechtesten Vetreter des Metiers wählen einen temperamentvollen Ausweg aus diesem Dilemma: Sie übertreiben, um eindeutig loben oder mißbilligen zu können. Aber auch wer gerne übertreibt, wird sich bisweilen ein entschlossenes »Jein« erlauben. Ein Unglück hingegen sind die lauen Kritiker: Sie sagen immer nur »Jein«, weil sie das Risiko des Entweder-Oder scheuen. Vielen Büchern geschieht damit kein Unrecht, die wenigen aber, auf die es letztlich ankommt, werden dadurch zwangsläufig verfehlt. Und wer, ohne lau zu sein, gleichwohl zu Übertreibungen nicht neigt? Gerade ein solcher Kritiker muß eine Chance seines Berufes konsequent nutzen: Er hat ehrlich zu sein und stets mit offenen Karten zu spielen. Was heißt das?

Jede veröffentlichte Kritik ist ein Monolog, ein Selbstgespräch des Kritikers vor Publikum. Der Veröffentlichung voraus geht ein Dialog mit dem Buch, der sich oft über Wochen, vielleicht über Monate hinzieht. Welche Absichten der Autor mit seinem Text verbunden haben mag, spielt dabei keine Rolle. Wohl aber die Absichten des Textes selbst. Während man liest und sich Notizen macht, debattiert und rechtet man meist heftig mit diesem manchmal sehr beredten, manchmal eher verschlossenen, ja geheimnisvollen Gegenüber. Und nicht immer ist der Dialog abgeschlossen, wenn der Monolog beginnt. In solchen Fällen sollte der Kritiker *seinem* Leser das offene Ende der Debatte nicht verschweigen.

So etwas wie Gerechtigkeit kommt dabei ins Spiel. Aber was heißt das: einem Buch, einem Text gerecht zu werden? Zunächst einmal: Ihn mit Vorwissen, allgemeinen Ansichten über Literatur und mit Vorlieben des persönlichen Geschmacks nicht zu erdrücken. Jedes neue Buch hat das Recht, ganz neu und ganz für sich wahrgenommen zu werden – die Vergleiche stellen sich früh genug von selber ein. Gerechtigkeit meint zudem, einem Text auch gegen rasche Widerstände erst einmal die Möglichkeit zu geben, seine Intentionen, seine Sprache, ja seine Marotten zu entfalten. Wenn ich mich über die ersten dreißig Seiten ärgere, liegt das vielleicht an mir. Wenn ich mich am Schluß des Buchs (am Ende des Dialogs mit ihm) immer noch ärgere, ist es die Schuld des Autors, die ich dann dem Publikum nicht verschweige. Bevor dies geschieht aber hat jedes Werk einen Anspruch auf die kritische Selbstbefragung des Kritikers.

Dieses Buch enthält eine Auswahl von Literaturkritiken und Aufsätzen, die während der vergangenen gut eineinhalb Jahrzehnte entstanden sind. Die Auswahl ist subjektiv: Es sind Arbeiten, die mir beim Wiederlesen am besten gefielen, die über den Anlaß ihrer Entstehung hinaus wert schienen, ein bißchen bewahrt zu werden. Es mag auffallen, daß die Auswahl vergleichsweise wenige Verrisse birgt. Manches Buch erschien mir im nachhinein so belanglos, daß es jenseits der einst aktuellen Kritik nicht mehr die Rede lohnt. Aber ich habe, vor allem in jüngster Zeit, über schlechte Bücher oft überhaupt nicht geschrieben. Weshalb? Weil ich dadurch nur etwas bestätigt hätte, was mir im Grunde gegen den Strich geht: die Klagen über den nicht sonderlich berückenden Zustand unserer Gegenwartsliteratur. Ich kann, leider, diesem Lamento nicht ernsthaft widersprechen, aber ich will es nicht auch noch verstärken. Denn unabhängig davon, ob sie gut oder schlecht ist, scheint mir die Literatur angesichts der Macht der neuen Medien und der beständig sich mehrenden Angebote, die Wonnen der Gewöhnlichkeit zu genießen, insgesamt in der Defensive. Wenn diese Phase vorüber ist – und sie wird vorübergehen –, wird auch das Schreiben von Verrissen wieder lustvoller sein.

Gesammelte Aufsätze und Kritiken unterliegen dem Verdacht, ihr Verfasser habe sie nur drucken lassen, weil er ein »richtiges« Buch nicht zustande bringe. Im vorliegenden Fall ist dieser Verdacht nicht abwegig: Der Beruf des Kritikers und Redakteurs einer Tageszeitung läßt mir nicht viel Zeit. Ein guter Trost ist die literarkritische Tradition – was wir von ihr kennen und was von ihr blieb, sind fast immer Sammlungen von vorher bereits in Zeitungen oder Zeitschriften gedruckten Arbeiten. »Ich habe keine Werke geschrieben«, schrieb deshalb selbstbewußt der Kritiker und Publizist Ludwig Börne, »ich habe nur meine Feder versucht, auf diesem und jenem Papier; jetzt sollen die Blätter gesammelt, aufeinander gelegt werden, und der Buchbinder soll sie zu Büchern machen – das ist alles.«

Stornfels, im Herbst 1994 — *Jochen Hieber*

Nachweis der Erstveröffentlichungen

Poeten im Porträt

Sudelbücher für die Ewigkeit. In: »Frankfurter Allgemeine. Zeitung für Deutschland« (im folgenden: F. A. Z.) vom 4. Juli 1992
Gottesdienste auf Papier. In: F. A. Z. vom 5. Juni 1993
Deutscher, Schwabe, Jude. In: F. A. Z. vom 4. Juli 1987
Hüter des Humanen. In: F. A. Z. vom 25. Juli 1985 (dort in gekürzter Fassung)
Zarter Leib des Gedichts. In: F. A. Z. vom 13. Juni 1987
Die negative Seite des Lebens. In: »Die Zeit« vom 8. April 1983
Stille, Trümmerstaub und deutsche Helden. In: F. A. Z. vom 8. Dezember 1992

Biographische Erkundungen

Renaissancegestalt im Rokoko. In: F. A. Z. vom 11. Dezember 1984
Wörterheld auf Weltreise. In: F. A. Z. vom 3. Dezember 1985
Selbstzeugnis und Zeitgeschichte. In: Neue Rundschau. 89. Jahrgang 1978. Drittes Heft.
Wörter für das Unsagbare. In: F. A. Z. vom 30. Januar 1988

Zwei Romane von gestern

Generalissimus Tod. In: Ricarda Huch: »Der Dreißigjährige Krieg«. Lizenzausgabe des Deutschen Bücherbundes, Stuttgart und München, mit Genehmigung des Insel Verlages, Frankfurt am Main. Bibliothek des 20. Jahrhunderts. Hrsg. von Walter Jens und Marcel Reich-Ranicki. Ohne Jahr. Erschienen 1988.
Epos der Einsamkeit. In: B. Traven: »Das Totenschiff«. Lizenzausgabe des Deutschen Bücherbundes, Stuttgart und München, mit Genehmigung der Büchergilde Gutenberg, Frankfurt am Main. Bibliothek des 20. Jahrhunderts. Hrsg. von Walter Jens und Marcel Reich-Ranicki. Ohne Jahr. Erschienen 1991.

Lyrik und Prosa unserer Zeit

Die vollkommene Leidenschaft. In: F. A. Z. vom 31. Januar 1987
Klage über den abwesenden Gott. In: F. A. Z. vom 24. Februar 1990
Der gute Mensch von Johannesburg. In: F. A. Z. vom 30. März 1991
Sehnsucht nach dem unbedingten Gefühl. In: F. A. Z. vom 30. September 1986
Sisyphos will Spießer sein. In: F. A. Z. vom 25. Mai 1985
Goldlicht von den Bergen. In: F. A. Z. vom 29. September 1992
Porträt des Künstlers als Vampir. In: F. A. Z. vom 2. Oktober 1984
Der Schuster und sein Leisten. In: F. A. Z. vom 30. März 1993
Die Schrecken der Welt am Tage Null. In: F. A. Z. vom 17. April 1984
Das Medium verneigt sich. In: F. A. Z. vom 23. Juni 1990
Menschenvögel, Menschenfische. In: F. A. Z. vom 8. Oktober 1991
Der gemeine Sinn, die gemeine Sense. In: F. A. Z. vom 8. Dezember 1987
Hausväterliche Gefühle. In: F. A. Z. vom 1. September 1990
Angriff auf das Weltbild der Dichter. In: F. A. Z. vom 24. November 1990
Elsi lächelt leise. In: F. A. Z. vom 10. Oktober 1989
Der Lyrische Landvermesser. In: Der evangelische Buchberater. Zeitschrift des Deutschen Verbandes Evangelischer Büchereien. Nr. 3/1990.
Im Bann des Mythos. In: Deutschlandfunk vom 3. Januar 1982 (ungedruckt)
Das Dschungelbuch von heute. In: F. A. Z. vom 2. Oktober 1990
Ganz ist, wo Leute sind, nichts. In: F. A. Z. vom 4. Oktober 1988
Am baumgefiederten Deich. In: F. A. Z. vom 15. Juli 1989
Die Utopie des Paars. In: F. A. Z. vom 6. Dezember 1988
Vom Größenwahn der Intellektuellen. In: F. A. Z. vom 11. Januar 1992

Collection S. Fischer

Dirk von Petersdorff
Wie es weitergeht
Gedichte
Band 2371

Gerhard Roth
Circus Saluti
Band 2321
Dorfchronik zum ›Landläufigen Tod‹
Band 2340

Evelyn Schlag
Beim Hüter des Schattens
Erzählungen
Band 2335
Brandstetters Reise
Erzählungen
Band 2345

Evelyn Schlag
Die Kränkung
Erzählung
Band 2352

Ingrid Strobl
Anna und das Anderle
Eine Recherche
Band 2382

Johanna Walser
Die Unterwerfung
Erzählung
Band 2349
Vor dem Leben stehend
Band 2326

Johanna Walser
Wetterleuchten
Erzählungen
Band 2370

Michael Wildenhain
Heimlich, still und leise
Erzählungen
Band 2377

Ulrich Woelk
Freigang
Roman
Band 2366
Tod Liebe Verklärung
Stück
Band 2372

Fischer Taschenbuch Verlag

fi 176 / 1 c